오늘부터 딱 1년,
이기적으로 살기로 했다

Someday Is Not a Day in the Week:
10 Hacks to Make the Rest of Your Life the Best of Your Life
by Sam Horn

Originally Published by St. Martin's Press, New York

오늘부터
딱 1년,
이기적으로
살기로 했다

1년 열두 달 온전히
나로 살며 깨달은 것들

SOMEDAY
Is Not a Day
in the Week

샘 혼 지음 | 이상원 옮김

비즈니스북스

오늘부터 딱 1년, 이기적으로 살기로 했다

1판 1쇄 발행 2020년 1월 20일
1판 8쇄 발행 2020년 3월 9일

지은이 | 샘 혼
옮긴이 | 이상원
발행인 | 홍영태
발행처 | (주)비즈니스북스
등 록 | 제2000-000225호(2000년 2월 28일)
주 소 | 03991 서울시 마포구 월드컵북로6길 3 이노베이스빌딩 7층
전 화 | (02)338-9449
팩 스 | (02)338-6543
e-Mail | bb@businessbooks.co.kr
홈페이지 | http://www.businessbooks.co.kr
블로그 | http://blog.naver.com/biz_books
페이스북 | thebizbooks
ISBN 979-11-6254-126-5   03190

천국은 도서관 같은 것이리라 늘 상상했다.

_호르헤 루이스 보르헤스

우리가 발견해주기를 기다리는 큰 세상이
저 바깥에 있음을 일깨우고 꿈꾸게 해준
전 세계 방방곡곡의 사서 선생님들께 이 책을 바칩니다.

차례

제10장	여기보단 어딘가에
	: 더 푸른 초원으로 옮겨가기

'내일'은 어쩌면 늦을지도 모른다

문제는 우리가 시간이 많다고 생각하는 것이다.
_부처

돌아가신 나의 아버지는 자신에게 남은 시간이 많을 것이라 생각하셨다.

아버지의 오랜 꿈은 은퇴 후 모든 국립공원을 빠짐없이 가보는 것이었다. 캘리포니아주 농민 교육 담당자로 일했던 아버지는 각 지역의 고등학교와 박람회장을 찾아 앞으로 농업에 종사하게 될 사람들을 만나고 자문을 해주느라 매주 5~6일을 수백 킬로미터씩 운전하며 보냈다. 자신의 일에 대한 책임감이 강한 분이었기에 프로그램에 참여한 모든 사람들에게 최선을 다했고 만족할 만한 성과를 얻기도 했다. 하지만 거기엔 대가가 따랐다.

은퇴 일주일 후, 아버지는 오랫동안 미뤄왔던 꿈을 드디어 실천에 옮기기 시작했다. 그러나 그로부터 불과 일주일밖에 지나지 않았을 때 호텔 화장실에서 뇌졸중으로 쓰러지고 말았다. 결국 아버지는 그랜트 티턴

Grand Tetons 도, 그레이트 스모키 마운틴Great Smoky Mountains 도, 밴프Banff 와 시온 Zion 국립공원도 가보지 못했다. 아버지가 평생 꿈꾸던 일은 끝내 이루어지지 못했다.

> 나는 내가 그러지 않기를 바란다.
> 나는 당신이 그러지 않기를 바란다.
> 나는 누구든 그러지 않기를 바란다.

그렇다고 해서 당장 직장을 때려치우거나 복권에 당첨되어 모든 의무와 책임을 뒤로한 채 맘대로 인생을 살아가야 한다는 뜻은 아니다. 더 행복하고 더 건강하고 더 충만해지기 위해 바로 지금, 바로 여기에서 할 수 있는 일들은 얼마든지 많다.

이건 경험에서 우러나온 말이다. 3년 전, 나는 '물가에서 1년 살기'Year by the Water 를 실천하면서 전국을 떠돌아다녔다. 대단히 멋진 경험이었다. 방문했던 장소나 만났던 사람들도 좋았지만 그보다 더 중요한 것이 있다. 그 경험에서 얻었던 가장 중요한 한 가지는 나의 아버지 그리고 아버지와 비슷한 수백만 명이 어렵게 얻는 깨달음, '언젠가'Someday 는 영원히 오지 않는다는 사실이었다.

작가 파울로 코엘료Paulo Coelho 는 '늘 하고자 했던 일을 할 시간이 더이상은 없다는 사실을 깨닫는 날이 언젠가는 올 것이다. 그날을 기다릴지, 아니면 오늘을 시작하는 날로 삼을지는 우리의 선택이다.'라고 말한 바 있다.

이 책을 읽는 오늘이 당신의 남은 삶을 시작하는 첫 날이 되었으면

한다. 앞으로 읽게 될 모험과 통찰의 이야기가 당신에게 영감을 불어넣고 오늘이 유일하게 확실한 시간임을 깨닫게 하기를, 그리고 그에 마땅한 선택을 하게 되기를 바란다. 기다리는 시간을 그만 끝내버리기를, 그리하여 당신이 원하고 필요로 하며 누려 마땅한 멋진 삶을 시작하기를 희망한다. 나중이 아닌 바로 지금.

● 언젠가를 오늘로 바꾸는 10가지 레슨 ●

결심의 진정성은 새로운 행동으로 측정된다.
행동이 없다면 진정으로 결심하지 않았다는 뜻이다.
_ 토니 로빈스, 작가

《와일드》나 《먹고 기도하고 사랑하라》 등 영감을 주는 책을 좋아한다면 이 책도 분명 마음에 들 것이다. 누군가의 이야기를 읽고 '나 혼자만 이렇게 느끼며 고군분투하는 건 아니야.'라고 깨닫는 순간에 우리는 안심한다. 원하는 바를 분명히 하고 역경을 극복해 삶을 바꿔나간 사람들의 이야기를 접하게 되면 자연스럽게 동기부여가 된다.

바로 이 때문에 이 책의 모든 장은 나의 이야기나 내가 살면서 만난 여러 사람들의 이야기로 시작된다. 나이도, 민족도, 삶의 배경과 경제적 상황도 다 다른 사람들이다. 시간이 늘 째깍째깍 흘러가고 있음을 깨닫고 결코 오지 않을 '언젠가'를 기다리는 대신 다른 삶을 선택한 사람들이다.

하지만 이야기로만 끝나지는 않는다. 밥이라는 이름의 한 엔지니어는 내게 이런 요청을 했다.

"이야기도 좋지만 전 좌뇌가 발달한 사람이어서 표나 설계도를 더 좋아합니다. 쉽게 이해하고 적용할 수 있는 모델을 주실 수는 없습니까?"

좋은 질문이었다. 나는 내 경험과 내가 인터뷰한 사람들의 의견을 살펴보면서 더 충만한 삶을 이루는 과정에 일종의 '단계'가 있음을 깨달았다.

앞으로 이 책의 열 개 장에 나눠 더 충만한 삶으로 가기 위한 행동 수칙들을 소개하려 한다. 다만 이는 공식이라기보다는 개념 틀에 가깝다. 이들 행동을 모두 실천한다고 해서 당신의 행복이 보장되지는 않는다. 보장된다고 한다면 그건 사기일 것이다.

나는 그저 이렇게 말하려 한다.

"여기 제가 수집하고 선별한 행복의 단서들이 있습니다. 저를 비롯한 여러 사람들의 삶을 더 가치 있게 만들어준 단서입니다. 당신에게도 가치 있기를 바라는 마음으로 나눠드립니다. 마음에 들고 당신에게 효과적이라면 받아주세요."

- **평가:** 현재의 삶 평가하기
- **창조:** '언젠가의 꿈'이 아닌 '오늘의 꿈' 만들기
- **삭제:** 낡은 믿음과 행동 삭제하기
- **시작:** 삶을 진전시킬 매일의 행동 시작하기
- **축복:** 바로 여기, 바로 지금의 삶 축복하기
- **조화:** 앞뒤에 있는 사람들과 어울리기
- **결합:** 열정과 일을 결합하기
- **요구:** 바라고 필요하고 누려 마땅한 것을 요구하기
- **혁신:** 새로운 시작으로 혁신하기

- **이동**: 더 푸른 초원으로 옮겨가기

어렸을 때 점을 순서대로 잇다 보면 완성된 모양이 나타나게 되는 그림 놀이를 해본 적 있는가? 점을 이어가다 보면 갑자기 고양이 한 마리가 나타나 탄성을 지른 적이 있을 것이다.

당신의 인생에서도 바로 이런 일이 일어났으면 한다. 각 장을 읽어가고 행동 수칙들을 실천하다 보면 갑자기 점들이 연결되면서 더 값진 삶이 만들어지는 경험 말이다. 당신이 바라고 기대했던 바로 그런 삶의 그림이다. 갑자기 그 삶이 꿈이 아닌 현실로 등장할 것이다.

• 이 책을 최대로 활용하는 방법 •

"1루수 돈 매팅리가 기대 이상이었습니까?"
"그 이상이었습니다."
_ 요기 베라, 야구선수

이 책이 기대 이상이기를 바란다면 펜을 들라. 그래야 여백에 메모를 하고 각 장의 뒤에 나오는 질문들에 대답할 수 있을 테니 말이다. 책 읽기에 더 적극적으로 참여할수록 인생을 바꾸는 결과가 나타날 가능성이 높아진다.

제5장에 나올 얘기지만 일기장(또는 공책이나 수첩)을 구입하고 매일 아침 5분씩 열 가지 행동 수칙에 해당하는 내용들을 기록하다 보면 훨씬 큰 성과를 얻을 수 있다.

다른 한편으로 친구들과 함께 이 책을 읽어나가거나 독서 클럽 '언젠가 살롱'을 만드는 것도 한 방법이다(뭘 어떻게 해야 할지는 웹사이트에 소개되어 있다). '언젠가 살롱'이 무엇이냐고? 참석자들이 4분 4영역 행복 퀴즈(제1장에 나올 내용이다)에 답변한 뒤 서로의 답변에 대해 토론하고 의미 있는 삶을 찾아가는 저녁 모임이다. 모임의 목표는 모든 참여자들이 자기 삶을 더 좋게 혹은 나쁘게 만든 상황을 털어놓고 미래의 계획도 공유하는 공동체 형성이다.

이런 모임을 운영하는 데 특별한 훈련은 필요하지 않다. 운영자가 되는 것은 꿈 만들기, 어울리기, 축복하기 등 인생을 바꾸는 행동들을 한꺼번에 재미있게 실천하는 길이기도 하다.

미리 알아두기를 바란다. 이 모임이 시작되면 참석자들이 함께하는 시간을 무척 소중하게 여기고 조금이라도 더 연장하려 들 것이다. 콜로라도 덴버에서 처음 진행했던 언젠가 살롱에 참석한 부모들은 베이비시터에게 전화를 걸어 조금만 더 아이를 봐 달라고 늘 간절히 부탁하곤 했다. 기술자 존은 "저는 잡담이 싫어서 네트워킹 모임에 가지 않는 사람입니다. 하지만 오늘 단 두 시간 동안에 지난 10년을 통틀어 가장 흥미진진하고 진실된 대화를 나눴습니다."라고 말해주었다.

동물학자 템플 그랜딘Temple Grandin 은 "사람들은 모든 것을 완전히 바꿔줄 마법의 총알 한 발을 찾는다. 그런 마법의 총알은 없다."라고 말했다. 그렇다. 마법의 총알은 없다. 하지만 우리에게 가르침과 영감을 주고 우리를 지지해주는 빵부스러기는 있다.

이 책 속에는 많은 사람들이 인생의 모험과 경험을 통해 힘겹게 얻은 지혜와 통찰들이 담겨 있다. 그리고 그들은 그 지혜를 당신에게 전해주고 싶어 한다. 당신은 모든 것을 직접 깨달을 필요 없이 그들의 지혜를 디

딤 발판으로 활용할 수 있다. 빵 부스러기를 뒤따라가면서 그들이 인생을 바꾼 방법을 익히고 이를 당신의 인생에 접목하기를 바란다. 삶에서 진정으로 중요한 것이 무엇인지 깨닫고 그것만을 위한 삶을 산다고 해서 후회할 일은 절대로 없다. 더 빨리 시작하지 못한 것만이 후회스러울 것이다.

자, 그럼 시작해보자.

제1장

'오늘 행복한 삶'을
살고 있는가?

: 지금의 삶 평가하기

인생을 변화시키기 위한 첫 번째 행동은 일단 멈추고 주위를 둘러보며
당신 삶에 기여하는 것과 아닌 것을 찾아내고 평가하는 일이다.

신의 이름으로 일을 중단하고
잠시 멈춰 주변을 둘러보십시오.
_레프 톨스토이

하루쯤 **빈둥**거리기

자기 혹사는 지위의 상징이 아니다.

_브레네 브라운, 심리학자

남 캘리포니아에서 이틀간의 힘겨운 컨설팅 일을 막 끝낸 상황이었다. 나는 렌트한 차에 앉아 잠시 숨을 돌렸다. 공항으로 가서 집으로 돌아갈 비행기를 탈 계획이었다.

전화벨이 울렸다. 내 일을 도와주는 아들 앤드루였다. 내 목소리에서 다른 낌새를 챘는지 아들은 "엄마, 무슨 일이에요?"라고 물었다.

"너무 지쳤어. 어떻게 비행기를 타러 가야 할지도 모르겠어. 야간 비행기를 타고 돌아가 겨우 며칠 있다가 다시 이쪽으로 와야 하는 상황이야."

앤드루는 잠시 말이 없었다.

"엄마, 엄마한테는 제가 이해할 수 없는 부분이 있어요. 원하는 대로 뭐든지 할 수 있는 인생을 사시면서 그걸 누리지 못하네요."

세상에나, 20대 청년 입에서 나오리라 예상하기 어려운 말이었다. 아들은 계속 말을 이었다.

"며칠 동안 거기 머무시면 어때요? 제가 호텔 예약해드릴 테니 호텔에서 일 처리를 하시면 되잖아요."

앤드루의 말이 옳았다. 비행기를 타고 돌아가야 한다고 내게 명령할 사람은 없었다. 내가 사장이니 뭐든 원하는 대로 할 수 있었다. 30분 후, 나는 라구나 비치 호텔 프런트 데스크에서 체크인을 하고 있었고 다시 30분 후에는 창문을 열고 태평양의 파도 소리를 들으면서 잠들었다. 황홀했다.

다음 날 나는 앤드루의 또 다른 충고를 따랐다.

"엄마, 열심히 일하셨으니 쉴 자격이 있어요. 어째서 하루쯤 빈둥거리지 않으세요?"

멋진 생각이 아닐 수 없었다. 혼자 아이들을 키우느라, 또 작은 회사를 운영하느라 나는 몇 십 년 동안 쉼 없이 달려왔다. 자고 싶은 만큼 실컷 잘 수 있다니. 하루 종일 빼곡한 일정을 소화하지 않아도 된다니 나는 마치 가출한 꼬마라도 된 듯한 기분이었다.

늘어지게 자고 일어난 뒤 나는 느릿느릿 커피 한 잔을 마시고 동네 탐험에 나섰다. 서점을 발견하고 들어가 평소 좋아하던 앤 라모트Ann Lamott 와 줄리아 카메론Julia Cameron의 책을 뒤적거렸다. 그동안 내 안에서는 '나도 작가야. 작가야말로 내 본질이라고.'라는 목소리가 울렸다.

너무도 또렷해 마치 누군가 옆에서 말해주는 듯한 목소리였다. 아니, 실제로 누군가 말하는 것이긴 했다. 바쁘다는 이유로 묻어두었던 '작가로서의 나' 말이다. 대부분의 시간을 컨설팅으로 보내느라 2년 동안 새로운 글을 쓰지 못했던 바로 그 작가.

오해 없기를 바란다. 나는 내 일을 좋아하고 이 일을 할 수 있다는 데 감사한다. 〈워싱턴 포스트〉의 발행인 캐서린 그레이엄Katharine Graham 은 "좋아하는 일을 하고 그 일이 중요하다고 느낀다면 그 이상 즐거울 수 있을까?"라고 했다. 좋아하는 일을 하는 데 더해 아끼고 존경하는 사람들과 그 일을 함께한다면 그리고 그 대가로 돈까지 받는다면 더더욱 즐거울 것이었다. 내가 찾아야 하는 길이 바로 그것이었다. 입으로 떠드는 일로만 돈을 벌고 싶지는 않았다.

빈둥거렸던 그 하루는 내가 무엇을 미뤄두고 있는지 깨닫게 해주었다. 다른 사람들이 세상에 자기 글을 내놓도록 도와주느라 내 시간을 다 써버리는 통에 정작 나 자신의 글은 세상에 내놓지 못했던 것이다. 그러면서 내 영혼은 상처를 입었다.

서점에 서서 뮤즈 여신의 속삭임을 들으며 나는 매일 아침 일찍 일어나 글을 쓰겠다고 결심했다. 베스트셀러 작가 존 그리셤John Grisham 이 블록버스터 소설로 유명해지기 전까지 했다는 바로 그 방식으로 말이다. 나는 곧바로 호텔로 돌아가 책상을 바다 쪽으로 돌려두고 그날 종일 태평양을 바라보며 다음 책을 구상했다.

페미니스트 운동가이자 작가인 글로리아 스타이넘Gloria Steinem 은 "하는 동안 다른 걸 해야겠다는 생각이 절대로 들지 않는 일은 글쓰기뿐이다."라고 말했다. 내게도 글쓰기가 그렇다. 머리에서 생각을 끄집어내 글로 옮길 때 나는 운명적인 일을 하고 있다고 느낀다. 세상이 멀리 사라지고 나는 내 안에 온전히 빠져든다. 당신에게 그런 일은 무엇인가?

내일엔 내일의 해가 뜬다. 하지만 그건 어제도 마찬가지였다. _ 르네 리카드, 미술평론가

하는 동안 다른 걸 해야겠다는 생각이 절대로 들지 않는 일, 당신에게 그런 일은 무엇인가? 언제 마지막으로 그 일을 해보았는가? 하루 동안 빈둥거릴 수 있다면, 아무 책임이나 뒷감당 걱정 없이 시간을 쓸 수 있다면 무엇을 하겠는가?

30대의 칼은 이 질문의 답으로 "하루 동안 빈둥거릴 수 있다면 정원으로 나가 손으로 흙을 파고 식물을 심겠어요. 전 농장에서 자랐는데 열 살 때부터 정원 관리를 맡았답니다. 부모님이 정원 관리를 부탁하셨을 때 전 다 큰 어른이 된 것 같은 기분이었지요. 물을 주고 잡초를 뽑고 식물을 심는 데 몇 시간씩 매달렸어요. 워낙 좋아하는 일이라 시간가는 줄 몰랐거든요. 대학에 가느라 집을 떠난 후로는 계속 도시에서 일하면서 살고 있습니다. 지금 이 순간까지도 정원 가꾸기가 제게 얼마나 소중한지, 그 일이 얼마나 그리운지 모르고 있었네요."라고 내게 말했다.

"그렇게 소중하고 좋아하는 일이 있다니 그건 시험문제의 정답을 아는 셈인데요. 무엇이 자신을 행복하게 하는지 아는 거잖아요. 정원을 찾아 가꾸기만 하면 되겠군요." 내가 답했다.

"전 시내의 아파트에 살고 있어요. 정원 일은 불가능해요."

"창의력을 발휘하세요. 댁 근처에 분명 공원이 있을 걸요. 식물원에서 자원봉사를 구할 수도 있고요. 확인해보시지요?"

어떻게 되었을 것 같은가? 칼은 한 달에 며칠씩 조경 일을 하는 친구의 묘목장과 온실에서 시간을 보내고 있다. 그는 "정말 굉장해요. 원하는 만

큼 손으로 땅을 만지고 식물을 다룰 수 있죠. 돈 한 푼 내지 않고요."라며
즐거워했다.

• 완벽하게 이기적으로 꿈꾸기 •

야망이 무엇이냐 물으면 사람들은 당황하곤 한다.
세상의 빈곤 문제 해결 같은 엄청난 얘기를 해야 한다고 생각하는 것이다.
_ 대니얼 핑크, 미래학자

빈둥거리는 하루 동안 무엇을 할 것인가 하는 질문에 꼭 거창하게 대
답해야 하는 것은 아니다. 대니얼 핑크가 말했듯 엄청나게 의미 있는 일
이어야 할 이유는 없다. 당신의 하루가 아닌가. 의무감도, 핑계 댈 부담도
벗어버린 채 하고 싶은 일을 하면 된다. 버킷 리스트에 기록해둔 일일 수
도 있고 종일 늘어지게 자는 낮잠일 수도 있다. 내키는 일을 하면서 완벽
한 자유를 누리면 그만이다.

아직도 무엇을 할지 모르겠다고? 그렇다면 다음 퀴즈가 도움이 될 것
이다. 몇 분만 투자하면 '언젠가'가 아닌 지금 당장 자신을 더 행복하게
만들 일을 찾아낼 수 있다.

퀴즈를 푸는 방법은 다음과 같다. 간단한 단어 연상 놀이라고 생각하
면 된다. 누군가 질문을 하면 처음으로 마음에 떠오르는 단어를 말하는
것이다. 이 퀴즈도 마찬가지이다. 바로 떠오르는 답을 적어보라. '멋지지
않아도' 괜찮다. 당신이 원치 않는 한 아무도 훔쳐보지 않는다. 점수가 매
겨지지도 않는다. 이 퀴즈는 "당신의 단점은 뭔가요?"라는 질문을 받았
을 때 "전 완벽주의자입니다. 일이 제대로 될 때까지 그만두지 못한답니

	하고 있다	하고 있지 않다
하고 싶다	1	2
하기 싫다	3	4

다."라고 대답해야 하는 취업 면접이 아니다. 진실, 오로지 진실만을 답한다면 이 간단한 퀴즈가 당신 삶에 불필요한 것은 무엇인지, 긍정적 변화를 이루기 위해 해야 할 일이 무엇인지 드러내어줄 것이다.

- **1영역: 하고 싶어서 하고 있는 일은?**

  개 산책시키기? 책 읽기? 내 사업하기? 배우자와 야간 데이트 즐기기?

- **2영역: 하고 싶은데 하고 있지 않는 일은?**

  체중 줄이기? 직업 바꾸기? 운동하기? 친구들과 어울리기? 섹스하기?

- **3영역: 하기 싫은데 하고 있는 일은?**

  출퇴근? 신용카드 빚 늘리기? 가족과 다투기? 종일 TV 보기?

- **4영역: 하기 싫어서 하고 있지 않는 일은?**

  당신이 삶에서 없애버린 건강하지 못한 행동을 묻는 중요한 질문이다. 금연에 성공했다면 더 이상 담배를 피우지 않는다고 답변할 수 있을 것이다.

• 당신이 기다리는 언젠가는 오지 않는다 •

시간이 가면 모든 게 바뀐다고들 한다.
하지만 자기 자신은 능동적으로 바꿔가야만 한다.
_ 앤디 워홀, 팝아트 예술가

퀴즈를 끝냈다면 1영역과 4영역의 답변부터 살펴보자. 당신 삶에서 제대로 되고 있는 부분이다. 행복에 기여하는 것들이기도 하다. 다음에는 2영역과 3영역을 보자. 삶에서 잘못된 부분, 행복을 가로막는 부분이다.

완벽한 사람은 없다. 2영역과 3영역에 해당하는 것들은 늘 있게 마련이다. 거기 포함된 일들은 얼마나 오래되었나? 얼마나 오랫동안 하기 싫은 일을 해오고 있는가? 얼마나 오랫동안 하고 싶은 일을 하지 않고(못하고) 있는가?

미 국무장관을 지낸 존 포스터 덜레스John Foster Dulles 는 "성공적인 조직의 지표는 문제가 없는 것이 아니라 같은 문제가 1년 전에도 있었는가 하는 것이다."라고 했다. 우리의 경우도 마찬가지다. 인간에게는 늘 문제가 있기 마련이다. 중요한 것은 작년에도, 재작년에도 똑같은 문제가 있었는가 하는 점이다. 만약 그렇다면 우리는 '언젠가'를 그리며 살아가는 셈이다.

'언젠가'는 2영역과 3영역에 버티고 있다. '언젠가' 시간과 돈을 비롯해 모든 여건이 갖춰졌을 때 하고 말겠다고 말하는 것들이다. 실현될 날만 기다리는 애타고 아쉬운 무언가이다.

어쩌면 당신은 이런 생각을 할지도 모르겠다. '난 주당 60시간을 일하고 있어. 2영역에 있는 일들은 나한테는 사치일 뿐이라고!'

이해한다. 하지만 모든 것을 당장 바꿔야 할 이유는 없다. 그건 비현실적이다. 그러나 2영역과 3영역에 있는 것 중 단 한 가지에 대해서만 뭔가 행동을 취한다면 이야기가 다르다. 이를 바탕으로 당신이 싫어하는 인생의 다른 측면을 보상해주는 파장 효과가 일어날 것이다. 그 한 가지는 무엇일까?

• 단 하나의 변화로도 충분하다 •

"바로 저 장소에서 그 날, 그 시간, 그 일이 모두 시작되었어."라고
가리켜 보일 수 있는 지점이 과연 존재할까?
_ 아가사 크리스티, 소설가

3영역, 즉 하기 싫은데 하고 있는 일로 가장 많이 등장하는 것이 무엇이라 생각하는가? 바로 SNS이다. 많은 이들이 페이스북, 인스타그램, 트위터, 기타 온라인 공간에서 무심하게 너무 많은 시간을 보내고 있다고들 대답한다.

한 여성은 "스마트폰 중독에 대한 글을 읽어보았더니 제가 그 모든 증세를 다 보이고 있더라고요. 짬이 나기만 하면 스마트폰에 빠져 시간을 보내고 있어요."라고 말했다.

나는 이렇게 조언했다.

"온라인에서 더 많은 시간을 보낼수록 외로움과 우울함, 불행감이 더 커진다는 연구를 보셨나요? SNS는 행복의 가장 큰 장애물 같아요. 남들의 삶과 내 삶을 끊임없이 비교하게 하여 자존감을 무너뜨릴뿐더러 더의미 있는 활동에 써야 할 시간을 잡아먹으니까요. 자, 어떻게 상황을 바꾸면 좋을까요? 그 연구에서는 규칙을 세우라고 권하더군요. 침실에서

혹은 식사 중에는 스마트폰을 보지 않는다는 식의 규칙이죠. 하루 두 차례 정해진 시간에만 SNS를 하겠다고 정해도 좋지요. 일어나자마자, 혹은 잠들기 직전에는 사용하지 않고요. 저도 그런 규칙을 세우고 지키려고 애쓰고 있답니다. 나중에 되돌아볼 때 장기적으로 중요하지도 않은데 그토록 많은 시간을 낭비했다고 후회하고 싶지 않거든요. 이건 단 한 가지가 모든 것에 긍정적인 영향을 미칠 수 있음을 아주 잘 보여줍니다. 스마트폰을 들여다보며 건성으로 대하지 않고 온전하게 집중해주는 것만으로도 자녀, 남편, 친구들과 관계가 좋아질 겁니다. 플라스틱 물건에 몇 시간씩 매달리는 대신 좋은 책을 읽거나 산책을 나갈 여유 시간이 확보될 수 있죠. 무가치하고 무의미한 습관을 버리고 자신을 격려하는 시간을 얻는 것이지요. 그 긍정적인 파장은 다른 누구보다도 스스로에게 가장 좋은 일입니다."

• 더 좋은 방법은 어디에든 있다 •

더 잘 해낼 방법이 있다, 찾아라. _ 토머스 에디슨, 발명가

단 한 가지를 바꿈으로써 긍정적인 파장이 일어나는 또 다른 사례를 접하고 싶은가? 워크숍에 참석한 한 남자의 경험담을 들어보자.

"저는 학교에서 할 수 있는 운동이란 운동은 다 하면서 자랐습니다. 운동선수가 꿈이었죠. 대학에서 아내를 만나 결혼했고 세 아들을 두었습니다. 아내는 아이들이 12, 14, 16살일 때 교통사고로 세상을 떠났어요. 이후 전 미네소타로 돌아와 부모님의 도움을 받으며 아이들을 키웠습니다.

생활비를 대고 아들들 대학 교육시킬 돈을 모으기 위해 투잡을 뛰면서 살고 있습니다.

2영역과 3영역에 제가 쓴 답은 모두 제 건강과 체중에 관련된 것입니다. 하기 싫은데 하고 있는 일은 보이는 대로 먹어치우는 것 그리고 소파에서 종일 시간을 보내는 것이지요. 하고 싶은데 하지 않고 있는 일은 외출하기, 운동하기, 여자들 만나기입니다.

퀴즈에 답하다보니 뭔가 변화가 필요하다는 깨달음이 왔습니다. 검색해보니 동네 쇼핑몰에 걷기 모임이 있더라고요. 매주 세 번씩 이른 아침에 모이더군요. 공짜에다 실내 걷기라니 저한테 딱 맞았습니다. 당장 시작했죠. 오전 7시 반부터이니 걷고 난 다음에 출근해도 늦을 염려가 없었고요, 고통 없이 체중을 줄이는 방법도 되었답니다. 더 좋은 건 뭔지 아세요? 여자들을 만날 수 있다는 겁니다. 쇼핑몰을 여섯 바퀴 도는 동안 내내 이야기를 나누지요. 최근 몇 년 동안 이게 저 자신에게 해준 가장 좋은 일 같아요."

단 한 가지가 어떻게 다양한 차원에서 우리 행복을 높여주는지 보여주는 좋은 사례가 아닐 수 없다.

야구 선수 미키 맨틀Mickey Mantle 은 "이렇게 오래 살 줄 알았다면 나를 좀 더 잘 보살폈을 텐데."라고 말했다. 당신은 자신을 잘 보살피고 있는가? 2영역과 3영역에 당신에게 중요하지만 하지 않는 일들이 나와 있다. 이제 어떻게 변화를 가져올 수 있을지 고민할 단계이다.

• 빈둥거릴 수 있을 때 하지 않을 일은 무엇인가? •

인생은 순식간에 흘러간다.
가끔씩 멈춰서 주변을 둘러보지 않으면 인생을 놓쳐버리고 만다.
_ 영화 〈페리스의 해방〉 중 주인공 페리스 뷜러의 대사

존 휴즈John Hughes 감독의 영화 〈페리스의 해방〉Ferris Bueller's Day Off 을 본 적 있는가? 주인공인 십대 소년 페리스는 친구들과 함께 학교를 땡땡 이친다. 페라리 차를 빌려 타고 시카고를 누비며 야구 경기를 관람하고 최고급 식당에서 밥을 먹는가 하면 퍼레이드에 참여하기도 한다. 이들의 목표는 오늘 하루 시간을 최고로 보내자는 '카르페 디엠'이다.

시간을 최고로 보내자는 이 말을 되새겨보자. 당신은 최고의 시간을 보내고 있는가, 낭비하는 시간을 보내고 있는가? 오늘 하루를 최고로 만 드는가, 아니면 언젠가를 그저 기다리는가?

이 영화에서 눈여겨볼 또 다른 부분이 있다. "땡땡이친 다음에 뭘 하 지?"라는 친구들 질문에 페리스가 미소를 지으며 "뭘 할지는 문제가 아 냐. 뭘 안 하는지가 문제지."라고 대답하는 장면이다. 빈둥거리는 하루를 어떻게 보낼지 고민일 때 일단 하고 싶지 않을 일부터 떠올리면 좀 쉬워 진다. 페리스는 그 아름다운 봄날을 교실 책상 앞에서 낭비하고 싶지 않 았다. 얼마 안 있어 각자의 인생길로 흩어질 친구들과 함께 즐거운 시간 을 보내고 싶었다.

당신은 어떤가? 당신의 하루에 하고 싶지 않은 일은 무엇인가? 당신의 하루에 빼고 싶은 시간은 언제인가? 이건 즐거운 상상 속의 하루이니 너 무 실용적으로 굴 필요는 없다. 원하는 것을 구체적으로 상상해보라.

'너무 많은 일에 얽매어 있어 도저히 하루 시간을 낼 수가 없어.'라는

생각이 드는가? 20대의 제인이 바로 그런 말을 했다.

"수업이 꽉 차 있고 학비를 벌기 위한 식당 아르바이트까지 해야 해요. 제 일상은 교실에서 수업을 듣거나 공부를 하거나 식당에서 일하거나 셋 중 하나죠. 하루를 비우기는커녕 단 몇 시간도 빈틈이 없어요."

이해가 간다. 당신의 상황도 이렇다면 마음속으로 빈둥거리는 하루를 상상만 해도 좋다. 할 일들로 꽉 채워 사는 자신에게 마땅히 누릴 만한 어떤 휴식을 주고 싶은가? 제4장에서 다시 나오게 될 얘기지만 자신이 행복을 느끼는 일을 위해 한 시간을 빼내는 것은 이기적으로 생각될 수 있지만 알고보면 현명한 행동이다. 그 시간은 통제할 수 없는 인생의 나머지 부분에 대한 보상이기 때문이다.

이제 무엇이 당신의 두 눈을 반짝거리게 하는지 찾아보자. 당신의 행복에 긍정적 혹은 부정적 영향을 미치는 요소들을 파악해볼 시간이다.

Q/A ————————————————————————————————

- 삶의 의무에서 벗어나 온전한 하루를 내 맘대로 쓸 수 있다면 당신은 무엇을 할 것인가?
- 그 빈둥거리는 시간에 하고 싶지 않은 일 세 가지는 무엇인가?
- 행복 퀴즈에 당신은 어떤 답을 했는가? 답을 하면서 놀라지는 않았는가?

오늘이 **최고**의 날임을 **기억**하라

성공은 부나 명예, 권력이 아니라
반짝이는 눈들이 주변에 얼마나 많은가로 결정된다.
_ 벤 잰더, 지휘자

나는 반짝이는 눈들에 둘러싸여 있었다. 내 생일이었고 가족과 친구들이 사방에서 비행기를 타고 주말 파티를 위해 모였다. 매리와 드니즈가 저녁식사 자리에서 내 학창 시절의 흑역사들을 하나하나 읊어주었고, 과거의 기억들을 떠올리며 모두 즐겁게 웃고 떠들었다.

다음날 우리는 호수 주변을 산책했고 집으로 돌아와 점심을 먹으면서는 재치 넘치는 주디 때문에 포복절도하며 웃기도 했다. 누군가 〈미드나잇 인 파리〉라는 영화가 대단하다는 소문을 들었다고 말했고 우리는 다 같이 보러 가기로 했다.

그 영화의 주인공인 소설가는 어니스트 헤밍웨이, 스콧 피츠제럴드, 살바도르 달리, 거트루드 스타인이 파리에서 어울리던 시절로 돌아가 보고 싶어 한다. 그리고 마법같이 소원을 이뤄 1920년대의 재즈 카페로 들어가 천재 예술가들과 만나게 된다. 그리고 거기서 한 여성을 만난다. 여성은 주인공 남자가 과거로 오게 된 비밀을 알게 되고 자신도 17세기로 돌아가 렘브란트를 만나고 싶다며 도움을 청한다.

주인공은 여성을 데리고 떠나 자신이 깨달은 바를 알려준다. 행복은 부유하고 유명한 사람들이 살았던 다른 시대, 다른 장소가 아닌 바로 지금, 바로 여기, 사랑하는 사람들에게 있다는 점을 말이다. 주인공은 "지금 이곳이 바로 황금시대인 겁니다."라고 말해주지만 여성은 받아들이지 않는다. 그리고 행복은 다른 곳, 다른 때에 있는 것이라 고집한다.

하지만 나는 바로 지금, 바로 이곳이 황금시대라는 것을 예전이나 지금이나 잘 알고 있다. 사랑하는 이들과 함께 있는 시간은 언제든 황금시대이다. 아침에 눈을 떠 건강하게 움직이는 매일이 황금의 날이다. 원하는 대로 바깥에 나가 자연의 신비를 경험할 수 있는 매 순간이 황금의 순간이다. 잘하는 일을 하고 있는 시간이 황금 시간이다.

당신은 어떤가? 언제 황금의 날을 보냈는가? 모든 것이 좋았던 때, 진심으로 행복했던 때는 언제인가?

이 장에서 우리는 당신이 더 많은 황금시대를 누리도록 하는 데 무엇이 필요한지 찾아보려 한다. 이를 위한 한 가지 방법은 진정한 우선순위와 현재 쓰고 있는 시간의 우선순위가 맞아떨어지는지 확인하는 것이다. 그 두 개가 맞아떨어진다면 가치를 실현하며 균형을 잡고 사는 셈이다. 아니라면, 당신에게는 변화가 필요하다.

• 인생의 균형을 잡고 있는가? •

얼마나 멀리 가야 하는지가 아닌, 얼마나 멀리 왔는지를 기억하라. _릭 워렌, 목사

당신에게 가장 중요한 다섯 가지를 위에서부터 써보라. 당신은 무엇에 가장 큰 가치를 두는가? 가족? 친구? 건강? 직업? 신앙? 기부? 반려동물? 정치? 취미? 전통?

진정한 우선순위

1. _____

2. _____

3. _____

4. _____

5. _____

다음으로는 매주 어떤 일에 주로 시간을 쓰고 있는지 적어보자. 시간을 많이 쓰는 일부터 적으면 된다.

시간의 우선순위

1. _____

2. _____

3. _____

4. _____

5. _____

두 목록을 비교해보라. 두 번째 목록은 첫 번째 목록을 충분히 반영하고 있는가?

어쩌면 한 대 얻어맞은 듯 충격을 받을 수도 있다. 워크숍에 참석한 40대의 남자 브라이언이 그랬다.

"당장 이 자리를 떠야 한다 해도 이 목록을 만들어본 것만으로도 충분한 의미가 있었습니다. 전 진정한 우선순위로 첫 번째는 가족, 두 번째는 건강, 세 번째로 신앙, 네 번째로 기부를 썼습니다. 마지막은 배움으로 했죠. 전 늘 성장하고 싶은 사람이니까요.

시간의 우선순위는 어땠는지 아십니까? 솔직히 1번부터 3번은 모두 일이었고 가족은 네 번째, 신앙은 다섯 번째더군요. 요즘은 한 달에 한두 번 겨우 교회에 가거든요. 건강이나 취미를 위해서는 전혀 시간을 못 내고 있습니다. 기타 연주가 취미였는데 몇 년째 손도 대지 못했고요. 강의를 듣거나 교육에 참여하지도 못해 배우는 것도 없어요. 정말 놀랐습니다. 이 상황을 어떻게 개선해야 할지 모르겠습니다."

나는 "제일 먼저 해야 할 일은 진정한 우선순위 목록에서 간과되고 있는 부분을 파악해 그걸 위한 시간을 만드는 것입니다."라고 말해주었다.

진정한 우선순위 하나를 실현함으로써 삶의 행복을 크게 높일 수 있음을 보여준 어느 치과의사의 사례를 보자. 워크숍에 참석했던 그는 나에게 자신의 이야기를 들려주었다.

"제 시간 우선순위의 첫 번째가 무엇이었는지 아십니까? 일이었습니다. 치아에 교정기를 끼우면서 한 주에 60시간을 보냈지요. 저를 만나 즐거운 사람은 아무도 없었습니다. 환자 부모들은 비용이 얼마나 들지 걱정이었고 어린이 환자들은 치료가 얼마나 오래 걸릴지, 얼마나 아플지 걱정이었죠. 대부분 사람들 기준에서 볼 때 저는 성공한 사람입니다. 제 병원을 소유했고 직원도 열 명이나 되고 돈도 잘 벌고요. 하지만 이건 제가 원하는 바가 아닙니다."

"원하는 바는 무엇인데요?"

"진정한 우선순위에는 천문학이 있습니다. 학창시절부터 제가 빠져 있던 분야이지요. 저는 공상과학 소설을 읽으며 자랐습니다. 열 살 때 망원경을 선물 받고 이후 은하수를 바라보며 수많은 밤들을 보냈습니다. 하지만 대학에서 전공을 택하게 되었을 때 부모님은 직업을 진지하게 고려해야 한다고 했습니다. 별을 바라보는 일로 먹고살 수는 없다면서요. 그래서 전 치과대학에 가게 되었습니다."

우리는 하고 싶지 않은 일을 하고 싶은 일로 어떻게 보상할 수 있을지 논의했다. 그는 치과의사 일을 그만두고 싶어 하지는 않았다. 다만 좀 더 행복해지기 위한 다른 무언가가 필요했다. 지금 이 치과의사는 주말마다 UC 버클리의 천문대로 가서 세계적으로 유명한 천문학자와 함께 연구를 진행한다. "이제 다시 제 눈에 별을 담고 싶습니다."라고 그는 내게 미소 지으며 말해주었다.

당신은 어떤가? 두 가지 우선순위 목록에서 무엇을 깨달았는가? 중요하다고 여기는 일에 정말로 시간을 쏟고 있는가? 시간의 우선순위가 진정한 우선순위와 맞아떨어지는가? 그러면 그럴수록 당신은 더 빛나는 황금기를 누리는 셈이다. 맞아떨어지지 않는다면 충분한 시간과 관심을 받지 못하는 우선순위의 무언가를 위해 이번 주에 어떤 행동을 할 수 있는가?

• 행복을 위한 열한 가지 질문 •

질문을 던지지 않는 사람은
결국 감을 잡지 못한 상태로 남는다.
_ 닐 디그래스 타이슨, 천문학자

진정한 우선순위와 시간 우선순위를 비교했으니 이제는 지금까지 무
엇이 당신의 행복을 만들어왔는지 감을 잡을 때이다. 행복을 위한 다음
열한 가지 질문이 도움이 될 것이다. 성공적인 인터뷰를 위해 다음 지침
을 참고하기 바란다.

* 행복 퀴즈에서처럼 진심을 표현하라. '정치적으로 올바른' 답변은
  감춰진 문제를 드러내지 못하므로 아무 소용이 없다.
* 답변을 녹음하라. 내 친구는 지쳤다고 느낄 때 자기 인터뷰를 재생
  해 듣는다고 한다. 그러면 다시금 중심을 잡고 매일을 최고의 하루
  로 만들기 위한 힘을 얻게 된다고 한다.
* 믿을 만한 친구와 점심 약속을 잡고 이 책을 가져가라. 그 친구가 인
  터뷰어가 되어준다면 생각의 흐름에 몰두하기가 훨씬 좋다. 상대방
  이 굳이 듣고 싶어 하지 않을 거라는 걱정 때문에 깊은 이야기를 털
  어놓기 꺼려하는 사람도 종종 있다. 들을 준비가 충분히 된 청자 앞
  에서는 얼마든지 이야기를 할 수 있게 된다(다음 번에는 당신이 친구
  의 인터뷰어가 되어주는 방법도 있다).
* 달력을 열고 친구에게 전화를 걸어 지금 당장 행복 인터뷰 약속 시
  간을 잡아라. 당신 스스로에게 주는 선물이 될 것이다.

참고로 꼭 만나서 인터뷰를 해야만 하는 것은 아니다. 스카이프 같은 화상 통화도 좋다. 미국 동부와 서부에 떨어져 사는 두 자매는 전화로 서로에게 인터뷰를 했다. 그리고 덕분에 몇 년 만에 가장 의미 있는 대화를 나누었다고 말해주었다.

"언니만큼 저를 잘 아는 사람은 없어요. 우리는 50년 동안 서로의 삶을 공유해왔거든요. 인터뷰에서 온갖 이야기를 나누고 추억 속으로 들어가는 것이 참 즐거웠어요."

자, 준비가 되었는가? 녹음기를 켜라. 이제 답변을 시작하면 된다.

1. 1점부터 10점까지 척도로 볼 때 현재 당신은 얼마나 행복한가? 누가 또 무엇이 그 행복에 기여하는가? 누가 또 무엇이 당신을 불행하게 하는가?

2. 당신이 자랄 때 가족은 어떠했나? 당신은 행복한 아이였나? 그랬다면, 혹은 그러지 않았다면 이유는 무엇인가? 형제자매는 어땠나? 부모님은? 가족은 지금까지 어떤 영향을 미치고 있나?

3. "너무 늦지 않았다면 _____을 할 것이다."라는 문장을 채워보라. 여행을 더 하고 싶은가? 자기 사업을 하고 싶은가? 영혼의 친구를 찾고 싶은가? 너무 늦었다고 생각하는 이유는 무엇인가? 정말 그런가?

4. 당신이 아는 사람 중에 행복한 사람은 누구인가? 어째서 그 사람이 행복하다고 생각하나? 구체적으로 이유를 적어 보라.

5. "내 삶의 잉여 부분을 쳐내야 한다면 _____을 없애겠다."라는 문장을 채워보자. 그 잉여 부분을 없애거나 끊고 중단하는 길

을 가로막고 있는 장애물은 무엇인가?

6. "돈은 _____." 이 문장을 완성해보라. 현재의 재정 상태는
어떤가? 돈이 충분한가? 아니라면 얼마가 더 필요한가? 퇴직 후
에도 충분히 살아갈 만한가? 그렇지 않다면 그 이유는?

7. 몸에 대해 말해보자. 육체적으로 건강하게 지내는가, 아니면 질
병으로 고통받는가? 1점부터 10점까지 척도로 볼 때 현재 건강
상태는 어떤가? 건강은 삶의 질에 얼마나 영향을 미치고 있는가?

8. 1점부터 10점까지 척도로 볼 때 현재의 일에 얼마나 만족하는가?
좋아하는 요소는 무엇이고 싫은 요소는 무엇인가? 잘 맞는 직업,
잘 맞는 업무를 하고 있는가?

9. 개인적 삶에서, 또한 업무 측면에서 만나는 사람들에 대해 생각
해보자. 업무 측면에서 만나고 협력하는 이들을 좋아하고 존경하
는가? 그렇다면 그 이유는 무엇인가? 그렇지 않다면 그 사람들이
당신의 일상에 어떤 영향을 미치고 있는가?

10. 개인적 삶에서 중요한 이들(가족, 배우자, 친구, 이웃)은 당신의 행복
에 기여하는가? 그렇지 않다면 그 이유는?

11. 소명, 즉 그 일을 하기 위해 태어났다고 느끼는 무언가가 있는가?
꿈꾸는 일을 추구하고 있는가? 만약 그렇다면 어떻게 그 일을 찾
았는가?

• 지금, 오늘부터 행복해지기 •

지금껏 살아온 삶이 당신에게 유일한 삶일 필요는 없다. _ 애너 퀸들런, 칼럼니스트

많은 이들이 행복 인터뷰는 예상을 뛰어넘는 심오한 경험이라고 말해 주었다. 예를 들어 한 여성은 "인터뷰를 하기 전까지는 부모님이 얼마나 불행한 모습이었는지, 그것이 저희 남매에게 어떤 영향을 미쳤는지 깨닫지 못했어요. 부모님은 온갖 것을 금지했고 강압적인 요구도 많이 했죠. 엉망진창인 집안 모습도 우울했어요. 저희 남매는 친구를 초대하지 못했죠. 온가족이 하루를 어떻게 보냈는지 이야기하고 서로를 격려하며 저녁 식사를 했던 기억은 단 한 번도 없어요. 결국 저희 남매는 성장하기 전에 집을 뛰쳐나와야만 했죠."라고 말했다.

"그런 성장기가 현재의 행복에 어떤 영향을 미치고 있나요?"

"늘 행복은 저하고 거리가 먼 일이라 생각했어요. 그런데 여기 와서 과거는 핑계로도 동기로도 작용할 수 있다는 말을 들은 거죠. 성인이 된 지금의 행복은 수십 년 전에 일어났던 일이 아니라 지금 당장 하는 일에 좌우되는 거라고요. '사람은 자기가 마음먹은 만큼 행복하다.'라는 에이브러햄 링컨의 말도 접했고요. 전 그 순간 머리를 한 대 얻어맞은 것 같았어요. 그리고 불행의 이유를 부모님에게 돌리고 원망하는 대신 행복해지기로 마음먹었지요."

당신은 어떤가? 행복 인터뷰의 결과 무언가 깨달았는가? 자신과 자신의 삶을 오늘부터 조금 더 사랑하기 위해 할 수 있는 일은 무엇인가?

행동하기 위해 시간이 더 생길 때까지 기다려야 한다고 생각한다면 계속 읽어나가 보라. 더 시간이 나야 하는 게 아니라 그저 기다리는 행동을

그만둬야 행복해진다는 점을 알게 될 것이다. 다음 몇 장에서 그 점을 확인해보길 바란다.

- 당신의 진정한 우선순위 다섯 가지와 가장 많은 시간을 쓰는 다섯 가지는 무엇인가? 두 목록은 일치하는가?

- 두 목록이 일치하지 않는다면 이유는 무엇인가? 그 격차가 지속되는 이유는 어디에 있을까?

- 행복 인터뷰를 하고 난 후 어떤 깨달음을 얻었는가? 무엇이 당신의 행복을 가로막고 있었는가? 바로 오늘부터 행복해지기 위해서는 무엇을 할 수 있을까?

시간은 우리를 기다려주지 않는다

엄마는 늘 미루기만 하는 제가 아무것도 못해낼 거라고 하셨어요.
그럼 저는 '조금만 기다려봐요.'라고 말하곤 했죠.
_ 주디 테누타, 코미디언

라구나 해변에서 빈둥거렸던 날, 존 그리셤을 떠올리며 매일 아침 글을 쓰겠다고 다짐했던 때로 다시 돌아가 보자.

결국 다짐은 실현되지 못했다. 몇 주 동안은 이어졌지만 곧 바빠지면서 글 쓰는 일과가 생략되기 시작했다. 글 쓰는 작업은 결국 멀찌감치 뒤로 밀려났다. 그러다가 정신이 번쩍 나고 더 이상 미루면 안 되겠다고 생각하게 된 계기가 있었으니, 건강 문제였다.

몇 주 동안 기관지 염증으로 고생하면서도 나는 이미 잡혀 있는 업무 일정을 그대로 밀고 나갔다. 시간이 가면 자연스레 좋아지리라 생각했던 것이다. 하지만 아니었다. 결국은 아침에 침대에서 일어날 수 없는 지경까지 이르렀다. 친구가 달려와 응급실에 데려가 주었다. 의사는 폐렴 진단을 내렸고 처방을 쓰면서 이렇게 물었다.

"왜 이렇게 오래 병을 방치하셨어요?"

나는 너무 바빠서 병원에 올 시간이 없었다고 중얼거렸다. 의사는 어깨를 으쓱해 보였다.

"운 좋은 줄 아세요. 이번에는 처방해드린 약을 먹고 열흘 정도 쉬면 괜찮으실 겁니다. 하지만 이건 경고 신호입니다. 자신을 좀 더 돌보지 않는다면 몸이 못 견디겠다는 신호를 더 심하게 보내오겠죠."

충분히 새겨들을 만한 얘기였다. 하지만 정말로 원하는 일을 미뤄두지 않기로 결심하고 '언젠가 원하는 일'을 '오늘 할 일'로 바꾸기까지는, 꿈을 '내려받기'까지는(이 내용은 제2장에 소개된다) 몇 주가 더 필요했다.

● 무엇을, 왜 미루고 있는가? ●

삶은 우리 대부분에게 오랫동안 미루고 또 미루는 일이다. _ 헨리 밀러, 작가

내가 해야 한다고 생각하는 그 일을 왜 미루고 있을까, 그것이 문제이다. 내 삶의 진정한 우선순위로 꼽은 일들이 더 건강하고 행복한 삶을 가져다준다는 사실을 알면서도 미루는 이유는 무엇인가? 중요한 일들을 그렇게 계속 미루면서도 언젠가는 실행할 시간이 생기리라 막연하게 믿고 있나?

제프라는 젊은 아버지는 워크숍에 와서 이렇게 말했다. "전 더 이상 꿈을 꾸지 않아요. 너무 고통스럽거든요. 전 고개를 숙이고 계속 두 발을 움직여 최선을 다해 앞으로 나가고 있어요."

내가 조금 더 자세히 말해달라고 하자 그는 "전 아내와 아이들을 사랑

해요. 진심으로요. 하지만 지금 제 삶은 기대했던 것과는 전혀 달라요. 우리 부부는 하루 종일 일을 하죠. 아들 하나가 밤중에 계속 자다 깨다 하는 병이 있고 그 때문에 우리는 조금도 쉴 시간이 없어요. 언젠가는 꿈을 꾸는 사치를 누릴 수 있을지 몰라도 가까운 미래에는 불가능해 보여요."라고 설명했다.

제프와 비슷한 이야기를 하는 사람들이 많다. 원하는 일을 하는 것은 생각도 할 수 없다고, 지금은 의무와 책임을 감당하기만도 숨 가쁘다고.

이처럼 많은 이들이 자기 삶이 자기 것이 아니라 느낀다. 변화시킬 수 없다는 무력감도 느낀다. "원래 삶은 이런 거죠."라고 말해버린다.

그렇지 않다. 삶은 '원래 그런 것'이 아니다. 물론 우리 통제 범위를 벗어나는 일들도 존재한다. 특별하게 돌봐야 할 아이가 태어나는 일은 통제 범위 밖이다. 부모님의 치매 증세도 통제 범위 밖이다. 다니던 회사가 파산해 직장을 잃는 것 역시 통제 범위 밖이다.

그럼에도 빅터 프랭클 Viktor Frankl이《죽음의 수용소에서》에서 썼듯 '인간에게서 모든 것을 다 빼앗더라도 한 가지는 남는다. 주어진 상황에 어떤 태도를 보일지 선택할 자유, 자기 방식을 결정할 자유가 그것이다.' 다시 말해 자신에게 어떤 일이 일어날지는 통제할 수 없지만 어떻게 대처할지는 선택할 수 있다. 생각보다 자율권은 더 크다. 상황은 바꿀 수 없을지 몰라도 마음가짐은 바꿀 수 있다.

• 미루게 만드는 많고 많은 이유들 •

변화를 위한 가장 큰 조건이 무엇인지 아는가?
긴박감이다.
_ 존 코터, 하버드 비즈니스 스쿨 교수

많은 사람들이 '원하는 일을 하지 못하는 이유'로 다음과 같은 것들을 꼽았다. 당신의 상황과 몇 개나 일치하는가?

1. 시간: 원하는 것을 하려면 더 많은 시간 혹은 딱 맞는 시간이 되어야 한다면서 기다리는 중인가? 그런 때가 영영 오지 않는다면? 가수 존 레전드Legend 는 "미래는 벌써 시작되었고 우리는 이미 늦었다."라고 노래했다. 제5장에서는 지금 이 순간 더 행복할 방법을 다룬다. 우리는 잠깐의 시간만 내면 된다.

2. 돈: 〈CNN 머니〉CNN Money 에 실린 기사에 따르면 미국인 중 78퍼센트가 그달 그달 겨우 먹고 살고 열 명 중 여섯 명은 통장 잔고가 500달러 미만이라고 한다. 하지만 중요한 것을 누리는 데 늘 비용이 많이 들지는 않는다.(제5장 '중요한 것을 풍족하게' 장 참조) 어제 공원에서 나는 아장아장 걷는 아이를 데리고 나온 젊은 부부를 보았다. 비누거품 놀이를 하면서 즐거운 시간을 보내고 있었다. 테마파크에 가서 수천 달러를 쓴다 해도 공원에서 공짜로 누리는 그 순간처럼 행복하지는 않을 것 같았다. 컨트리 가수 가스 브룩스Garth Brooks 가 말했듯 '돈으로 살 수 없는 무언가를 갖지 못했다면 부자가 아닌 것'이다.

3. 가족에 대한 책임: 한 여성은 "사업으로 돈을 많이 벌고 조기 은퇴를 할 수 있었어요. 하지만 부모님이 두 분 다 치매 진단을 받는 상황이 벌어

졌답니다. 전 지금 종일 부모님을 돌봐요. 제가 꿈꾸던 50대의 삶은 전혀 아니죠."라고 자신의 상황을 털어놓았다. 당신은 어떤가? 자녀, 부모, 동료 등 누군가를 돌보느라 자신을 위한 시간과 에너지가 전혀 없는 상태인가?

4. 업무 중심: 갤럽 조사를 보자. 직장에서 아무 행복을 느끼지 못하는 사람들이 72퍼센트나 되는데도 유급 휴가를 쓰지 못하는 이들이 52퍼센트라고 한다. 이건 무슨 상황일까? 스탠포드 대학교 교수인 드니즈 브로소Denise Brosseau 는 "실리콘밸리에서는 책상에 엎드려 자는 것이 자랑이에요. 한 주에 60시간 일하는 것이 기본이죠."라고 말해주었다. 당신은 어떤가? 업무가 삶의 전부인가? 무엇을 잃고 있는가?

5. 건강 문제: 통증, 장애, 부상, 질병 등의 이유로 하고 싶은 일, 자신을 행복하게 만들어줄 일을 하지 못하고 있는가? 아니면 건강을 당연하게 여기고 늘 월요일 태세로 돌아갈 수 있다고 믿는가?

6. 변화에 대한 두려움: 변화는 두려운 일이다. 그런데 더 두려운 것이 무엇인지 아는가? 후회이다. 제4장에는 체사피크 만을 항해하는 이야기가 등장한다. 자신을 위해 더 용감해지는 방법이 다뤄질 것이다. 작가 루이 라무르Louis L'Amour 는 '만족하는 것으로는 세상 어디로도 갈 수 없다.'라고 했다.

7. "무엇을 원하는지 모르겠어요.": 친구 하나가 모교에 가서 졸업축하 연설을 했다. 무대에 올라와 기념사진을 찍게 되자 졸업생들이 일제히 가운을 열어 '난 몰라요.'라는 티셔츠 문구를 내보였다고 한다. 당신도 그런가? 원하는 바를 모른다면 추구할 수도 없다. 다음 장에서는 의미 있는 무언가를 분명히 찾는 방법이 제시될 것이다.

8. 소중한 이들이 지지해주지 않는 것: 누군가 막아선 탓에, 당신을 바보로 몰아붙인 탓에 꿈꾸던 일을 포기했는가? 제3장에서는 그렇게 뒷다리 잡고 혼란을 안겨주는 이들에게 'No'라고 말할 방법을 소개한다.

9. 운명에 순응하는 것: '원하는 대로 이룰 수 없다는 걸 알아요. 그러니 바라지도 않을래요.'라는 슬픈 문구가 쓰인 머그컵을 본 적이 있다. 어느 50대 남자는 자기가 황금의 노예가 되어 살고 있다고 말했다. 앞으로 기대하는 바가 무엇이냐고 물었더니 그저 공허한 표정만 지어 보였다. 시어도어 루스벨트Theodore Roosevelt 가 말했듯 "회색 여명 속에서 사는 것보다는 감히 영광을 넘보는 것이 훨씬 낫다." 이 책은 삶은 견디는 게 아닌 즐기는 것이라 주장한다. 제5장에서는 그저 회색 여명 속에 존재하는 대신 매일 하루하루를 즐기는 구체적인 방법이 제시된다.

● 변화하기에 너무 늦거나 이른 때는 없다 ●

우연히 좋아지는 일은 없다. 변화시켜야 좋아진다. _ 짐 론, 동기부여 전문가

앞서 소개한 미루는 이유 중에서 당신은 어느 쪽에 속하는가? 과거에 그런 이유가 있었다고 해서 앞으로도 그런 이유가 있어야 하는 건 아니라는 점을 일단 기억하라. 인간으로 살아가는 장점 중 하나는 언제든 더 나은 쪽으로 변화할 수 있다는 것이다. 다르게 하고 싶은 한 가지를 정하고 거기 긴박감을 부여해 먼 미래가 아닌 지금 당장 무언가 하면 그만이다.

배우가 되기 위해 중서부의 고향을 떠나 뉴욕으로 온 트리시의 경우를

보자. 배우 지망생들이 다 그렇듯 트리시도 고향에서는 학교 연극이나 동네 극장의 스타였고 브로드웨이에서의 성공을 꿈꾸게 되었다.

"벌써 2년이 지났어요. 저는 손바닥만 한 방에서 살면서 웨이트리스로 일해 생활비를 벌어요. 남는 시간에는 끊임없이 오디션을 보지만 단 한 통의 전화도 받지 못했어요. 절망스러워요. 포기하기 일보직전이죠."

"혹시 새벽 춤 모임이라고 들어 봤어요? 외곽의 건물 옥상에서 모여 요가도 하고 음악에 맞춰 춤도 추는 거예요. 녹즙도 마시고요. 방에 혼자 앉아 절망감을 곱씹는 것보다는 훨씬 나을 거예요."

나의 조언에 트리시는 당장 모임에 연락해 나가기 시작했다. 그리고 내게 "정말 즐거운 모임이에요. 사전 예약하면 20달러만 내면 되죠. 저 같은 사람도 감당할 만한 액수에요. 말씀하신 대로 모두 다정하게 대해 주더라고요. 이제는 포기하고 집에 돌아갈 생각이 사라졌어요. 여전히 오디션에 합격하지 못했지만 이젠 매주 고대할 모임이 생겼거든요."라고 말해주었다.

트리시의 사례는 할 수 있는 일에 변화를 줄 때 어떤 결과가 나타나는지 보여준다. 배우로서의 성공은 트리시의 통제 범위 밖이다. 열심히 노력하고 더 많은 오디션에 응시할 수는 있지만 그렇다고 합격한다는 보장은 없다.

다만 통제 범위 밖의 일 때문에 무너지는 대신 트리시는 한 가지를 바꾸어 삶의 질을 높였다. 이후 트리시에게 어떤 일이 일어났는지 나는 알지 못한다. 그래도 그녀가 전보다 행복해졌다는 것은 안다. 이것이야말로 우리 모두가 원하는 바가 아닐까?

나쁜 소식은 시간이 휙휙 날아간다는 것이다.
좋은 소식은 당신이 조종사라는 것이다.
_ 마이클 알트슐러, 동기부여 전문가

우리는 변화를 원하고 변화가 필요하다는 것도 알지만 실제로 변화하지는 못한다. 이것이 문제이다. 많은 이들이 기존의 상태를 유지하려 하고 평생 그렇게 살아간다. 인생의 승객이 아니라 조종사가 되려면 긴박감을 가져야 한다.

와이키키에서 열린 워크숍에 참석한 베벌리는 자신이 늘 미루기만 해왔다고 털어놓았다.

"전에도 동기부여 프로그램에 여러 번 참석했어요. 집에 돌아갈 때는 의욕이 가득하지만 다시 일상이 시작되면 2주 만에 모든 것이 본래대로 되돌아가고 말아요. 어떻게 해야 할까요?"

"중대한 감정적 사건을 상상하면 긴박감을 가질 수 있습니다. 이런 사건은 대개 극적인 트라우마를 동반하죠. 살면서 병들거나 이혼하거나 집에 불이 난다면 그때까지 살아온 방식을 다시 평가할 수밖에 없거든요. 보장된 것은 없다는 사실을 깨닫고 지금 중요한 일에 초점을 맞추게 되는 것입니다. 다시는 기회가 없을지도 모르니까요."

"중대한 감정적 사건의 예를 들어 주신다면요?"

"당장 지금 당장 여기서 해볼까요. 스스로에게 물어보세요. '앞으로 딱 일주일만 더 살 수 있다면 어떤 일을 중단하고 어떤 일을 시작할까? 어떤 변화를 만들까?'라고요."

"딱 일주일만 더 살 수 있다고요? 너무 극단적이지 않은가요?"

"삶의 유한함에 대해 생각하는 일은 극단적이지 않습니다. 오히려 삶에 동기를 부여하죠. 인생, 건강, 사랑하는 사람, 자유가 당연하지 않다고 생각하게 될 기회거든요."

"좋아요. 해보죠. 딱 일주일만 더 살 수 있다면 두려움을 버리고 평소 무서워하던 일을 해보겠어요."

"예를 들어 어떤 일을요?"

"바다를 보러 가는 일이죠. 어렸을 때 〈죠스〉라는 영화를 본 후 바다를 두려워하게 되었어요. 지금도 하와이에 와 있지만 물가에는 절대 가지 않아요."

"알겠어요. 그 두려움을 극복하도록 하죠. 두려움을 극복하는 방법은 두려움이 나쁜 상황을 방지하는 것이 아니라 제대로 될 일을 방해한다는 깨달음이에요. 듀크 카하나모쿠Duke Kahanamoku (하와이에 서핑을 대중화시킨 인물—옮긴이)가 수영하던 바다 한쪽에 실내 수영장처럼 안전 구역이 마련되어 있는 걸 아시나요? 경계가 쳐 있고 깊이도 90센티미터 정도여서 언제든 일어나 걸어 나올 수 있어요. 상어는 물론이고 큰 파도도 안전 구역 안으로는 들어오지 못해요. 자, 그럼 언제 그 안전 구역 바닷물로 들어갈지 정해 봅시다. 하와이를 떠나는 날이 언제지요?"

"이틀 후예요."

"그럼 내일이 그날이군요. 오전 6시로 알람을 맞춰두세요. 알람을 끄고 다시 잠들려 할 때 '지금으로부터 1년 후에 돌이켜본다면 뭐가 더 중요할까? 한 시간 더 잔 것? 아니면 오랜 두려움을 극복하고 바다로 나가 물에 뛰어드는 결단을 내렸던 것?'이라고 스스로에게 물어보세요."

"해볼 만하겠어요. 그런데 왜 오전 6시죠?"

"6시 반에 해가 뜨거든요. 해가 막 떠오를 때 당신은 바닷물 속에 몸을 담그게 되는 거죠. 은유를 활용하면 경험이 더욱 의미심장해진답니다. 당신은 단순히 바다에 들어간 것이 아니라 존재의 유한성을 인식하고 삶을 변화시켜줄 새로운 단계에 들어선 거예요. 언젠가가 아니라 바로 지금 말이죠."

나는 이렇게 설명하고는 덧붙였다.

"제 명함을 드릴게요. 어떻게 되었는지 알려주면 좋겠어요."

다음날 아침 베벌리는 "해냈어요!"라는 문자와 함께 웃는 얼굴 이모티콘을 보내왔다.

당신은 진정한 우선순위에서 무엇을 미루고 있는가? '언젠가 하겠다'는 막연한 약속 대신 중대한 감정적 사건을 상상하고 긴박감을 느껴보라. 당장 오늘 해야겠다는 생각이 들지 않는가? 두려움이 가로막는다면 '지금으로부터 1년 후에 돌이켜보았을 때 뭐가 더 중요할까?'라는 질문을 던져라. 두려움은 나쁜 상황을 방지하는 게 아니라 제대로 될 일을 방해한다는 사실도 기억하라.

최초로 초음속 비행을 했던 조종사 척 예거 Chuck Yeager 는 "진실의 순간에는 이유 아니면 결과 둘 중 하나뿐이다."라고 말했다. 다음 부분에서는 이유(다시 말해 변명)를 결과(다시 말해 행동)로 바꾸어 꿈을 이루고 삶에 목적과 의미를 부여하는 여러 방법이 제시될 것이다.

• 사람들이 흔히 말하는 미뤄야 할 이유가 당신에게도 해당되는가? 지금 당신의 행복을 가로막고 있는 이유를 하나씩 구체적으로 말해보라.

• 앞으로 일주일밖에 살지 못한다면 무엇을 하고 싶은가? 그 일을 지금 당장 할 방법이 있는가? 어떻게 하면 될까?

• 중요하다고 생각하는 일을 미루지 않고 실행에 옮겼던 경험이 있는가? 그때의 확신은 어디서 나왔는가? 그때 기분은 어땠나?

• 당신이 보기에 행복한 삶을 살고 있다고 여겨지는 사람이 있는가? 언젠가가 아닌 지금 당장 원하는 일을 하는 사람인가? 그 사례에서 무엇을 배울 수 있는가?

제2장

내가 무엇을 원하는지
나만이 알 수 있다

: '언젠가의 꿈'이 아닌 '오늘의 꿈' 만들기

과거의 삶을 평가하고 진정한 우선순위가 미뤄지는 이유도 찾아냈으니 이제 다음 단계로
나아갈 차례이다. 아침에 벌떡 일어날 이유를 안겨주는 꿈 혹은 열정을 어떻게 만들어내면 좋을까?

한 번뿐인 귀중한 삶으로
무엇을 할 계획인지 말해줘요.

_ 매리 올리버, 시인

원하는 바를 **분명히** 하기

'내 목표가 무엇인가?'가 아니라 '무엇이 나를 흥분시키는가?'를 물어야 한다.

_팀 페리스, 작가

약을 꾸준히 먹은 끝에 마침내 폐렴이 완치된 후 몇 주가 지나 나는 산타 바버라 인근 캘리포니아 101번 고속도로 위를 달리고 있었다. 워크숍을 진행하러 가는 길이었다. 맑고 화창한 날씨였고 나는 바닷물 위에서 반짝거리는 햇볕을 곁눈질로 흘끔흘끔 바라보았다.

갑자기 꿈 하나가 탄생하려 했다. 아니, 뭐가 탄생한다고? 당신에게 이 말이 무척 의아하게 들릴지도 모르겠다.

충분히 그럴 수 있다. 하지만 마우이 작가 컨퍼런스 회장으로 17년 동안 일하면서 가장 크게 배운 것은 '생각날 때 쓰기'라는 원칙이었다. 무언가 말할 거리가 머리에 떠오르면 바로 적어두라는 데 대해 베스트셀러 작가들은 열광까지는 아니더라도 크게 동의해주었다. 휙휙 지나가는 생각이 그냥 사라지지 않도록 하는 것이다. 생생할 때 붙잡지 않으면 두 번

다시 영영 떠오르지 않을 수도 있다.

그리하여 나는 펜과 노트를 꺼냈고 다음과 같이 썼다.

불에 끌리는 사람들도 있다지만 나는 물에 끌린다. 인간의 65퍼센트가 물이라고 하지 않는가. 모든 사람이 물로 된 육체를 지닌 것이다.

하지만 매슬로 위계에서 물은 '충족된 욕구'이다. 매슬로도 지적했듯 충족된 욕구는 무시되기 일쑤다. 당연하게 받아들이는 것이다.

물은 목소리를 필요로 한다. 목소리를 원한다. 목소리를 지닐 자격이 마땅하다. 내가 그 목소리가 되어주겠다.

그리하여 '물가에서 한 해 보내기'를 시작해보겠다. 10월 1일에 출발해 전국을 여행하며 물을 찾아다니겠다. 대양, 강, 호수, 폭포, 산속 계곡 등등을 보면서 생각하고 깨달은 바를 기록할 것이다.

플로리다주의 새니벨Sanibel 해변을 찾아가 '바닷가에서 아름다운 조개를 모두 주울 수는 없다.'라고 한 앤 모로 린드버그 Anne Morrow Lindberg 의 말이 맞는지 확인하겠다.

영화 〈흐르는 강물처럼〉이 촬영된 몬태나의 강을 찾아 정말로 같은 강물에 두 번 발을 담글 수 없는지 알아보겠다.

미리 철저한 계획을 세우고 여행하지는 않겠다. 어떤 일이 일어나든 받아들이고 맞춰나갈 것이다. 여행하면서 만나게 되는 흥미로운 인물들을 인터뷰할 것이다. 그 여행에서 느끼고 배운 점을 글로 써 사람들이 흥미롭게 읽게끔 하겠다.

정말 대단한 일이었다. 길가에 차를 세우고 단숨에 쓰기를 마친 나는 경이로움에 눈을 몇 번 깜박였다. 대체 이건 다 어디서 온 것일까?

이 '하늘의 계시'는 언제 떠올려도 늘 고마운 일이었다. 꿈을 '내려받기'란 얼마나 드문 일인가. 게다가 그 이름과 시작 날짜까지 정해지다니. '다음번' 할 일이 완벽하게 짜여 하늘에서 선물처럼 내려왔으니 참으로 감사하기 짝이 없었다.

여러 상황이 절묘하게 맞아 떨어져(제4장에서 더 설명할 예정이다) 10월 1일에 내가 '물가에서 한 해 보내기'를 시작하러 떠나리라는 것이 점점 분명해졌다. 여행이 어떻게 전개될지는 알 수 없었지만 여행을 떠난다는 점만은 분명했다.

물론 나는 그런 결정을 내리기에 아주 좋은 상황이었다. 싱글이었고 결정권이 있었다. 아이들은 다 커서 자립한 상태였다. 사랑하는 가족은 모두 건강해 내가 돌봐야 할 필요가 없었다. 내가 하는 일은 돌아다니면서도 충분히 돈을 벌 수 있는 유형의 것이었다. 발목을 붙잡는 사람도, 상황도 없었다.

나는 20년 동안 내 일을 관리해온 여동생 셰리에게 전화를 걸어 내 결정을 알렸다. 동생의 반응은 내가 왜 지금까지 동생을 사랑하고 믿어왔는지, 함께 일할 수 있음에 감사했는지 다시 확인시켜주었다. 한마디 질문 없이 곧바로 "좋아. 그럼 지금부터 9월 30일까지 우리가 어떤 준비를 해야 할지 목록을 만들어보자고."라고 계획을 세우기 시작했던 것이다.

완벽하게 실용적이고 협조적인 반응으로 일은 한 걸음 더 진전되었다. 꿈이 실현되기까지 남은 기간은 5개월이었다. 우리는 필요한 준비를 해나갔다.

당신은 어떤가? 당신을 부르고 있는 그 일은 무엇인가? 오랫동안 미뤄왔던, 하지만 지금이라도 당신의 매일에 의미와 동력을 부여할 꿈의 프로젝트는 무엇인가?

• 무엇이 당신 삶에 의미와 목적을 주는가? •

행복은 생각하고 말하고
행하는 것이 조화로운 그 순간이다.
_ 간디, 인도의 정신적 지도자

20대인 타일러가 내게 말했다.

"하늘에서 계시가 내려오다니 그게 얼마나 드문 행운인 줄 아세요? 전 내년이나 내후년은커녕 점심시간에 뭘 하고 싶은지도 몰라요. 어디서 어떻게 시작할지 감이 없다고요."

"참으로 역설적이지요. 우리는 수학, 과학, 역사 따위를 다 배우지만 의미와 목적이 가득한 삶을 어떻게 살아가야 할지는 배우지 못하거든요. 그래서 많은 사람들이 여전히 그걸 알아내려 애쓰는 것이고요."

"맞아요. 저도 어떻게 해야 할지 모르겠어요."

"일단 행복에 대해 나름의 정의를 내려 보면 도움이 될 겁니다. '행복이 무엇이라 생각하나요?'라는 질문을 던졌을 때 침묵하며 멍한 표정을 짓는 분들이 적지 않아요. 행복이 무엇인지 스스로 정의할 수 없다면 그걸 경험했을 때도 알 수 없지 않을까요?"

'행복의 역사'라는 강연을 들었을 때 맞닥뜨린 잊지 못할 순간이 있다. 강연자는 이 주제로 책도 썼다는 어느 교수였다. 60분 동안 아리스토텔레스, 소크라테스, 플라톤의 말을 인용하며 설명을 하던 교수는 질의응답 시간이 부족하다며 질문은 딱 하나만 받겠다고 했다. 내 옆자리의 신사가 손을 들었다.

"선생님은 행복을 어떻게 정의하시나요?"

한동안 당황한 표정이던 교수는 자신만의 정의가 없다고 말했다. 그 놀라운 말에 객석이 술렁였다. 질문을 던졌던 신사는 그냥 넘어가지 않았다.

"행복에 대해 20년 동안 연구를 해오셨다면서요. 분명 선생님만의 정의가 있을 텐데요."

피해갈 수 없다는 것을 알아차린 교수는 "정의를 내려야만 한다면 저는 '행복을 기술하는 것은 행복을 축소하는 일이다.'라는 스탕달의 견해에 동의합니다."라고 대답했다. 내가 이어서 교수에게 질문했다.

"그럼 가장 최근에 행복했던 때는 언제인가요?"

교수는 잠깐 생각한 후 미소를 지었다.

"제 딸아이가 지난주에 제게 조언을 구한다고 전화를 걸어왔습니다. 제 뒤를 이어 딸도 내과 의사지요. 한 환자 상태가 꽤 심각한데 뭐가 문제인지 진단을 내리지 못하고 있더군요. 증상을 들어본 후 저는 희귀 질환 하나를 떠올렸고 그 검사를 해보았냐고 물었습니다. 아니라고 하더군요. 딸은 다음날 다시 전화를 걸어와 그 환자가 그 질환으로 판정되어 치료를 시작했다고, 다행히 때를 놓치지 않아 회복될 것 같다고 말해주었습니다."

나는 "그게 바로 행복입니다. 당신을 존경해 같은 길을 걷게 된 자녀가 있고, 당신의 조언이 환자를 구하게 되는 것 말입니다. 아닌가요? 행복

경험을 기술하는 일은 행복을 축소시키지 않고 심화시켜줍니다."라고 한 마디 했다.

당신은 어떤가? 깊이 행복을 느낀 순간이 언제였는가? 그 순간을 다시 떠올려보라. 그 자리에 누가 있었는가? 어떤 말을 했는가? 무엇 때문에 그 순간이 빛났는가?

행복이 반드시 그저 좋고 즐거워야만 하는 것은 아니라는 점을 기억하라. 만화 〈피너츠〉에 등장하는 스누피처럼 펄쩍펄쩍 뛰어다니고 발을 핥고 신나게 춤을 추는 그런 모습만이 행복은 아니다. 당신에게 행복은 어떤 모습, 어떤 느낌인가? 평온한 충족감일수도, 제대로 살고 있다는 평화로운 인식일수도, 누군가 혹은 무언가와 맺는 만족스러운 연결일 수도 있다. 다음 연습을 통해 당신의 행복이 무엇으로 구성되는지 보다 분명히 깨달을 수 있을 것이다.

• 당신에게 행복은 무엇을 의미하는가? •

행복을 정의하는 가장 중요한 세 가지 조건이 무엇이냐는 질문을 받았다.
나는 자신과 주변 사람들에게 솔직하다는 느낌, 개인적 삶과 업무에서 최선을 다했다는 느낌,
그리고 남들을 사랑하는 능력이라고 답했다. _ 엘리노어 루즈벨트, 미국의 제32대 영부인

당신의 행복을 구성하는 가장 중요한 세 가지는 무엇인가? 이를 한 문장 안에 묶어 정의할 수 있는가? 다음은 생각을 시작하기 위한 몇 가지 예이다. 이를 자유롭게 활용해 당신만의 정의를 만들어보라.

• 내게 행복은 지금 이 순간에 충실하고 모든 순간을 사랑하는 것

이다.

- 내게 행복은 내가 중요하다는 것을 아는 것, 그리고 내게 중요한 이들과 함께 있는 것이다.
- 내게 행복은 모든 상황에서 최선의 모습을 보이는 것이다.
- 내게 행복은 사랑하고, 사랑받는 것이다.
- 내게 행복은 가능한 한 많은 이들에게 긍정적인 변화를 만들어내는 것, 그리고 친구와 가족과 더불어 건강하고 감사한 삶을 사는 것이다.(이건 내 정의이다)

자, 이제 당신 차례이다.

내게 행복은 ＿＿＿＿＿＿＿＿＿＿＿＿＿＿＿＿＿＿ .

• 행복은 주어지는 것이 아닌 선택하는 것 •

진화하지 않는 것은 위험하다. _ 제프 베조스, 아마존 CEO

앞서 행복을 정의하면서 당신은 어쩌면 행복에 대한 생각을 발전시키고 싶다는 생각을 했을지도 모른다. 행복은 느낌이나 결과에 그치지 않는다. 행복은 기법이자 선택이다. 나는 크게 성공한 사람들을 여럿 만나보았다. 어느 모로 보나 행복해야 마땅한 이들이었지만 불행했다. 반면 도전과 위기에 당면했지만 자신과 자신의 삶에 만족하는 이들도 있었다.

미 전문 강연인 협회의 회장을 지낸 글레나 솔즈베리Glenna Salsbury가 좋은 사례이다. 글레나는 누구를 대하든 상대가 세상에서 제일 중요한 사람이라 느끼게끔 하는 인물이다. 물론 글레나가 4기 암환자임을 아는 사람은 많지 않다. '중대한 감정적 사건'은 글레나에게 가상이 아닌 현실이다. 글레나는 매일을 마지막 날인 것처럼 산다.

매달 한 번씩 하는 전화 통화 때였다. 글레나가 말했다.

"어제는 정말 좋았어요. 차를 타고 나가 일을 볼 정도로 상태가 좋았거든요. 우체국으로 들어가면서 '난 정말 행복하구나, 행복해.'라고 생각했지요."

내가 물었다.

"글레나, 최악의 고통을 10점이라 했을 때 지금 9점인 상태일텐데, 대체 무엇이 그렇게 행복하지요?"

"운전할 수 있다는 것, 햇살이 비치는 날인 것, 딸들이 나를 사랑한다는 것 등등이 행복하지요. 살아 있다는 것이 그저 기뻤어요."

"사람들에게 꼭 알리고 싶은 것이 있다면요?"

"자기 삶의 마지막 순간을 상상하고 느꼈으면 해요. 그럼 시간을 어떻게 보낼지에 대해 더 마음을 쓰게 될 테니까요."

"무슨 말씀이지요?"

"마음을 쓴다는 건 살아 있음이 궁극적인 선물이라는 걸 기억하는 거죠. 시간이 한정되어 있다는 걸 안다면 더 조심스럽게 그 시간을 보내게 되요. 전 매일 스스로에게 물어봐요. '이게 정말 중요한가? 장기적으로도 중요할까?'라고."

● 진정한 우선순위를 나중 일로 미루고 있는가? ●

누구도 살아서 이곳을 나갈 수 없습니다.
그러니 자신을 나중 일로 여기지 마십시오.
_ 앤서니 홉킨스, 영화배우

통화 이후 나는 글레나의 말을 다시 생각하며 나 자신에게 물었다.

"삶이라는 선물을 충분히 누리고 있는가? 내 시간을 어떻게 보낼지 마음을 쓰나? 마지막 순간이 왔을 때 어떤 일을 하지 못해 후회하고 아쉬워할까?"

바로 답이 나왔다. 나는 가족 나들이를 더 많이 갔으면 할 것이다. 두 아들 가족의 집을 방문한 적은 있었지만 함께 어딘가로 가서 시간을 보낸 것이 벌써 3년 전이었다.

너무 오랜 시간이 지났다. 나는 늘 가족 모임을 주최하는 입장이었다. 그리하여 "볼더 보울더Bolder Boulder(매년 미국 보울더 지방에서 메모리얼 데이를 기념하기 위해 열리는 마라톤 대회—옮긴이) 10킬로미터 마라톤에 나랑 함께 출전할 생각이 있니?"라고 묻는 이메일을 모두에게 보냈다.

이 마라톤은 10킬로미터 경기로는 미국에서 두 번째 규모이다. 기록을 세우려는 마라토너뿐 아니라 걸어가는 사람, 유모차를 끌고 가는 엄마들, 똑같은 옷을 맞춰 입은 회사원들 등 누구나 참여할 수 있다. 자신을 단련할 계기이자 기회를 제공해준다. 건강도 관리하고 함께 즐거운 기억도 쌓을 수 있는 방법이었다. 정말 이렇게 좋은 생각을 해내다니 스스로 뿌듯할 정도였다.

게다가 행복에 대한 내 정의에도 딱 들어맞았다. 가족, 친구와 더불어 건강하고 감사한 삶을 사는 것 말이다. 내 시간 우선순위를 진정한 우선순위와 일치시키는 구체적인 방법이었다.

당신은 어떤가? 주어진 시간을 신중하게 보내는가, 아니면 되는 대로 흘려보내는가? 진정한 우선순위를 나중 일로 여겨버리지는 않는가? 삶의 마지막을 떠올려보라. 무엇을 못한 것이 아쉽고 후회스러울까? 지금 당장 그 일을 시작하지 못할 이유는 무엇인가?

작가 마거릿 보나노Margaret Bonanno는 '영원히 행복하게 사는 유일한 방법은 하루하루를 늘 행복하게 사는 것뿐이다.'라고 하였다. 인생에 의미와 목적을 더하는 데 너무 늦은 때란 없다. 당신을 더 행복하게 만들어줄 진정한 우선순위를 파악한 후 달력에 시작 날짜를 표시하고 실천만 하면 된다.

Q/A ————————————————————————————————

- 소명, 사명, 열정적 프로젝트를 하늘에서 내려받은 경험이 있는가? 그러한 계시에 따라 행동했는가? 그랬다면, 그러지 않았다면 그 이유는?

- 당신이 작성한 삶의 소명은 무엇인가? 늘 시선 닿는 곳, 마음속 깊은 곳에 간직해두고 그 소명과 진정한 우선순위가 일치하는 삶을 위해 노력하고 있는가?

- 삶에서 더 하고 싶은 일이 무엇인가? 언젠가를 기다리는 대신 당장 이번 주에 그 무언가에 시간을 할애할 방법은 무엇일까?

달력에 **날짜 표시**하기

계단 전체를 볼 필요는 없다. 첫 계단만 밟고 올라라.

_마틴 루서 킹 2세, 목사

나는 운이 좋았다. 꿈이 시작 날짜와 함께 내려왔으니 말이다. 계단 전체가 보이지는 않았지만 첫 계단은 알 수 있었다. '언젠가'를 '오늘'로 바꾸기 위해 내가 배운 확실한 한 가지는 날짜를 달력에 표시해야 꿈의 실현이 시작된다는 것이다. 불투명한 것을 확실하게 만드는 열쇠이자 첫 계단이 바로 그것이다.

이건 경험에서 나오는 얘기이다. 몇 년 전, 나는 환호 소리에 놀라 잠에서 깼다. 일어나 집 뒤쪽의 호수를 내다보고서야 매년 열리는 짐 맥도널 호수 수영 대회 날이라는 것을 깨달았다. 키우는 개를 데리고 구경을 나갔다. 국가 연주가 끝난 후 유명 선수들이 먼저 출발했고 이어 나이대별로 경기가 이어졌다. 30대, 40대, 50대, 60대, 70대 그리고 80대 이상.

80대 이상이라고? 그 선수들이 호수로 뛰어들어 힘차게 출발하는 모습을 보면서 나는 혼잣말을 했다.

"난 무슨 핑계를 대고 있는 거야?"

나는 고등학생 시절 수영 선수였고 캘리포니아에서 동네 수영반을 지도한 경험도 있었다. 하와이에 살 때는 황혼녘의 바다 수영을 즐겼고 3.8킬로미터 와이키키 바다 수영 대회에 출전하기도 했다. 그런데 지금은 호숫가에 살고 근처 실내 수영장이 열두 개나 되는데 하루 열두 시간을 책상 앞에만 앉아 지내는 중이었다. 종일 앉아만 있는 것이 흡연과 다름없이 나쁘다는 것을 알면서도 말이다. 더 이상 핑계만 대고 있을 수는 없었다!

다시 수영을 시작해야만 한다고 혼자 다짐하는 대신 나는 집으로 돌아가 바로 와이키키 바다 수영 대회 사이트로 들어가 참여 등록을 했다. 등록을 했으니 책임을 져야 했다. 그저 지나가는 생각이 아니었다. 항공편과 호텔을 예약하고 수영 연습 일정을 잡고 경기 준비를 시작했다.

그 대회 출전은 가족 축제가 되었다. 큰아들 톰이 매니저를 해주었고 앤드루는 마지막 순간에 동반 출전을 결심했다(그리고는 나를 이겨버렸다). 오아후와 카우아이의 옛 친구들은 도착점 해변에서 나를 기다렸다가 파티를 벌였다.

달력에 날짜를 표시하지 않았다면 막연한 생각이 실제 행동으로 이어지지 못했을 것이고 이 모든 멋진 일들도 일어날 수 없었을 것이다.

시작하기 위해 위대해질 필요는 없지만
위대해지려면 시작부터 해야 한다.
_ 레스 브라운, 연설가

자, 당신이 '오늘'로 바꾸고 싶은 '언젠가'는 무엇인가? 언제 시작할 작정인가? 꿈꾸던 일, 원하는 일을 이루기 위해서는 일단 달력에 날짜를 표시해야 한다.

이건 나 혼자만의 주장이 아니다. 데이비드 디스테노David DeSteno 가 〈뉴욕 타임스〉에 쓴 글을 보면 "새해 계획의 4분의 1은 1월 8일이 되기 전에 폐기된다."고 한다. 좋은 마음으로 세운 계획이 버려지는 이유는 굳은 의지와 자기 통제가 필요하다는 부담감 때문이다. 우리는 이미 바쁘고 지치고 스트레스를 받는 상태이다. 여기서 더 좋은 사람이 되려고 스스로를 다그치는 것은 더 힘든 삶을 의미할 뿐이다. 누가 이것을 바라겠는가?

새해 계획에 실패하는 또 다른 이유는 계속되는 문제 행동을 중단하거나 덜 하겠다는 쪽에 초점이 맞춰지는 데 있다. 이렇게 하면 문제 행동을 하려는 마음이 더 커지고 만다.

우리 마음은 금지에 집중하지 않는다. '하지 않는다', '중단한다', '그만둔다'는 잊힌다. 그래서 '탄수화물을 먹지 않겠어.' 혹은 '텔레비전을 너무 많이 보지 않겠어.'라고 다짐할 때 우리 마음이 기억하는 것은 '탄수화물 먹기'와 '텔레비전 보기'이다.

내 경우에는 '자리에 너무 오래 앉아 있는 건 그만 하겠어.'라고 다짐하면서도 계속 그 나쁜 습관이 이어졌다.

없애야 할 행동이 아닌, 원하는 행동을 표현해 자기 마음에 그림을 그려주는 일이 그래서 중요하다. '탄수화물을 먹지 않겠어.'가 아니라 '살코기, 채소, 단백질을 즐겨 먹겠어.'라고, '텔레비전을 너무 많이 보지 않겠어.'가 아니라 '월요일에는 북 클럽에 참석하고 수요일에는 성가대 연습을 할 거야.'라고 말하는 것이다.

이렇게 바꾸기만 해도 정말 그렇게 될 것처럼 느껴지지 않는가?

● 구체적일수록 실현 가능성이 더 높아진다 ●

진정한 자신이 될 만큼 충분히 용감해라. _ 퀸 라티파, 영화배우

더 구체적이고 긍정적인 언어를 사용함으로써 원하는 결과를 얻을 가능성이 높아진다는 좋은 사례가 첫 '언젠가 살롱'에서 등장했다. 4분 4영역 퀴즈의 2영역(하고 싶은데 하지 않고 있는 일)에 대해 토론하는 중이었다. 킴벌리라는 30대 여성이 "제일 먼저 내려놓은 일이 여행이에요. 고등학교 졸업 후 대학에 가기 전에 1년 쉬면서 배낭 메고 유럽을 돌아다녔던 인생 최고의 경험 이후 해외여행을 한 번도 가지 못했어요. 직장인이 되니 그렇게 되더군요."라고 말했다. 나는 킴벌리에게 물었다.

"자, 구체적으로 말해 봅시다. 어디로 여행을 가고 싶나요?"

킴벌리는 잠시 생각에 잠겼다. 이윽고 늘 가고 싶었던 장소를 떠올리고는 얼굴이 환해졌다.

"네팔이요."

"거기서 뭘 하고 싶은데요? 히말라야 산에 올라갈 건가요?"

킴벌리의 두 눈이 한층 더 빛났다.

"맞아요."

"자, 정확하게 짚어봅시다. 혼자 가고 싶은가요, 가이드가 붙는 단체 여행이 좋은가요?"

"여성들로만 구성된 단체가 좋겠어요."

옆 자리에 앉아 있던 여성이 입을 열었다.

"그렇게 다녀온 사람을 알아요. 정말 좋았다고 하더군요. 스스로에게 준 최고의 선물이었다고요. 전화번호를 알려주면 그 사람 연락처를 보내줄게요."

두 사람은 여행의 구체적인 사항을 의논하기 시작했다. 킴벌리가 2영역에 썼던 추상적인 생각이 어느새 실현 가능한 계획으로 바뀐 것이다.

이것이 바로 구체화의 힘이다. '하고 싶다'를 '하겠다'로 바꾸고 싶은가? 다음 질문에 답하라.

구체적으로 무엇을 하고 무엇을 보고 싶은가? 비용은 얼마나 드는가? 이를 실현하기 위한 다음 단계는 무엇인가?

왜 그것을 꿈꾸는가? 어째서 그것이 특별한 의미를 지니는가?

구체적으로 어디에 가고 싶은가?

_____

_____

언제 갈 것인가?

_____

_____

누구와 함께 갈 것인가? 계획 실현을 위해 누구와 접촉해 도움을 받을 것인가?

_____

_____

더 많은 내용을 채워 구체화할수록 마음속에 더 현실적인 그림이 그려질 것이다. 모호했던 것이 형체를 갖추어간다.

작가 펄 벅 Pearl Buck 은 "소설에는 사랑의 실패로 상심한 사람들의 이야기가 가득하다. 하지만 정말로 우리를 상심하게 하는 것은 꿈을 잃어버리는 것이다."라고 하였다.

달력에 날짜를 기록하지 않는다면 꿈을 잃어버릴 수밖에 없다. 꿈을 실현하고 싶다면 위 질문(무엇을? 왜? 언제? 어디에? 누구와?)의 답을 매일 볼 수 있는 곳에 붙여두라. 답변이 구체적일수록 마음을 많이 쓴다는 의미이고, 마음을 많이 쓸수록 꿈이 실현될 가능성은 커진다.

지금까지 행복이 자신에게 어떤 의미인지, 또한 앞으로 무엇을 이루고

자 하는지 알아보았다. 다음 장에서는 행복으로 가는 길을 가로막는 장애물을 어떻게 치우면 좋을지 살펴보겠다.

Q/A

- 올해 말까지 경험하거나 이루고 싶은 일은 무엇인가? 언젠가가 아닌 바로 오늘의 꿈 말이다. 언제 시작할 것인가? 달력에 동그라미를 칠 날짜는 언제인가?

- 언제, 어디서, 누구와, 무엇을, 왜라는 질문에 답을 채워보자. 희미했던 꿈을 보다 명확하게 만들기 위해 누구와 의논하면 좋을까?

- 늘 기억하고 마음에 담아두기 위해 구체화한 꿈 내용을 매일 볼 수 있는 곳에 붙여두라. 적당한 장소는 어디인가?

제3장

인생을 가로막는 장애물을 단호하게 없애는 법

: 낡은 믿음과 행동 삭제하기

행복을 기준으로 과거를 평가하고 삶에 목적을 부여하는 의미 있는 꿈을 생성했으니
이제 필요 없는 것을 삭제할 차례이다. 삭제란 버리는 것, 내려놓는 것이다.
더 높은 우선순위에 쓰여야 할 시간과 에너지를 차지하고 있는 물리적·감정적 요소들을 없애보자.

모든 것을 다 가질 수는 없다.
그걸 다 둘 데도 없지 않은가?

_조지 칼린, 코미디언

훼방꾼들에게 'No'라고 말하기

그들이 당신을 길들이도록 두지 말라.

_ 이사도라 던컨, 무용가

'물가에서 한 해 보내기' 계획에 잔뜩 들뜬 나머지 나는 전국 언론인 모임
(내셔널프레스클럽)에서 그 계획을 발표해버렸다. 몇몇 참석자들이 부정
적인 반응을 보일 것이라고는 생각도 못한 채 말이다.

내 계획을 설명했을 때 대부분의 청중들은 환호하고 즉각 박수를 보내
주었다. "나도 함께 갑시다!"라고 외치는 사람도 있었다. 하지만 지지해
주지 않는 사람들도 있었다. 한 명은 나를 옆으로 끌고 가 걱정스러운 표
정으로 물었다.

"괜찮은 거예요?"

나는 한걸음 물러섰다.

"그럼요. 왜 그러시죠?"

상대는 아무 말 하지 않았지만 나는 곧 깨달았다. 갑자기 그런 극적인

일을 벌이다니 시한부 선고라도 받은 게 틀림없다고 생각한 것이다.

"전 중년의 위기를 겪는 게 아니에요. 중년의 깨달음을 얻은 거지요."

다른 사람이 끼어들었다.

"정말 멋지네요. 저도 한 해 동안 휴가를 쓸 수 있으면 참 좋겠어요."

내가 신디 로퍼Cyndi Lauper 노래의 가사에 등장하는 그저 '재미만 찾는 여자'라고 여기는 말투였다.

경영 컨설팅을 한다는 사람은 이렇게 충고했다.

"한편으로는 당신이 부럽지만 다른 한편으로는 아무 일도 안 하며 지내다가는 돌아버릴 것 같다는 생각도 드는군요. 샘, 그 계획은 비밀로 해요. 당신이 고객 눈에 보이지 않는 어딘가로 가버린다는 소문이 한번 돌면 이후로는 일이 들어오지 않을지도 모르니까요. 그렇게 열심히 쌓아온 경력을 시험대에 올릴 작정인가요? 한번 엎으면 다신 주워 담을 수 없어요."

글쎄다. 재미를 찾는다는 건 맞는 말이었다. 극적인 일을 벌이는 것도 맞았다. 하지만 아무 일도 안 할 작정이라는 말은 틀렸다. 인생에서 뭔가 끔찍하게 잘못되어 도망치려는 것은 더더욱 아니었다. 나는 고객들에게 그 계획을 숨기지 않으면 더 이상 일하기 어려워질 거라는 말이 틀리기를 간절히 바랐다.

전혀 예상치 못했지만 가수 제임스 테일러James Taylor 가 이 상황에서 나에게 새로운 관점을 불어넣어 주었다. CBS 아침 프로에서 제임스 테일러를 인터뷰하던 리포터가 "12년 만에 새 앨범을 내놓으셨네요. 왜 이렇게 오래 걸렸나요?"라고 물었던 것이다. 테일러는 새로운 음악을 만드느라 시간이 필요했으며 투어 공연으로 바빴다고 설명했다. 리포터는 "그러니까 작곡 일을 쉬셨군요?"라고 다시 물었다. 테일러는 잠시 생각하더니 "일을 쉰 것이 아닙니다. 다른 종류의 일을 했지요."라고 답했다.

저거였다! 그건 나의 '물가에서 한 해 보내기' 프로젝트에 딱 맞는 표현이었다. 나는 일을 쉬는 것이 아니라 다른 종류의 일을 하려는 참이었다. 아무것도 안 하는 게 아니다. 생각만 해도 늘 설레던 그 일을 하는 것이다.

당신은 어떤가? 당신 계획을 실행하겠다고 공표했을 때 누군가 재를 뿌리지는 않았는가? 새로운 걸 배운다거나 과거의 열정을 되살리겠다고 했을 때 당신이 중요하게 여기는 누군가가 격려 대신 계획대로 풀리지 않을 거라며 그 이유를 나열하지는 않았는가? 그런 반응은 당신에게 어떤 영향을 미쳤는가? 꿈을 더 구체적으로 설명하려 애썼는가, 아니면 용기를 잃고 다 집어치우고 말았는가?

• 당신 스스로 챔피언이 되라 •

당신의 가치를 아는 사람은 당신뿐이다. _ 펄 베일리, 뮤지컬 배우

당신에게 중요한 무언가를 하려는 결심이 방해를 받는 상황이라면, 먼저 당신을 믿어주는 사람을 찾는 게 중요하다. 그런 사람은 많으면 많을수록 더 좋다. 습관 변화의 성공 가능성을 높이는 첫 번째 요소는 목표를 공유하고 지지하는 동료를 곁에 두는 것이라는 연구 결과도 있다.

이를 도와주는 애플리케이션을 개발한 컴플리트 랩스Complete Labs 대표 잰더 슐츠Xander Schultz는 사람들이 목표를 포기하게 되는 이유로 의지 부족보다는 책임감 부족을 꼽으며 이렇게 말했다.

"무엇이 필요하고 하고 싶은지는 알지만 그걸 실현하기 위한 자극이 없는 겁니다."

다시 말해 온갖 도전에 맞서 굳건히 서고 싶다면 사람들을 피해 숨는 대신 사람들에게 손을 뻗어야 한다는 얘기다.

2013년 〈행동변화의학〉Translational Behavioral Medicine에 실린 한 연구를 보면 체중 감량 결심을 트위터에 공개한 사람이 조용히 혼자 노력한 사람에 비해 더 큰 성과를 거두었다고 한다. 그 이유는 분명하다. 우리는 청중이 있을 때 답을 내놓게 된다. 더 나아가 남들의 격려를 바탕으로 열정도 한층 커진다.

내게도 그런 일이 일어났다. 제4장에서 설명하게 될 행운 중 하나는 제임스 테일러의 인터뷰를 시청한 다음날 내가 사는 지역에서 그의 콘서트가 열린다는 점을 알게 된 것이다. 나는 표를 두 장 샀고 친구에게 함께 가자고 전화를 했다. 친구는 곧바로 좋다고 했고 나는 친구를 태우고 콘서트를 보러 다녀왔다.

친구는 기업 대표들을 교육하는 일을 하고 있었다. 나는 내 고객들에게 '물가에서 한 해 보내기' 프로젝트에 대해 말하지 않는 편이 좋겠느냐고 친구에게 물었다. 친구는 "샘, 고객을 믿어봐. 분명 응원해줄 거야. 차고에 세워둔 차에는 아무도 올라타지 않을 거라고 말한 사람이 바로 너잖아. 비즈니스를 끝내는 것이 아니라는 점만 분명히 한다면, 강연과 컨설팅을 계속하고 있다고 알린다면 모두들 널 지지하고 관계를 유지하고 싶어 할 거야."

친구 말이 옳았다. 회사 뉴스레터에 '물가에서 한 해 보내기' 소식을 알렸을 때 여동생과 나는 깜짝 놀랐다. 인심 좋은 제안이 쏟아졌던 것이다.

자기네 선상 가옥에 와서 머물다 가라, 섬에 초대할 테니 거기서 글도 쓰고 물새 구경도 하라 등등. 제임스 테일러와 친구 덕분에 나는 다시 한 번 깨달았다. 내 편인 사람들은 내가 시작하는 열정적인 프로젝트를 응원해 준다는 점을 말이다.

그 이후 내 계획이 어떻게 잘못된 결과로 이어질 수 있을지 설명하는 훼방꾼을 만날 때마다 나는 '이 사람의 의도는 뭐지? 나를 걱정하는 걸까, 아니면 나보다는 자기 입장을 먼저 염두에 두는 걸까?'라고 되묻곤 했다.

진짜 내 편인 친구들은 계속해 모습을 드러냈고 내 꿈이 실현되도록 하는 데 도움을 아끼지 않았다. 제6장에서 앞쪽(혹은 뒤쪽)의 사람들을 어떻게 찾고 맞춰나갈지 더 자세히 다룰 것이다. 일단 지금은 당신 꿈을 포기하도록 만들려는 사람이 있을 때 어떻게 대처해야 할지 알아보자.

• 당신 앞에 먹구름을 드리우는 훼방꾼을 찾는 법 •

> 당신의 힘을 알아차리고 당신을 파괴하려는 사람들도 있습니다.
> 알아차렸을 뿐 아니라 그 존재를 원치 않기 때문에 그러는 거죠.
> _ 벨 훅스, 사회운동가

워크숍에서 만난 호주 출신의 웬디는 이렇게 설명했다.

"키 큰 양귀비 신드롬tall poppy syndrome 이라고 들어보셨나요? 질투나 소유욕 때문에 상대를 깎아내리는 걸 말합니다. 자신들보다 더 큰 존재를 원치 않는 거예요. 제 인생에도 이런 사람이 있답니다. 뭔가 새로운 걸 시도하려 할 때마다 그 사람이 막아서면서 '다 널 위해서'라고 설명하죠. 그가 정말로 절 위하는 건지, 아님 자기 자신을 위하는 건지 알 방법이 있으면 좋겠어요."

"당신을 위하는 마음인지 아닌지 판정할 수 있는 열 가지 질문이 있습니다. 여기 답하다 보면 5퍼센트에 해당하는 훼방꾼을 잡아낼 수 있을 거예요. 95퍼센트는 나와 협력하려 하고 윈-윈을 바랍니다. 나머지 5퍼센트는 통제하고 혼자 이기려 하지요. 이 5퍼센트는 당신을 찍어 눌러 조그맣게 만듭니다. 당신의 행복을 위협으로 인식하거든요. 당신이 좋아하는 무언가를 하게 되면 자기를 떠나버릴지 모른다고 두려워하고요. 공정성에는 관심이 없습니다. 그저 당신을 차지할 생각뿐이죠. 다음 질문에 답해본 뒤 그 사람이 정말로 5퍼센트에 해당한다고 나온다면 빠져나와야합니다. 그 사람을 당신 인생에서 삭제하든지, 그 사람들로부터 당신을 삭제하든지 해서요."

당신에게 중요한 무언가를 나누려 할 때마다 가로막고 나서는 누군가가 있는지 생각해보라. 당신이 포기하도록, 혹은 의문을 품도록 하기 위해 어떤 말과 행동이 나왔는가? 다음 질문에 답해보라.

1. 이 사람은 자기 행동이 당신의 자신감을 깎아내린다는 점을 알고 있나? 단순한 의견 제시인가, 아니면 치밀하게 당신의 의지를 꺾고 있나?
2. 이 사람의 본성이 조심스러운가? 경계 신호를 보내 당신이 위험이나 위기를 겪지 않도록 하는 것이 자기 책임이라 생각하는가?
3. 한번 일어난 일인가, 아니면 반복되는 상황인가? 이 사람은 늘 뒷다리를 잡는가, 아니면 특정 상황에서 한 번만 그런 역할을 맡았

는가?

4. 당신이 어떤 느낌을 받는지 털어놓아 이야기해보았는가? 그 행동이 당신에게 미치는 영향을 말했을 때 이 사람은 귀를 기울이는가, 아니면 들을 생각 없이 당신을 밀쳐내는가?

5. 이 사람의 말을 듣지 않을 수 있는가? 고려할 만한 걱정과 우려인가? 그 사람이 개입할 기회를 주어야 하는가, 아니면 차단해야 하는가?

6. 고려하지 않아도 될 상황이 강조되는가? 이 사람은 굳이 필요 없는 두려움 때문에 당신을 보호하려 나서는 것인가?

7. 당신이 객관적으로 상황을 바라볼 수 있도록 돕는 제3자가 있는가? 감정에 치우치지 않고 현명한 조언을 해줄 누군가가 있는가?

8. 이 사람의 우려를 존중해 하고 싶은 일을 하지 않았을 때 어떤 상황이 펼쳐질지 생각해보라. 장기적으로 이 사람에게 감사하게 될까? 아니면 의미 있는 꿈을 포기해버리고 패배감에 휩싸이게 될까?

9. 당신 계획대로 밀고 나갔을 때 어떻게 될지 생각하라. 나중에 돌이켜보면 성급하고 충동적인 결정이었다고, 더 신중하게 움직였어야 했다고 후회하게 될까? 아니면 본능을 존중해 도전하기를 잘했다고 여기게 될까?

10. 이 사람과 솔직한 양방향 대화를 시도해볼 가치가 있는가? 그럴 필요가 없을 정도로 자기 생각에만 갇힌 사람인가? 함께 상황을 풀어가는 편이 좋은가, 아니면 일 진전을 도와줄 사람들과 협력하는 편이 좋은가?

작가 앨리스 워커Alice Walker 는 "성장하려는 당신 권리를 부정하는 사람은 친구가 될 수 없다."라고 했다. 위 질문들에 답한 후의 결론은 무엇인가? 이 사람은 당신의 성장을 도우려 하는가, 아니면 당신의 성장을 위협으로 인식하는가?

이 사람의 목표가 당신을 자기 손아귀 안에 두려는 것이라는 결론이 나온다면 작가 거트루드 스타인Gertrude Stein 의 조언대로 "그 사람이 아닌 자기만의 목소리를 따르라." 그리고 당신의 열정적 프로젝트를 진행해 나가라.

다음으로 당신이 원하고 필요로 하고 누려 마땅한 삶을 막아서려는 '물건'이라는 장애물을 없애기 위해 할 수 있는 또 다른 일들을 살펴보자.

Q/A ──────────────────────────

- 당신이 이기적이어서 꿈을 이룰 수 없다고 말하는 사람이 있는가? 어떤 말을 하는가? 그 사람의 진짜 의도는 무엇인가? 그 사람은 당신에게 어떤 영향을 미치고 있는가? 그 사람 때문에 당신의 용기나 결단이 꺾여버리는가?

- 다음번에 또다시 그 사람이 막아설 때 당신은 어떻게 스스로를 옹호하겠는가? 그 사람의 영향력에 벗어날 방법은 무엇인가?

- 당신의 일을 지지하고 응원하는 사람은 누구인가? 그 사람은 어떻게 당신의 성장을 도와주었는가? 그 사람과 더 많은 시간을 보내면서 에너지와 지혜, 용기를 얻을 방법은 무엇일까?

렛잇고, **렛잇고**

삶에서 가장 중요한 것은 물건이 아니다.

_ 앤 랜더스, 인생상담 칼럼니스트

조지 칼린George Carlin의 유튜브 영상 '물건'stuff을 본 적 있는가? 도시 위를 날면서 그는 물건으로 가득 찬 무수한 건물들을 내려다본다. 그리고 그 물건을 사들이고 보관하고 옮기고 수리하는 데 들어가는 시간과 돈, 에너지를 계산해본다. 그리고 "집은 우리가 밖으로 나가 더 많은 물건을 구하는 동안 물건을 보관하는 장소일 뿐이다. 물건을 저장하기 위해 더 많은 물건을 사들여야 한다면 결국 물건이 너무 많아질 뿐이다."라고 중얼거린다.

'처음에는 우리가 물건을 소유하지만 그 다음에는 물건이 우리를 소유한다'는 말도 있지 않은가. 당신이 소유한 물건들은 삶의 질에 기여하는가, 아니면 장기적으로 별 의미 없는 물건에 불과한가? 더 가치 있는 무언가에 써야 할 돈과 시간, 에너지를 그 물건에 낭비하고 있지는 않은가?

나는 내 물건의 95퍼센트를 없애버린 것이(그중에는 정말 좋은 것들도 많았다) 나를 가장 자유롭게 한 일이었다고 당당하게 말할 수 있다. 물론 친구이자 전문 강연인 메리 로버드Mary LoVerde 의 도움이 없었다면 이 '렛 잇고'를 실천하지는 못했을 것이다. 메리는 인생을 살면서 물건보다 더 중요한 것이 있다는 깨달음을 내게 주었다. 직접 실천으로 보여주면서 말이다. 몇 년 전 메리는 자신이 평생 만들고 꾸몄으며 가족의 보금자리가 되어준 '꿈의 집'으로 들어가는 길에 이런 목소리를 들었다고 한다.

"이 집이 필요했던 이유는 이제 하나도 남지 않았어. 놓아버려."

그 목소리는 구체적으로 어떻게 하라고는 말하지 않았으므로 방법은 메리가 고민해야 했다. 벼룩시장에 내다팔고 싶지는 않았다. 심사숙고해서 구입한 후 간직하고 사용해온 물건들이었으므로 자신이 소중하게 여기는 이들이 가져가주었으면 했다. 낯선 이들과 가격 흥정하기는 싫었던 것이다.

그리하여 스무 명 남짓 되는 오랜 친구들을 초대해 '오픈 하우스' 행사를 열었다. 친구들에게 포스트잇을 나눠주고 가져가고 싶은 물건에 붙이라고 했다. 한 주 안에 가져간다는 약속이었다. 그리하여 한 주가 지났을 때 물건 대부분이 새로 주인을 찾았다. 아끼면서 잘 사용해줄 주인 말이다. 모두에게 윈-윈인 결과였다.

내가 '물가에서 한 해 보내기'를 준비하면서 집을 정리할 때 메리가 도와주러 왔다. 물건 하나하나에 던져보아야 할 질문이 정확했다. "이걸 어떻게 내버려? 얼마짜리인 줄 알아?" 같은 질문은 물론 아니었다. '가져갈 것, 보관할 것, 기증할 것'을 가르는 다섯 질문은 다음과 같다.

- 실제로 열심히 사용하는가?
- 나보다 더 잘 써줄 사람이 있는가?
- 앞으로 몇 달 동안 자동차에서 필요한 물건인가? 자동차에 싣고 다니기 적합한가?
- 한두 해, 혹은 그 이상 창고에 넣어둘 만한 가치가 있는가?
- 이 물건을 만들거나 내게 준 사람은 내가 계속 갖고 있기를 진정으로 바라는가?

나도 메리가 했던 방식을 따랐다. 벼룩시장에 나가거나 중고품 거래 사이트를 이용하는 대신 대부분을 기증했다. 남겨둔 것은 세금 관련 서류, 아들들이 주었던 의미 깊은 선물 그리고 내 삶에서 중요한 역할을 담당하는 책상이었다.

정리를 시작할 때만 해도 나는 값비싼 가구를 바라보면서 생각했다. '저건 도저히 버릴 수 없어.' 그때마다 메리는 내게 다섯 가지 질문을 던져주었고 나는 미니멀리스트가 되겠다는 결심을 다시 떠올렸다.

물건을 없애면서 예상치 못했던 즐거움도 찾아왔다. 값비싼 카약이 아깝지 않았냐고? 그걸 선물 받은 친구의 함박웃음이 그 마음을 없애버렸다. 그릇세트와 침구세트는 12년 동안 우리 집을 청소해준 분에게 감사의 선물로 드렸다. 정장은 구직 지원 단체에 기증했다. 꿈에 그리던 직장에 들어가기 위해 면접을 보는 여성들이 그 옷의 도움을 받아 고용주의 기대에 부합하는 모습을 보이게 될 것이었다.

그리고 3년이 지난 지금은 어떨 것 같은가? 하나도 아쉽지 않다. 그 어떤 물건도 말이다.

• 삶의 규모를 줄여야 할 때인가? •

행복한 삶을 생각할 때 뒤죽박죽 책상이나 옷장은 사소해 보일지 모른다.
하지만 잡동사니를 치우고 나니 생각보다 훨씬 큰 행복이 찾아왔다.
_ 그레첸 루빈, 작가

당신은 어떤가? 집을 정리할 때인가? 불필요한 것들을 없애는 것이 여유를 주고 생각보다 훨씬 큰 행복을 가져오게 될까?

워크숍에 참석한 캐롤이라는 젊은 여성은 "곤도 마리에가 쓴 책《인생이 빛나는 정리의 마법》을 읽었어요. 제목 그대로 제 인생이 바뀌더군요."라고 말했다.

"어떻게요?"

"한 번에 조금씩 하라는 조언을 따랐어요. 한꺼번에 전체를 뒤집으며 지쳐버리는 대신 서랍 하나씩 해결했죠. 그리고 물건을 집어 들고 '이건 아름답거나 기능적이거나 의미 있나?'라고 물었어요. 그렇다는 답이 나오면 제자리에 두었죠. 아니라는 답이 나오면 기증품 상자에 넣거나 쓰레기통에 던졌어요."

"그게 어떻게 삶의 질에 영향을 미쳤나요?"

"정말 오랜만에 처음으로 집에 가는 일이 기다려졌어요. 현관문을 들어설 때마다 사방에 물건이 쌓인 걸 보면서 죄책감을 느껴왔거든요. 그 책에 깨끗한 집이 기분을 좋게 만들어준다고 나오는데 정말 그랬어요. 이제는 어디를 보나 제대로 되어 있다는 느낌이에요."

워크숍에 참석한 다른 여성도 말했다.

"저도 곤도 마리에의 책을 읽었는데 다른 식으로 영향을 받았어요."

"어떤 식이었지요?"

"집에 있는 물건은 즐거움을 불러일으켜야 한다는 구절이 계속 떠오르더라고요. 그런데 제 집에는 별로 즐거움이 없었어요. 아니, 제 삶에 즐거움이 별로 없었다고 해야겠네요."

"왜 그렇게 되었나요?"

"시내에서 일하지만 교외에 살았어요. 시내의 집값을 감당할 수 없어서요. 결국 편도 한 시간씩 걸려 출근했지요. 사고가 있거나 날씨가 나쁘면 시간이 두 배로 늘어났어요. 새벽에 출근해 어두워진 다음에야 퇴근할 수 있었어요."

"곤도 마리에 책이 어떤 영향을 미쳤나요?"

"제 삶을 전체적으로 다시 생각하게 만들었어요. 들어가 있지도 못하는 집 임대료를 내느라 이렇게 열심히 일할 필요가 있을까요? 제가 2영역(하고 싶은데 하지 않고 있는 일)에 적은 것은 사교 활동이었고 3영역(하기 싫은데 하고 있는 일)에 적은 것은 출퇴근이었어요. 직장 동료들이 한잔하자거나 어디 구경을 가자고 해도 늘 거절할 수밖에 없었지요. 그랬다가는 귀가 시간이 너무 늦어져버리니까요."

"그래서 어떤 변화를 이뤄냈나요?"

"어느날 동료한테 출퇴근이 정말 지긋지긋하다고 불만을 털어놓았어요. 그랬더니 동료가 자기 이웃이 집을 내놓았다는 이야기를 해주면서 퇴근 후에 잠깐 보러가면 어떻겠냐고 하더군요. 전 속으로 '안 갈 이유가 없잖아? 구경만 할 수도 있는 거니까.'라고 생각했죠. 그런데 그 집에 들어가자마자 내 집을 찾았다는 느낌이 들었어요. 크기는 그때 살던 집의 절반 정도였지만 어차피 남는 공간은 쓰지도 않으니 상관없었어요. 두 블록만 걸어가면 지하철역이 있었고 직장까지 15분이면 충분했어요. 통행료며 주차, 교통 체증을 걱정할 필요 없이 편안히 오갈 수 있는 거죠. 문밖을 나서면 놀거리가 가득하고요. 몇 년을 고생한 끝에 드디어 사람들을 만나는 저녁 있는 삶이 가능해졌답니다!"

• 자유로운 삶을 위해 '물건'을 삭제하라 •

작별인사를 할 만큼 용감하다면
인생은 새로운 만남의 인사로 보상해줄 것이다.
_ 파울로 코엘료, 작가

'아마 사례에 등장하는 여성들은 싱글인 모양이야. 그러니까 자유로운 결정을 내릴 수 있었던 거지. 하지만 난 배우자와 자식들이 있으니 자유로운 입장이 아냐.'라는 생각을 하고 있는가? 일리 있는 생각이다. 혼자 살면서 집을 정리하는 것과 현재 상태가 충분히 만족스럽다고 여기는 식구들과 함께 살면서 집을 정리하는 것은 완전히 다른 문제이다.

후자의 경우라면 식구들과 그레이엄 힐Graham Hill 의 TED 강연 '더 적은 물건, 더 큰 행복'Less Stuff, More Happiness 동영상을 보면 어떨까. 동영상에는 놀라운 통계가 등장한다. 지난 50년 동안 미국인의 주거 공간이 무려 세 배나 늘어났지만 그래도 물건을 다 넣기에 충분치 않다는 것이다. 개인이 이용할 수 있는 보관 창고 산업은 240억 달러 규모이다. 미국의 물품 보관 시설이 차지하는 공간은 스타벅스, 맥도날드, 서브웨이를 모두 합친 것보다도 더 넓다.

그럼에도 보관 창고를 한 번도 찾지 않는 사람이 대부분이다. 보관했던 물건을 꺼내 사용하는 사람은 극히 드물다. 산수를 해보자. 사용하지 않는 물건을 보관하느라 월 125달러(미국 평균 비용이다)를 지불하면 1년에 얼마인가? 1,500달러이다. 그만큼의 현금을 갖고 있는 편이 훨씬 낫지 않을까?

이것이 행복과 무슨 상관인가 싶다면 스스로에게 질문을 던져 보길 바란다. 주말이나 저녁 시간을 어떻게 보내고 있는가? 집안 정리와 정원 일을 하는가? 닦고 간수해야 할 물건을 쇼핑하고 있는가? 즐거움을 주지 못하는 물건 값을 버느라 장시간 일하고 있는가? 그렇다는 답이 나왔다면 그 물건을 삭제할 때이다. 그러고 나면 자유로운 상태에서 정말 중요한 일에 집중할 수 있을 것이다.

· 영혼을 채우지 못하는 물건들로부터 벗어나기 ·

영혼이 아니라 일상만 채우는 것들에 'No'라고 말할 능력이 없다면
간절히 'Yes'라 부를 것들이 들어올 자리가 나지 않는다.
_ 조녀선 필즈, 작가

심리학자 다이앤 제라드Dianne Gerard에게 "우리는 왜 이렇게 행동하는 걸가요? 행복을 가져다주지 못한다는 걸 알면서도 물건을 사느라 이토록 많은 시간을 쓰는 이유가 뭐죠?"라고 물어 보았다.

다이앤의 대답은 이러했다.

"쇼핑은 중독입니다. 사람들은 할 일을 찾아 쇼핑몰에 가죠. 그게 여가 활동이자 재미거든요. 일단 들어가면 상점들의 광고가 유혹합니다. 물건을 살 때는 일시적으로 기분 좋은 흥분 상태에 빠집니다. 지루함이 사라지고 순간적으로 만족을 느끼죠. 또 어떤 사람들은 소유물로 둘러싸여

있을 때 안정감을 느낍니다. 주변을 둘러보며 '필요한 게 다 있어'라고 생각할 때 불안이 줄어드는 거죠. 물건 없애기가 그래서 어렵습니다. '필요할 때 없으면 어떡하지?'라는 걱정이 들거든요. 그게 두려워서 오래된 잡지, 의류, 책 같은 걸 쌓아둡니다. 언젠가 필요할 경우를 대비해서요."

친구인 메리 로버드와 우리 집 곳곳을 돌아다니며 '무엇을 남기고 무엇을 보낼 것인가?'를 결정하던 그 하루 동안 나는 참으로 귀중한 교훈을 얻었다. 두 아들이 집을 떠난 지 몇 년이 지났음에도 나는 '혹시나' 하는 생각에 아이들 물건을 그대로 남겨둔 상태였다. 톰의 방에는 바닥부터 천장까지 올라가는 책장에 두꺼운 책들이 가득 꽂혀 있었다. 생각해보라. 새로 살 경우 20~25달러는 줘야 할 책들이 수백 권이었던 것이다.

나는 톰에게 전화를 걸어 "네 책들을 너한테 보내 줄까?"라고 물었다. 한참 침묵이 흐른 후 톰은 "책이 있었다는 것도 잊어버렸네요. 그러니 필요 없다고 해야겠지요."라고 대답했다.

내가 쉽사리 버린다는 결정을 못 내리고 머뭇거릴 때마다 메리는 "사진이나 동영상을 찍어둘 수 있다면 그 물건은 필요 없는 거야."라고 말해 주었다. 그리하여 나는 두 아들이 했던 학교 과제들을 동영상으로 찍었다. 고객들이 준 책과 거기 얽힌 이야기도 동영상으로 남긴 후 동네 도서관에 기증했다. 그 책들은 어두운 보관 창고에 처박히는 대신 세상으로 나가 새로운 독자들을 만나게 된 것이다.

그 물건들은 분명 내게 기쁨을 주고 내 삶에 충분히 중요한 역할을 해주었다. 하지만 지금 와서 아쉬운 물건은 하나도 없다. 물건을 떠나보낸 덕분에 나도 자유롭게 떠날 수 있었다. 계속 집에 매여 있었다면 전 세계를 돌아다니는 여행을 하기 어려웠을 것이다. 짐을 덜어내고 물건에 들인 시간과 노력이 사라지면서 곧바로 내 삶을 향한 에너지가 크고 강해졌다.

● 물건이 아닌 경험을 수집하라 ●

잡동사니는 발 디딜 틈 없이 바닥을 채운 물건으로 끝나지 않는다.
당신과 당신이 원하는 삶 사이를 가로막는 장애물이다.
_ 피터 월쉬, 정리 컨설턴트

한 고객이 말했다.

"물건을 어서 없애버려야 하는 이유가 또 있습니다. 저는 수놓인 손수건과 굴 접시를 수집합니다. 몇 년 동안 즐겁게 해온 취미였고 그 분야 예술품 수집가들에게 서비스를 제공하는 전문가가 되었지요. 그런데 문제가 생겼답니다. 시대가 바뀌면서 가치도 달라진 거죠. 제 고객들은 수집품을 보면서 얼마든지 시간을 보낼 수 있는데 그 자녀들은 아니거든요. 얼마나 값비싼 물건인지 설명해줘도 관심 없다면서 시큰둥합니다."

나는 "저도 톰 버드Tom Verde 가 '물건 많은 부모는 늙어가고 자녀들은 물건을 원하지 않는다'고 쓴 〈뉴욕 타임스〉 기사를 봤어요. 밀레니엄 세대는 물질주의자가 아니라 미니멀리스트여서 엄마의 소스 접시나 할머니의 본차이나를 물려받고 싶어 하지 않는다는 내용이었죠."라고 맞장구쳤다.

고객은 한숨을 내쉬었다.

"자녀들이 가보에 아무 관심 없다는 걸 알고 절망에 빠진 노부부를 만난 적도 있어요. 양로원에 갈 때쯤 되면 그런 감정적 애착을 과감히 떨쳐버려야 하는데 말이죠."

"그래서 어떻게 하는 것이 좋다고 보시나요?"

"기쁨을 주는 동안은 수집을 계속해도 좋아요. 다만 보관이 불가능한 때가 오면 박물관에 기증하든지 다른 수집가에게 팔겠다는 마음의 준비를 해둬야죠. 아니면 물건이 아닌 경험을 수집하는 방법도 있답니다. 자녀들한테 뭘 원하는지 물어보면 나중에 물려받을 물건보다는 지금 함께 만드는 추억이 좋다고 할 걸요. 혼자 정리하기 힘들다면 도와줄 사람을 구해도 되죠. 청소, 값나가는 물건 위탁 판매 등을 도와주는 서비스가 있거든요. 그 비용은 물건 처분으로 나온 돈에서 충당하면 되고요. 어쩔 줄 몰라 미루고만 있던 고객들이 그런 서비스를 받은 후에는 얼마나 큰 도움이 되었는지 모른다며 다 고마워한답니다."

미국 정리 전문가 협회 회장을 지낸 바버라 헴필Barbara Hemphill은 '잡동사니는 미뤄둔 의사결정일 뿐'이라고 말한다. 미루지 말라. 인터넷 검색만 해보면 당신 삶을 옥죄는 잡동사니를 정리하도록 도와줄 사람을 바로 구할 수 있다. 원치 않는 물건을 치우기 시작할 날짜를 달력에 표시하라. 그리하여 원하는 삶을 위해 쓸 수 있는 시간과 공간, 돈을 확보하라.

다음 장에서는 물건이 아닌 생각 삭제를 다루겠다. 당신이 인식조차 못하는 사이에 행복을 갉아먹고 있는 '당연한 생각들'이 중점적으로 언급될 예정이다.

- 집에 들어갈 때 어떤 느낌이 드는가? 지금 머무는 공간이 난장판인가, 깔끔한 편인가? 그 상황은 당신에게 어떤 영향을 미치는가? 물건들이 쌓여 있는 걸 보면서 죄책감과 스트레스, 우울함을 느끼는가? 잘 정리되고 아름다운 공간을 보면서 자부심과 평화로움을 느끼는가?

- 청소, 집수리, 물건 구입과 간수에 얼마나 많은 시간을 쓰는가? 그건 즐거움인가, 부담인가?

- 집 규모를 줄이고 물건을 없앨 준비가 되었는가? 그 결정에 영향을 미치는 사람은 누구인가? 신경 쓸 것이 적어지고 여유 시간과 돈이 생겨나면 무엇을 하겠는가?

이유 없는 **의무감**에서 벗어나기

삶에는 리모컨이 없다. 스스로 일어나 바꿔줘야 한다.

_ 작자미상

마침내 10월 1일이 되었다. '물가에서 한 해 보내기'의 출발일이었다. 내가 좋아하는 식당에서 친구들이 환송회를 열어주었다. 30년 지기들을 포함해 친구들과 식탁에 둘러앉아 내 모험 계획을 나누는 시간이 참으로 즐거웠다. 친구들은 자기가 떠나는 양 흥분상태였다.

"그래서 첫 목적지는 어디야?"

"체사피크 만. 친구 별장으로 가서 한 주 동안 글 쓰면서 지내려고 해."

"그 다음에는?"

"아직 몰라."

"정말? 경로를 정하지 않은 거야?"

"안 정했어. 다니면서 정할 작정이거든."

"그렇구나. 뭘 하든 좋은데 허리케인 뉴스는 꼭 챙겨라."

"허리케인?"

남은 일을 처리하고 집을 정리하느라 너무 바빠 뉴스를 보지 못했던 상황이라 친구가 하는 말을 금방 알아듣지 못했다.

"그래. 동부 해안으로 허리케인이 올라오고 있어."

"정말? 당장 출발해 허리케인보다 먼저 체사피크로 가야겠네."

한 시간 후 나는 수직으로 차창을 때리는 거센 비를 뚫고 용감하게 차를 운전하고 있었다. 차가 도로를 벗어나지 않도록 온 정신을 집중해야 했다. 그러다 갑자기 '대체 왜 허리케인 속으로 돌진하는 거지?'라는 생각이 떠올랐다.

글쎄, 약속을 해두긴 했다. 그리고 난 약속은 꼭 지켜야 한다는 가르침을 받으며 자랐다. 하겠다고 말한 일은 꼭 해야 하는 거라고. 하지만 이건 위험하고 공포스러운 상황이었다. 이런 상황에서는 약속을 깨는 것도 괜찮지 않을까? 아니, 그게 더 좋은 판단이 아닐까?

나는 차를 세우고 친구에게 전화를 걸었다.

"날씨가 점점 나빠져서 아무래도 가기가 어려울 것 같아. 다음번에 가는 것으로 해도 될까?"

친구는 주저 없이 대답했다.

"전화 잘 했어. 다른 때 언제든 환영이야. 어서 안전한 곳으로 가."

그 순간 크나큰 안도감이 나를 감쌌다. 나는 근처 숙소를 검색했고 한 시간 후에는 따뜻하고 편안한 방에 들어가 있었다. 도로에서 폭풍과 싸우는 대신 안락하게 휴식한다는 데 감사하면서 말이다.

다음날 아침 밖으로 나가 아나폴리스 거리를 산책하다 보니 게 오믈렛으로 유명한 식당이 보였다. 바로 들어가 아침식사를 주문했다. 저절로 콧노래가 나올 정도로 기분이 상쾌했다.

나는 전날 밤의 일을 곰곰이 생각해보았다. 약속을 어긴 건 정말이지 몇 십 년 만에 처음 있는 일이었지만 기분이 나쁘기는커녕 잘했다는 느낌이 들었다. 살면서 '당연하다'고 여겨온 생각을 다시 검토해야 할지도 몰랐다.

그게 옳다고 배웠고, 그렇게 믿었기 때문에 자동적으로 해온 일이 또 뭐가 있을까? 오래전에 필요했지만 지금은 더 이상 유효하지 않음에도 매달리는 일이 있다면? 그러겠다고 한 약속 때문에 허리케인으로 돌진하는 경우는 언제일까?

• 세상에는 지킬 필요가 없는 약속도 있다 •

내가 바꿀 수 없는 일은 더 이상 받아들이지 않는다.
받아들일 수 없는 일은 바꾼다.
_ 앤절라 데이비스, 인권운동가

"대체 왜 허리케인 속으로 돌진하는 거지?"라는 말이 온 집안 식구들의 입버릇이 되었다고 말해준 친구가 있다. 자신이나 아이들이나 폭풍우가 치는 상황에 들어가는 순간이 되면 멈춰 서서 "내가 허리케인으로 돌진하고 있나? 왜? 더 나은 대안은 없나?"라고 질문을 던진다는 것이다.

의무감에서, 늘 해온 전통이어서, 잘못된 충성심에서 불길 속으로 뛰어들고 있다면 중단하는 것이 현명하다. 관련된 모두가 윈 - 윈하게 될 더나은 길이 있을지도 모른다. 때로는 약속을 깨는 것이 무례하지 않고 옳은 일이 된다. 더 이상 현실적이지 않은 약속은 다시 검토해 새로 맺는 편이 모두에게 유리하다.

어느 회계 전문가는 이렇게 말했다.

"이 문제로 저도 어려움을 겪고 있습니다. 말씀하시는 내용이 원칙적으로 옳습니다만 업무에서는 약속을 지키는 것이 예의, 신뢰, 책임의 문제거든요. 제가 약속한 대로 일해줄 것이라는 믿음을 줘야 고객과 동료가 안심합니다. 저는 회계 기록과 계약서를 다루고 있으니 약속을 지키는 것은 절대적인 원칙입니다."

"옳은 말씀입니다. 서면 계약이 있다면 지켜야 할 법적 의무가 있지요. 전 한번 정한 일은 반드시 그대로 해야 한다는 '어린 시절부터의 믿음'을 다시 생각해봤던 겁니다. 한다고 했으면 하는 거지. 핑계나 예외는 없어. 그것으로 끝이야. 뭐 이런 생각 말입니다."

바로 그래서 나는 허리케인 속으로 차를 몰았고 바로 그래서 어쩌면 꼭 그러지 않아도 된다는 깨달음이 찾아왔던 것이다. 이 경험, 그리고 친구인 별장 주인이 내 계획 변경을 반가워했다는 사실은 하겠다고 말한 일을 하는 것이 새로운 상황에서는 늘 필요하거나 최적은 아니라는 점에 눈 뜨게 만들었다.

다시 말하지만 여기서 나는 그저 불편해서, 아니면 기분이 내키지 않아서 약속을 어기게 되는 상황을 말하는 것이 아니다. 약속을 지키는 일이 위험을 불러오고 행복을 위협할 때는 대안을 찾아보자고 제안하는 것이다.

사례를 들어보자. 어느 젊은 부부가 "지금 허리케인 속으로 돌진하는 걸까?"라는 질문을 던짐으로써 악몽이 되어버린 명절 방문 문제를 해결한 이야기이다.

부부의 시부모님은 어린아이들이 머물기에는 여러모로 힘든 집에 살고 계셨다. 부부는 아이들이 전선에 걸려 넘어지지 않도록, 고급 가구에 상처를 내지 않도록, 또한 발코니로 나가지 못하도록 하기 위해 계속 신경을 곤두세우고 있어야 했다. 게다가 삼촌 두 분은 서로 정치적 견해가 극단적으로 달라 늘 대립했고 한 분은 술을 자제하지 못했다. 가족들이 다 모였을 때 처음에는 반가워해도 곧 다들 침착함을 잃고 큰소리가 나곤 했다. 게다가 명절에는 항공료도 비쌌다. 가족에 대한 의무감에서 몇 년을 그렇게 지속하던 부부는 이제 충분하다고, 더 나은 방법을 찾아야겠다고 생각하기 시작했다.

부인의 친정어머니가 방법을 생각해냈다. 봄 방학 때 부부의 콘도로 시부모님을 초대해 함께 지내면 어떻겠냐는 제안이었다. 오붓한 가족의 시간을 보내면서 아이 어른 할 것 없이 놀거리가 많은 곳이었다. 성수기가 아니었으므로 가격도 저렴했다. 정치적 논쟁이 벌어질 걱정도, 흰 카펫에 아이들이 진흙을 묻힐 우려도 없었다.

결국은 모두에게 즐거운 방법이 되었다. 처음에 시부모님은 명절에 자식들이 오지 않는다고 상처를 받았다. 하지만 부부의 입장은 확고했다. 봄의 휴가가 악몽의 명절보다 훨씬 더 행복하고 즐거운 방법이라고 말이다.

더 이상 당신에게 유익하지 않은데도 매달리고 있는 일은 무엇인가? 진심어린 솔직한 대화를 나누면서 기존의 약속을 꼭 유지해야 하는지, 아니면 미처 몰랐던 좋은 대안이 있는지 찾아보는 일이 가능한가?

어쩌면 상대방도 이제 바꿀 때가 되었다고 흔쾌히 동의해줄지 모른다. 그리하여 함께 더 좋은 방법을 고안할 수도 있다. 목표는 당신의 행복을 가로막는 고정된 믿음이나 약속을 삭제하는 것이다.

해묵은 기존의 행동을 반복하는 대신 솔직한 대화를 용감하게 시도해야 행복이 찾아올 수 있다. 제8장에서는 당신이 원하고 필요하다고 믿는 바를 자신 있게 주장하는 방법, 자신 있게 그렇게 할 방법이 소개될 것이다.

Q/A ─────────────────────────────

- 당신에게도 '대체 왜 허리케인 속으로 돌진하는 거지?'라고 생각했던 사건이 있는가? 어떤 약속을 지키려 했는가? 그 결과는 무엇이었나?

- 약속을 지키지 못했지만 파국이 오는 대신 더 좋은 상황이 펼쳐진 적이 있나? 그 상황을 자세히 적어보자.

- 지금 당신 앞에 놓인 허리케인 상황은 무엇인가? 약속을 지키기 위해 당신의 행복을 뒤로 미루고 있는가? 관련된 이들에게 상황을 설명하고 모두가 나은 결과를 얻는 방법을 모색할 수 있겠는가?

제4장

미루기를 멈추고
모험에 뛰어들어라

: 삶을 진전시킬 매일의 행동 시작하기

당신이 해야 할 의미 있는 활동을 가로막는 몇 가지를 삭제했으니 이제 무력감에서 벗어나고
당당하게 자신을 드러내며 하루하루를 온전히 자기 것으로 만들 방법을 찾을 때다.
특별한 용기가 필요하지는 않다. 그저 자신이 해낼 수 있다는 믿음만 가지면 된다.

매일매일, 하루하루를 빠짐없이 자기 것으로 만들며 살아가야 한다.
그러지 못하면 몇 년 세월이 당신 것이 아닌 채로 휙 지나가버리고 만다.
_허브 가드너, 영화감독

고민을 멈추고 **행동**을 시작하라

나는 할 수 있는지 없는지를 절대 묻지 말라고 배웠다. 대신 '하고 있다'고 말하면 된다.
안전벨트를 매라. 가장 멋진 일들이 일어날 것이다.
_줄리아 카메론, 작가

어머니날(미국은 어머니날과 아버지날이 따로 지정되어 있다. 어머니날은 5월
둘째 주 일요일이다.—옮긴이)이었던 어느 날 나는 아나폴리스에서 자유로
운 하루를 맞았다. 호텔 프런트로 내려가 "저한테 권해주실 만한 일정이
있나요?"라고 물어보았다.

"무얼 원하시나요? 쇼핑이요? 유적지 관광이요? 아니면 지역 특산 해
산물 시식이요?"

"멋진 봄날이니 야외에서 하는 활동이 좋겠군요."

"그럼 제니 선장이 모는 배를 타고 나가보시기를 권합니다. 오늘 오후
에 빈자리가 있는지 확인해볼게요."

자리가 있었다. 나는 영화에 나오는 것처럼 아름다운 범선을 타고 체
사피크 만을 항해하게 되었다. 승객은 스무 명 정도였고 남녀노소가 섞

여 있었다. 제니 선장은 다정한 환영 인사를 건네며 항해하기에 딱 좋은 날이라고 덧붙였는데 정말 그러했다. 항구에서 빠져나온 지 몇 분 만에 선장은 엔진을 끄고 돛을 올리도록 지시했다.

돛이 바람을 가득 받아 부풀었고 배는 위로 올라가는 듯, 기울어지는 듯, 아래로 처박히는 듯 움직였다. 선장은 신기해서 어쩔 줄 모르는 내 모습을 보더니 "키를 한번 잡아보시겠어요?"라고 물었다.

당연히 잡고말고! 나는 벌떡 일어나 두 손을 키 위쪽에 댔다. 그리고 부표를 따라 수평선으로 나아가는 정교한 조종을 시작했다. 근처의 다른 배들과 거리를 유지하는 동시에 돛이 팽팽하게 바람을 받도록 해줘야 했다.

항해를 해본 사람이라면 알겠지만 그 순간은 모든 요소가 딱 들어맞고 세상만사가 올바르게 굴러가는 때였다. 그런 날이었다.

제니와 나는 이야기를 나누기 시작했다. 나는 '물가에서 한 해 보내기'를 막 시작한 참이라고 설명했다. 제니는 "재미있군요. 그 계획을 시작하기까지 어땠어요? 새로 알게 된 것이 있었나요?"라고 물었다

나는 잠시 생각하고 대답했다.

"용감한 일이라고들 생각하는 거요. 저는 한 번도 이게 용감한 일이라고 생각하지 않았으니 아이러니였죠."

제니가 소리 내어 웃었다.

"저도 그런 느낌을 알아요. 제가 배를 마련해 손님을 태우기 시작하자 사람들이 용감하다고 하더군요. 전 그저 재미있었는데 말이죠. 아마 제 어린 시절 경험 때문인가 봐요. 부모님은 두 분 다 음악 선생님이었는데 여름 내내 배를 타고 다녔죠. 어린 저한테 5달러를 주고 작은 보트를 타

고 마을로 가서 아이스크림을 사오라고 하셨던 일이 종종 있었어요. 크고 나서야 깨달았죠. 아이스크림이 아니라 두 분만의 시간이 필요했다는 것을요. 그런데 작은 보트를 타고 저 혼자 마을에 다녀오면서 일어날 수 있는 온갖 나쁜 일들에 대해서 부모님은 아무런 주의도 주지 않았어요. 제가 뭐든 잘 대처하리라 믿었던 거죠. 실제로 저는 그렇게 했고요."

"저랑 여동생도 그렇게 컸어요. 배가 아니고 말을 탔지만요. 사람보다 말이 더 많은 작은 동네에 살았지요. 여덟 살, 아홉 살이었을 때 우리 자매는 종일 밖에서 돌아다녔지만 부모님은 아무 걱정도 하지 않았어요. 휴대전화가 없는 시절이었고 저희가 어디 가 있는지 알 방법도 없었는데 말이에요. 걱정하는 대신 부모님은 어떤 상황에서든 저희가 잘 대처하리라 믿어주었지요. 제 말 굴레가 망가지면 알아서 해결할 것이라고, 말이 제풀에 멀리 뛰어가버리더라도 알아서 돌아올 수 있다고 생각한 거죠. 그러다 보니 저절로 문제 해결을 잘하게 되더군요."

제니도 맞장구를 쳤다.

"저희 부모님도 마찬가지였어요. 독립적으로 스스로를 챙기면서 살라고 그리고 세상을 두려운 곳이 아닌 모험의 장소로 보라고 가르치셨답니다."

당신은 어떤가? 세상을 모험의 장소로 보는가, 아니면 위험한 장소로 보는가? 혼자서 떠나는 것은 신나는 일인가, 두려운 일인가? 새로운 무언가를 계획할 때 온갖 잘못될 가능성을 걱정하는가, 아니면 문제가 생겨도 해결할 수 있다는 확신을 갖는가?

• 용기란 온갖 일을 스스로 해결할 수 있다는 믿음이다 •

삶은 용기에 비례해 확장되거나 축소된다. _ 아나이스 닌, 소설가

제니 선장과의 대화는 오래 마음에 남았다. 이후에 만나게 된 사람들이 어떻게 혼자 떠날 용기를 낼 수 있었는지 계속 물어왔기 때문이다. 나는 두려움 없이 이 모험을 떠날 수 있었던 이유를 찾아보기로 작정했다. 떠나기로 결심한 후 난 어서 떠나고 싶어 몸이 근질근질했다. 불안감은 없었다. 기대감뿐이었다. 어째서였을까?

그 순간 깨달았다. '키를 잡을 수 있도록' 나를 준비시켜준 또 다른 결정적 사건이 있었던 것이다. 대학 전공을 결정할 때였다. 나는 쉽게 결정을 내리지 못했다. 선생님들은 성적이 좋으니 의사나 변호사가 되라고 했다. 그러나 마음속으로 원하는 것은 레크리에이션 학과였다. 일곱 살부터 스포츠 경기를 해오기도 했고 레크리에이션 프로그램을 만들고 운영하는 일이 가장 즐거울 것 같기도 했다.

하지만 반대가 많았다. 삼촌 한 분은 내 생각을 듣고는 두 팔을 머리 위로 올리고 "뭐라고? 그러니까 식은 죽 먹기로 학위를 받겠다 이 소리야?"라고 말했다. 삼촌 외에도 레크레이션은 제대로 된 공부가 아니니 보다 진지한 학문이 좋겠다고 조언하는 어른들이 여럿 있었다.

고맙게도 아버지는 그러지 않았다. 어느 날 저녁 식탁에서 아버지는 탐험가 윌리엄 허치슨 머레이William Hutchison Murray의 책을 건네주며 "결정을 내려야 하지만 어떻게 해야 할지 모를 때는 배짱대로 과감해야 한단다."라고 말해주셨다.

마음을 다하기 전까지는 머뭇거림도, 물러설 기회도 있다. 하지만 모든 선구적 창조 행동을 살펴보면 한 가지 진실이 드러난다. 이를 무시하면 무수한 아이디어와 멋진 계획이 사장되어 버리는 진실, 그 진실은 바로 사람이 마음을 다하는 순간 하늘도 움직인다는 것이다. 아니었다면 절대 일어나지 않았을 온갖 일들이 일어나 그 사람을 돕는다. 예측하지도, 꿈꾸지도 못했던 사건과 만남, 물질적 지원이 이어진다. 그러므로 무엇이든 꿈꾸는 일을 시작하라. 과감함에는 천재성과 힘, 마법이 숨어 있다. 지금 시작하라.

그때 내게 꼭 필요한 말이었다. 머레이의 조언에 힘입어 나는 내게 꼭 맞는다고 느껴지는 일을 선택할 용기를 얻었다. 잘되리라는 보장은 전혀 없었지만 말이다. 내 마음은 "레크리에이션은 내가 간절히 원하는 분야야. 이게 옳은 길인지 아닌지는 모르지만 나랑 맞는다는 건 분명해."라고 말하고 있었다.

그리하여 나는 '중대한 갈림길에서의 적절한 선택'을 했다. 마음이 움직이는 대로 나아갔고 되돌아보지도, 후회하지도 않았다. 내면의 목소리와 구상, 가치관을 바탕으로 과감하게 결정을 내렸을 때 후회는 없는 법이다. 어찌 해야 할지 모를 때 우리 마음은 최고의 도덕적 나침반이 되어준다. 당시에는 몰랐지만 '옳다고 느껴지는' 전공을 선택한 그 경험은 내 삶의 초석이 되어주었다.

• 남들을 따라간다면 그건 이미 내가 아니다 •

자신의 잠재력과 대면했을 때 우리는 늘 불안을 경험한다. _ 키에르케고르, 철학자

'그건 당신 방법 아닌가? 나하고는 대체 무슨 상관이 있단 말인가?'라고 생각했는가?

여러모로 상관이 있다. 일단 당신이 현재 큰 결정을 앞두고 있고 어찌해야 할지 모르는 상황일 수 있다. 혹은 여러 선택지 중에서 하나를 결정하지 못했을 수도 있다. 아니면 다음 단계를 어떻게 해야 할지 사람마다서로 다른 조언을 하고 있을지도 모른다.

머레이의 말을 기억하라. 결정하지 않는다면 좋은 결과가 나올 리 없다. 자신의 가치관이나 구상과 맞지 않는 남들의 조언을 따르는 것도 좋은 결과를 내지 못한다. 옳다고 느껴지는 대로 결정하는 그 행동만이 하늘을 움직여 일이 되게끔 만들어준다. 시동을 걸고 힘차게 출발하게끔해준다. 차가 차고에 머물러 있다면 출발은 불가능하다.

주변 사람들의 '안전지향' 조언을 받아들인다면 그 길로 가게 된다. 대부분의 경우 마음속으로 '이건 아닌데'라고 느껴지는 길이다. 자신에게 옳은 방향이라 생각되지 않는다. 마음이 원하는 것을 포기하고 남들을 따라간다면 그건 이미 내가 아니다.

반면 내면의 지혜를 따라 움직인다면 상황은 점점 더 좋아진다. 하늘은 계획에도 없고 예측하지도 못했던 온갖 기적들을 내려주며 당신을 도울 것이다. 이건 내 경험에서, 그리고 자기 배짱을 믿고 마음이 이끄는대로 행동했던 수백 명의 사람들이 털어놓은 인생 이야기에서 나오는 말이다.

다이빙대 끝에 서서 고민만 하는 아이가 되지 말라.
아래로 뛰어내려야 한다.
_ 티나 페이, 배우

마음이 이끄는 대로 용감하게 행동한 사람 중 한 명이 미키 아그라월 Miki Agrawal이다. 다이빙대에 서서 두려워하고 고민하는 대신 용감하게 뛰어내린 것이다. 20대의 미키는 월스트리트 투자 은행에서 일했다.

"코딱지만 한 아파트를 얻어 살았어요. 들어가고 싶지 않은 집이었죠. 매일 퇴근 후에 밖에서 저녁을 해결했어요. 곧 위장병이 생기더군요. 식당 음식이 건강에 좋지 못했던 거예요. 전 젖당 소화장애였고 글루텐도 피해야 했지요. 인터넷을 검색하며 해결방법을 찾기 시작했어요. 그 과정에서 맨해튼 음식 판매에서 피자가 10퍼센트나 차지한다는 걸 알게 되었어요. 하지만 피자는 좋지 않은 음식이죠. 만약 건강에 좋은 피자가 있다면 어떨까 싶었어요. 그리하여 농장에서 재료를 직접 들여오고 글루텐도 없는 피자 가게를 열자고 결정했답니다."

"식음료 사업 경험이나 관련 학위가 있었나요?"

"아뇨. 전 코넬 대학교에서 커뮤니케이션을 전공했어요. 축구 선수였고요. 업계 경험은 전혀 없었지만 새로운 피자가 많은 이들의 문제를 해결할 거라 생각했어요. 시장이 존재한다고 느꼈으니까요. 그래서 바로 장소를 찾아다니고 투자금을 모았지요."

이렇게 해서 미키가 창업한 와일드WILD 식당은 창업 이후 9년 동안 성장하며 상도 받았다. 더 중요한 것은 이 첫 창업 경험이 벤처 두 곳으로, 《타임》 선정 '세계 100대 혁신가'로, 저서 두 권으로, UN을 포함해 여러 곳의 초청 연설로 이어졌다는 점이다. 핵심은? 미키가 마음속 느낌을 믿고 밀고 나가 그 꿈을 현실화하지 않았다면 무엇 하나 일어나지 못했으리라는 것이다.

스티븐 코비Stephen Covey는 '끝을 바라보며 시작하라'는 조언으로 유명하다. 하지만 때로는 처음만 바라보고 시작하는 것도 좋다. 미키는 자기 머릿속 생각이 성공적인 사업들로 열매 맺을 것이라 내다보지 못했다. 미키의 목적은 글로벌 리더가 되는 것이 아니었다. 하지만 실제로는 그런 성과가 나왔다. 성공 가능성을 확신하는 순간까지 기다리지 않은 덕분에 말이다. 미키는 부딪치는 일들을 자신이 해결할 수 있으리라 믿으며 배짱대로 밀고 나갔다.

오랫동안 〈새터데이 나이트 라이브〉Saturday Night Live 방송 프로그램을 만든 프로듀서 론 마이클스Lorne Michaels의 유명한 일화가 있다. 배우인 티나 페이가 최종 리허설에서 자꾸 실수를 반복했지만 마이클스는 리허설을 끝내자고 했다. 페이가 "하지만 아직 준비가 안 되었는데요."라고 말하자 마이클스는 "우리 쇼는 준비가 다 되었을 때 시작하는 게 아닙니다. 11시 30분이 되면 시작하는 겁니다."라고 대답했다.

꿈에 대해 생각에 생각을 거듭하는 중인가? 시작하기 전에 더 알아봐야 한다고 생각하는가? 잘못될 것이 두려운가? 이제 그만 과감하게 행동하면 어떨까? 어떤 일이 일어나든 해결할 수 있다고 자신을 믿으면서 다이빙대에서 뛰어내려라. 키에르케고르가 말했듯 불안은 자신의 발전 잠재력과 대면했다는 신호이다. 좌절하게 하는 일이 아닌, 불안하게 만드는 일을 하라.

● 다음 단계를 결정할 때는 검색하라 ●

불안과 불신은 미약한 상상력의 증세일 뿐이다.
크고 강건한 마음으로 이를 극복하고 넘어설 수 있다.
_ 헬렌 켈러, 사회사업가

'나한테는 정보가 더 필요해. 명확한 아이디어도 없이 그냥 꿈을 실현하자고 막 뛰어들 수는 없어. 너무 위험해. 무모한 짓이야.'라는 생각이 드는가? 좋다. 그렇다면 미키가 했던 일, 검색을 하라. 좋아하는 검색엔진에 들어가 당신이 생각하는 일을 키워드로 입력하면 된다.

개 산책 서비스를 시작하고 싶은가? 검색하라. 그럼 비용, 보험, 자격, 마케팅, 개업 비용 등 모든 정보가 쏟아져 나올 것이다. 야간 교육 과정을 듣고 싶은가? 검색하라. 당신이 사는 지역에서 진행되는 교육, 코딩부터 웨딩 촬영에 이르는 온갖 과정들이 등장할 것이다. 핵심을 알아야만 출발할 수 있는 게 아니라는 점이다. 완벽주의라 불리는 태도는 실은 미루기에 불과하다. 관심 있는 업계를 당장 검색해보라. 모임에 참석하라. 안내문을 요청하라. 교육 신청을 하라. 다음 단계를 모색하라.

무엇을 하게 되든 머릿속으로만 붙잡고 끙끙대지 말라. 머릿속 아이디어는 아무도 돕지 못한다. 자신의 운에 배팅하라. 자기 생각을 과감하게 펼쳐라. 모험을 시작하라. 그러면 하늘이 움직일 것이다. '예상치 못했던 온갖 일들'이 당신에게 유리한 방향으로 일어날 것이다. 기다리기를 멈추고 움직이기 시작한 덕분에 말이다. 지금은 11시 30분, 당신의 쇼가 시작될 시간이다.

다음으로 직관에 따라 움직일 때 '예상치 못했던 일'이 정말로 내게 유리한 방향으로 일어난다는 점을 알려준 돌고래 일화를 소개하겠다.

- 뭔가 새로운 것을 시도해 성공한 적은 언제인가? 그때의 자신감을 되살려 "전에도 해냈으니 다시 할 수 있어!"라고 말할 수 있겠는가?

- 세상은 위험과 공포에 가득 차 있다고 배웠는가, 아니면 안전하고 신나는 곳이라 배웠는가? 그 배움은 당신의 길을 개척하려는 의지에 어떤 영향을 미쳤는가?

- 새로 시도하려는 일은 무엇인가? 서로 다른 조언을 받고 있는가? 당신의 배짱은 무슨 말을 하는가? 과감하게 밀고 나간다면 어떻게 될까?

마음속 목소리를 따르고
점들을 **연결**하라

언어를 쓰지 않는 목소리가 있다. 귀를 기울여라.

_루미, 작가

나는 플로리다주의 탬파에서 CEO 대상 강연을 마치고 며칠 후의 회의에 참석하기 위해 조지아주의 서배너로 이동해야 했다. 기차를 예약해두긴 했지만 기차를 타고 가다가는 흥미로운 것을 발견해도 그저 지나칠 수밖에 없다는 점이 마음에 걸렸다. 기차를 멈춰 세우고 살펴볼 수는 없는 노릇이니 말이다.

내 본능이 속삭였다.

"기차를 취소하고 운전을 하면 되지."

그리하여 나는 루미가 말한 '언어를 쓰지 않는 목소리'에 따랐다. 그날 밤 도착지가 어딘지도 모르는 상태로 떠난 것이다. 새롭고 예기치 않은 것과 만나고 싶었다.

몇 시간 후 나는 근처에서 뭘 볼 수 있을지 검색했다. 한 시간 거리의 세인트 어거스틴에 마린랜드가 있었다! 세계 최초의 해양수족관이자 미국 최초로 돌고래와 함께 수영하기 프로그램이 만들어진 바로 그곳이었다. 기차를 타지 않은 덕분에 가능한 행운이었다. 당장 전화를 걸어 그날 오후에 돌고래 프로그램이 있느냐고 물었다.

운이 좋았다. 나는 재크라는 돌고래와 함께 수영하게 되었다. 그날 여자는 나밖에 없었고 조련사는 맛보기 훈련을 제안했다. 일단 조련사는 휘파람을 불어 재크가 몸을 뒤집게 했다. 우리는 윤이 나는 재크의 옆구리를 톡톡 두드려주었다. 이어 조련사는 나를 바라보더니 "명령을 내려보고 싶어요?"라고 물었다.

당연히 그리고 싶고말고! 나는 조련사가 시키는 대로 손가락을 하늘로 치켜올렸다. 재크는 몸을 솟구쳐 반대편으로 떨어져 내렸다. 순식간에 헤엄쳐 돌아온 재크는 상으로 주어진 물고기를 신나게 꿀꺽 삼켰다.

"하나 더 해볼까요? 이번에는 손가락을 하늘로 올리고 세 바퀴 원을 그리세요."

나는 시키는 대로 했다. 재크가 물속으로 깊이 들어갔다가 솟구쳐 오르면서 멋지게 세 번 회전했다.

정말 표현하기 어려울 정도로 벅차고 신나는 순간이었다. 나는 두 팔을 활짝 치켜들고 환호했고 사진사는 아래쪽에서 팔을 벌린 나와 위로 솟구친 재크를 멋진 사진으로 담아냈다. 몇 시간 전까지만 해도 재크가 거기 있는지조차 몰랐는데 말이다.

• 직관을 따르면 마법이 펼쳐진다 •

우리가 신에게 말하는 것이 기도라면,
직관은 신이 우리에게 말하는 것이다.
_ 웨인 다이어, 작가

재크와 보낸 시간이 떠오를 때마다 나는 내면의 충동에 집중했을 때 의외의 기쁨이 나타난다는 것을 기억하곤 한다. 여기서 충동이란 뭘까? 앞서 소개한 인용구대로 '언어를 쓰지 않는 목소리'이다. 우리 모두 때때로 이런 느낌을 받지 않는가? 이 충동은 어디서 오는 걸까?

안전문제 전문가로 《서늘한 신호》Gift of Fear라는 책을 쓰기도 한 개빈 드 베커Gavin De Becker가 TV 인터뷰하는 장면을 보면서 나는 단서를 얻었다. 기자는 드 베커에게 두려움에 대해 말해달라고 했다. 드 베커는 납치되거나 공격받은 경험이 있는 피해자들을 조사했던 경험을 털어놓았다. 그가 그들에게 던진 첫 질문은 "뭔가 낌새를 채셨습니까?"였다고 한다.

피해자들이 어떤 대답을 했을 것 같은가? 한결같이 "뭔가 이상하다는 걸 느꼈어요."라고 말한다고 한다. 하지만 대부분은 주위를 둘러보고 수상한 기미가 없는 것을 보고 두려움을 풀어버렸다. 이성으로 본능을 억누른 것이다. '훤한 대낮에 멀쩡하게 생긴 차를 타고 있잖아. 무슨 일이 있겠어?'라고 생각하고 만다.

뭔가 잘못되었다는 것을 경고하는 본능에 대한 설명을 들으면서 나는 '무언가 제대로 가고 있을 때 이를 알려주는 본능 또한 존재하지 않을까?'라는 생각을 했다. 즉, 우리 본능이 모순을 감지한다면 적절함 또한 감지해야 하지 않을까?

여행을 다니면서 계속해서 내 본능은 적절한 기회를 알려왔다. 여기서 돌아 들어가, 이번 출구에서 빠져 나가, 이 호텔에 묵어, 저 사람한테 물어봐 등등. 꼭 그래야 할 이유는 없었지만 나는 그때마다 내면의 속삭임에 귀를 기울였고 예상보다 훨씬 좋은 결과를 얻었다. 혼자 힘으로는 찾아내지 못했을 기회들을 만났던 것이다.

아직도 내게 이 직관, 충동이 무엇인지는 분명하지 않다. 이걸 다루려면 아마 책 한 권이 따로 필요할 것이다. 다만 우리 본능과 직관은 최선의 결과를 가져온다고 느낄 뿐이다. 이 내적 충동은 한 번도 나를 잘못된 길로 인도하지 않았다. 언제나 제대로 된 방향을 가리켰던 것이다.

• 당신 삶에 변덕의 여지를 남겨두었는가? •

직관적 마음은 성스러운 선물이고 이성적 판단은 충실한 하인이다.
우리는 하인 중심의 사회를 만들면서 그만 선물에 대해서는 잊고 말았다.
_ 앨버트 아인슈타인, 물리학자

이는 모든 사람에게 필요한 일이다. 내면의 충동이 나타날 때 따라갈 자유를 누리려면 시간과 공간의 여백이 있어야 한다. 사실 나는 오랫동안 그러지 못했다. 늘 일정이 가득 차 있었고 내면의 속삭임을 들었더라도 무시하고 말았을 것이다. 삶이 워낙 소란스러웠으므로 속삭임을 들을 수조차 없었다.

'물가에서 한 해 보내기' 덕분에 나는 마침내 내적 충동에 따를 시간을 얻었다. 기차를 타는 대신 차를 운전하겠다는 결정이 가능해졌다. 내 본능이 기차를 거부한 것은 변덕의 여지가 있기 때문이었다. 즉흥적으로 행동할 시간, 뜻밖의 재미를 느낄 공간을 갖는 것은 얼마나 큰 축복인가.

뜻밖의 재미라고 하면 흔히들 우연의 일치, 행복한 사고를 떠올린다. 하지만 의도치 않게 가치 있거나 매력적인 무언가를 발견하는 이런 경우는 단순한 우연이 아니다. 뜻밖의 재미가 나타날 가능성을 높이는 데는 의도가 중요한 역할을 담당한다. 자신과 잘 맞는 사람이나 사건을 만나는 일은 순간으로 끝나지 않는다. 미래의 행복을 향한 걸음이기 때문이다. 내면의 충동에 귀를 기울이고 그에 따라 행동하며 우리 앞에 펼쳐지는 행운에 감사하면서 뜻밖의 재미를 맞이하는 것이 우리 역할이다.

뜻밖의 재미를 얻기 위해 몇 가지 필요한 사항을 보자.

- 어떤 일이 일어났으면 하는지 일기장에 쓰면서 의도를 구체화하라. 소망과 소통하면서 그 모습을 분명하게 만드는 것이다.
- 조용히 지내라. 생활이 시끄러우면 내면의 소리가 묻힌다.
- 맞는다고 느껴지는 사람과 사건을 찾기 위해 안테나를 세워두라.
- 이성으로 본능을 억압하지 말고 본능의 가치를 인정하라.
- 모순을 감지하는 육감에 따르라. 누군가 혹은 무언가가 맞지 않는다 느껴진다면 본능이 경고등을 켠 것이다. 다른 방향으로 가라.
- 적절함을 알려주는 육감에 귀를 기울여라. 누군가 혹은 무언가가 맞는다 느껴지면 다가가라. 뜻밖의 재미로 연결될 수 있다.
- 적절한 기회는 지나가는 중임을 명심하라. 당장 행동하지 않으면 기회가 영영 사라져버린다.
- 기막힌 우연의 일치가 일어났다면 그건 사고가 아니다. 하늘이 우리 편에서 움직여준 것이다. 감사한 마음으로 'Yes'라고 외치면 된다.

이렇게 하다보면 삶이 점점 더 좋은 방향으로 흘러간다. 더 이상 혼자서만 애쓰는 것이 아니기 때문이다. 우리는 삶을 통제하는 대신 삶과 협력하게 된다.

• 우연의 가능성을 남겨두고 있는가? •

나는 아침마다 본능이 나를 어디로 밀고 갈지 기대하면서 깨어난다.
나는 본능과 협력하고 거기 의존한다. 본능은 내 파트너이다.
_ 조너스 소크, 의학자

당신은 어떤가? 삶이 너무 소란스러워 내면의 충동을 듣지 못하고 있는가? 매일매일이 꽉 차 있어 충동을 따를 여지가 아예 없는 상황인가? 그걸 바꿀 방법은 무엇일까?

NASA 고다드 우주연구소에서 리더십 강연을 마치고 과학자 및 엔지니어들 몇 명과 워크숍을 했을 때의 일이다. 한 명이 입을 열었다.

"전 물리학자입니다. 이성적으로 볼 때 오늘 하신 말씀은 모두 터무니없습니다. 그 말이 옳다는 과학적 증거가 전혀 없거든요."

그는 잠시 말을 멈추고 미소 지었다.

"하지만 제 경험적 증거를 통해서는 옳다고 할 수밖에 없네요. '행복한 우연' 덕분에 일자리를 구했거든요. 학위를 마치고 거의 한 해 동안 취직을 하지 못했습니다. 제 전공이 워낙 희귀한 분야여서요.

어느 날 밤, 몇 년 동안 연락이 끊어진 대학 동창에게 전화를 걸어야겠다는 충동이 들었습니다. 친구는 크게 놀라더군요. 제 생각을 하던 참이었는데 전화가 딱 걸려온 거라고요. 이건 어떤 우연일까요? 오랫동안 연락을 안 하던 두 사람이 동시에 서로를 생각했으니 말입니다. 그게 끝이 아니었습니다. 친구는 자기 팀에서 제가 전공한 분야의 사람을 찾고 있다는 얘기를 하더군요. 저는 취업 면접을 봤고 여기서 일하게 되었습니다."

믿기 어려운 얘기인가? 하지만 적지 않게 만나게 되는 일들이다. 내적 충동이 무엇인지는 나도 정확하게 알지 못한다. 다만 그걸 따라가면 쉽고 빠르게 행운과 만난다는 점은 알 수 있다.

● 직감을 따라 행운으로 ●

행운이라 여기는 많은 것들이 실제로는 운이 아니다.
기회를 붙잡고 책임감을 받아들이는 것이다.
_ 하워드 슐츠, 스타벅스 창업자

직관에 따랐을 때 찾아온 '행운' 이야기로 내가 가장 좋아하는 것은 올리버 우버티 Oliver Uberti 의 사례이다. 그래픽 아티스트인 올리버는《내셔널 지오그래픽》에서 일하고 싶었다. 그래픽 아티스트라면 누구나 꿈꾸는 직장이다. 이력서를 제출했지만 면접이 이루어질 시점에 해외에 나가야 하는 일이 생겨 문제였다.

"머릿속에서 작은 소리가 울렸어요. '워싱턴으로 가서 본사 로비로 들어가. 거기서 예술 총괄에게 전화를 걸어 면접을 보러 왔다고 말하는 거야.' 물론 늘 그렇듯 곧바로 반대되는 목소리도 울렸죠. '무슨 말도 안 되는 생각이야!' 하지만 전 어차피 잃을 것도 없으니 배짱대로 해보기로 했어요. 기차를 타고 워싱턴으로 가서 작은 목소리가 시킨 대로 했죠. 예술 총괄이 자리에 있는 일도, 전화를 받는 일도 없는 게 보통인데 그날은 어찌 된 건지 전화를 받더군요.

면접을 보러왔다고 했더니 약속이 되어 있느냐고 물어왔어요. 전 '그건 아닙니다만, 내일 해외로 나가야 해서요. 떠나기 전에 몇 가지 여쭤볼 기회가 있을까 싶어 무작정 들렀습니다.'라고 대답했지요."

다음 이야기는 짐작이 갈 것이다. 올리버는 제로에 가까웠던 확률을 뚫고 취직에 성공했다. 그리고 《내셔널 지오그래픽》 사상 최연소 디자인 편집장을 지냈다. 이것이 끝은 아니다. 올리버는 이 입사 경험, 그리고 일하면서 쌓은 경력을 바탕으로 책을 두 권이나 써 상을 받았다. 지금은 자기가 좋아하는 창작 작업을 하면서 수입을 올리고 있다. 직감을 따라 과감하게 행동한 덕분에 이 모든 것이 가능했던 셈이다.

당신은 어떤가? 스스로 운 좋은 사람이라 여기는가? 나를 두고 운 좋다고 말하는 이들도 있다. 맞는 말이다. 나는 운이 좋다. 하지만 내 운의 일부는 적절한 점들이 나타났을 때 그걸 놓치지 않은 결과이기도 하다고 생각한다.

• 점들을 연결하라 •

미래를 내다보면서 점들을 연결할 수는 없습니다. 과거를 돌이켜볼 때에만 가능한 일이죠.
점들이 미래에는 어떻게든 연결되리라는 것을 믿어야 합니다.
_ 스티브 잡스, 애플 창업자

스티브 잡스는 대단한 사람이다. 하지만 점들을 연결하는 문제에 있어서는 동의할 수 없다. 과거를 돌이켜볼 때 뿐 아니라 미래를 내다볼 때도 점들을 연결할 수 있다는 게 내 생각이기 때문이다. 또한 미래에 점들이 연결되리라고 믿는 데 더해 그 점들이 더 나은 미래를 만들어내도록 기여해야 한다고 본다.

자, 생각해보자. 점들은 늘 우리에게 주어진다. 아이디어, 기회, 만나는 사람 등등이 모두 점이다. 공명하는 점들에 주목하고, 점을 모으고 연결하고 이를 바탕으로 행동하는 것이 우리가 해야 할 일이다. 이렇게 할 때 진정한 우선순위와 일치하는 삶, 공명하는 삶을 살 수 있다.

책 서두에 언급했던 점 이어 그리기 놀이를 기억하는가? 첫눈에 보기에는 점들이 무질서하게 흩어져 있다. 하지만 연결선을 그어가다 보면 갑자기 점들이 합쳐지면서 그림이 완성된다. 인생도 마찬가지다. 무작위 생각, 우연한 만남, 느닷없는 충동 등이 연결되어 적절한 기회가 만들어진다. 그 순간 예상치 못했던 운명이 반짝이기 시작한다.

최근에도 그런 일이 있었다. 내 친구 한 명이 글 쓰는 동료라며 크리스틴을 소개해주었다. 크리스틴은 내가 보울더에서 여름휴가를 보낼 작정이라는 이야기를 듣고는 거기서 교육업체를 운영하는 에린이라는 사람을 아느냐고 물었다. 모른다고 했더니 에린과 나를 연결시켜주었다. 나는 에린에게 이메일을 보내면서 충동적으로 "혹시 원더랜드 호수 공원 근처 집을 임대하고 싶어 하는 사람을 아시나요?"라는 문장을 덧붙였다. 놀랍게도 5분 만에 답장이 왔다. 작가이자 전문 강사인 자기 친구가 호수 근처 집에 들어올 사람을 구하고 있다는 소식이었다. 참으로 신기하지 않은가?

나는 바로 소개를 부탁했다.(점들은 기회의 작은 구멍이다. 바로 행동하지 않으면 구멍이 닫혀버리고 만다.) 그리하여 데브라와 연결되어 계약을 맺었다. 순식간에 나는 휴가 때 머물 집, 새로운 친구 그리고 같은 업계에서 일하는 동료를 얻게 되었다.

이런 일은 우리가 계획할 수 있는 일이 아니다. 그저 나타났을 때 힘껏 붙잡아야만 가능하다. 특히나 생각의 점들은 느닷없이 등장하곤 한다. '이메일 마지막에 혹시 주위에 집을 임대하고 싶어 하는 사람이 있는지 물어봐야겠는걸.'처럼 말이다.

아무리 어처구니없어 보인다 해도 우리는 그 내적 충동에 따라 움직일 수 있다. 아니 어처구니없어 보이면 보일수록 그래야 할지도 모른다. 생각의 점들은 논리가 아니라 육감에서 나오는 것이니 말이다. 저 사람에게 다가가 보라는, 혹은 이번 기회를 붙잡으라는 생각의 점들에 따라 움직이다 보면 혼자서 만들어낸 것보다 훨씬 멋진 삶의 그림이 어느새 그려질 것이다. 혼자서는 그런 아름다움을 얻어내기 힘들다. 삶과 함께 춤춰야만 가능하다.

그러니 스티브 잡스의 말과 달리 우리는 과거를 돌이켜볼 때뿐 아니라, 미래를 내다보면서도, 점들을 연결할 수 있다. 점들이 나타났을 때 이를 퍼뜨리는 일도 중요하다. 남들에게 그 점의 존재를 알려라. 아끼는 이들이 더 나은 미래를 열어나갈 수 있도록 기회를 전달하라.

적절한 점들을 모으고 연결하고 전달함으로써 관련된 모든 이들이 파도에 올라탈 수 있다. 이는 만족스러운 동시에 계속 확대되는 삶의 일부가 되는 방법이다.

지난 몇 주 동안 당신 삶에 일어난 일들을 생각해보라. 관심을 끈 점 하나가 있었는가? 누군가에게 다가가보고 싶다는 내적 충동을 느꼈는가? 행동했는가? 느닷없는 기회가 생겨났는가? 당신을 위해 하늘이 움직이고 있다는 증거이다.

야구에서든, 사업에서든 세 유형의 선수들이 있다. 일을 이루는 선수,
일이 이뤄지는 것을 지켜보는 선수 그리고 일어난 일을 놀라워하는 선수이다.
_ 토미 라소다, 야구 감독

토미 라소다의 유형 구분에 나는 하나를 덧붙이고 싶다. 일을 이루는
사람, 일이 이뤄지는 것을 지켜보는 사람, 일어난 일을 놀라워하는 사람,
그리고 일어나게끔 하고 싶은 일과 협력하는 사람이다.

우리는 계획적으로 살라고 배웠다. '계획 세우기에 실패하는 사람은
실패를 계획하는 것이다.'라는 말까지 있을 정도이다. 참으로 오만한 말
이다. 이 말에는 관여되는 주체가 오로지 그 사람 혼자라는 전제가 깔려
있다.

물론 계획을 세우고 시작하는 것은 좋다. 하지만 뜻밖으로 발전될 여
지를 남겨두어야 한다. 플로리다 해변으로 운전해 가던 날 나는 바로 그
렇게 했다. 계획은 세웠지만 지나치게 상세한 시간표와 경로에 나를 묶
어버리지 않았다. 매 순간에 나타나는 점들을 따라갈 여유를 마련한 것
이다. 마린랜드와 재크를 만났을 때처럼 말이다.

잠깐 다른 이야기를 해보자. 재크와 수영했던 경험을 들은 동료는 "정
말 멋진 일이었겠네. 하지만 동물권 관점에서 볼 때 그런 돌고래 프로그
램은 찬성할 수 없어."라고 의견을 말해주었다. 나는 동료에게 솔직하게
말해주어 고맙다고 한 후 그 경험담을 책에 써도 될지 오랫동안 고민을
했다. 결국 포함시킨 데는 몇 가지 이유가 있다.

첫째, 마린랜드는 수십 년 동안 해양 동물 보호에 적극 참여해왔으며
어린 학생들 수천 명에게 관련 교육을 진행했다. 둘째, 독자 여러분은 그

경험을 은유로 받아들여줄 수 있으리라 믿는다. 재크 이야기의 핵심은 삶을 분 단위로 계획하는 대신 변덕과 충동의 가능성을 남겨둘 때 어떤 기적이 일어날 수 있는가이다. 독자는 차를 몰고 허리케인 속으로 돌진할 일도, 돌고래와 헤엄칠 일도, 체사피크 만에서 배를 탈 일도 없을지 모른다. 나는 다만 이런 이야기를 통해 당신이 조금이라도 더 용기를 내어 모든 일이 잘 흘러갈 것을 믿고 배짱대로 움직여보기를 바란다. 내 경험은 비유일 뿐이다. 당신은 당신 상황에 맞는 행동을 선택하면 된다.

• '이거다!' 느껴지는 것을 따라가라 •

우리는 옳은 것과 쉬운 것 사이에서 선택을 해야만 한다. _J.K. 롤랜드, 작가

어느 식당 매니저가 말했다. "샘, 당신이 사는 세상은 어떤지 모르겠지만 우리 식당 종업원들은 매주 6일을 2교대로 근무해야 겨우 먹고 살아요. 점들을 잇거나 내적 충동을 따라갈 여유 시간은 전혀 없지요. 변덕은 사치일 뿐이고요."

나는 대답했다. "이해합니다. 모든 사람이 이렇게 행동할 수는 없지요. 다만 진정한 우선순위를 바탕으로 본능에 따라 행동할 여지가 있다면 그게 삶을 점점 더 낫게 만들어줍니다. 내 친구 미라는 이것을 '지도가 아닌 나침반을 들고 살기'라 표현하더군요. 미라는 '언젠가 살롱' 모임을 이끌면서 그런 멋진 말을 생각해냈죠."

식당 매니저는 "제 인생의 첫 절반을 보낼 때 저는 원하는 모습의 삶을 만들려 했어요. 나머지 절반에서는 좀 쉬었고요. 그 과정에서 모든 것이

계획대로 진행되지 않는다는 점, 더 나아가 계획하지 않았던 일이 때로는 최고의 선물이라는 걸 깨닫게 되었어요. 요즘은 마음이 내키는 대로 움직입니다."라며 수긍했다.

"저도 같은 생각이에요. 지난 몇 년 동안 저는 순해졌지요. 삶은 곧 실험이라고 생각해요. '물가에서 한 해 보내기'는 삶을 통제하는 대신 삶과 협력할 때 어떤 일이 일어날지 알아보기 위한 실험이고요."

당신은 어떤가? '점들을 연결하는' 당신만의 이야기는 무엇인가? 내가 만난 사람들 모두가 그런 이야기를 갖고 있었다. 내적 충동을 인식하고 믿은 결과 마법이 일어난 이야기, 기막힌 우연으로 무언가 혹은 누군가를 만나 멋진 결과를 낳은 이야기 말이다. 그렇다면 본능이 당신을 적절하고 옳은 기회로 인도할 때 그걸 따라갈 수 있도록 어떻게 마음의 준비를 해두면 좋을까? 바로 다음 장에서 알아볼 것이다.

Q/A
———————————————

- 삶의 변덕 부릴 수 있는 여백을 두고 있는가? 내면의 충동에 따라 행동했던 때는 언제인가? 그 결과는 어땠나?
- 당신의 이성은 본능을 압도하는가? 혹은 무엇이 잘못되었는지 경고하고 무엇이 옳은지 알려주는 육감의 존재를 믿는가?
- 당신의 마음 깊숙한 곳에서 일어나는 내적인 충동을 어떻게 대할 것인가? 우연의 일치에 여지를 두고 점들을 연결할 방법은 무엇일까?

무조건 나를 1순위에 둘 것

당신 삶을 변화시켜줄 한 사람을 기다리고 있는가? 거울을 보라.
_ 작자미상

야호! 그 날은 캘리포니아의 아름다운 해변 고속도로를 타고 몬테레이에서 모로 만까지 달리기로 한 날이었다. 하지만 그날 아침 나타난 예기치 못한 '점들' 때문에 나는 늦은 오후에야 길을 나설 수 있었다. 나는 해가 지고 어두워질 때까지 제대로 상황을 파악하지 못했다. 그냥 어두컴컴한 정도가 아니었다. 달도, 가로등도 없이 그야말로 칠흑 같은 밤이었다.

설상가상으로 도로에는 급커브가 이어졌다. 낮이라면 멀리까지 바라보며 적절히 핸들을 조정할 수 있었을 것이다. 하지만 그 캄캄한 밤에 내 시야는 딱 헤드라이트 불빛 안으로 국한되었다. 어떤 급커브가 나올지 모르는 상황에서 나는 완전히 평정심을 잃었다.

엎친 데 덮친 격이라고 할까. 최근의 산사태 피해를 보수하느라 곳곳이 외길이었다. 태평양으로 이어지는 천 길 낭떠러지와 내 차 사이에 있는 것이라곤 희미하게 보이는 가드레일뿐이었다.

트럭 한 대가 뒤로 바짝 붙더니 전조등을 깜박였다. 나는 산골 마을에서 자랄 때부터 배웠던 대로 했다. 공간이 나오는 곳에서 옆으로 바짝 붙어서 트럭이 먼저 지나가도록 한 것이다. 그다음 다시 차를 움직였더니 마구 미끄러졌다. 자갈이 문제인 모양이었다. 브레이크를 밟을수록 미끄러지던 차는 그야말로 낭떠러지 직전에야 멈췄다.

나는 꼼짝 못한 채 몸을 떨었다. 트럭은 벌써 지나간 지 오래였다. 나혼자 그 길 위에서 평소대로 양보했다가 하마터면 죽을 뻔했다는 사실을 곱씹고 있었다.

당신도 이런 유형인가? 남에게 양보하고 당신은 나중을 택하는가? 습관적으로 "먼저 하세요."라고 말하는가? 부모, 돌봄 제공자, 기업인, 대표라면 늘 그럴지도 모른다. 하지만 죽을 위험을 무릅쓰고 양보하는 것은 분명 지나치다. 건강하지 못하다.

자기 희생에는 대가가 따른다. 균형을 잃고 건강과 행복까지 포기해야 할 수도 있다. 습관적으로 나 자신을 이야기에서 빼버리다가는 주변 사람들에게 내 존재나 내가 원하는 것이 중요하지 않게 여겨지는 지경에 이르고 만다.

그것이 바라는 바인가? 순교자처럼 살기를 바라는가? 자식들 역시 순교자가 되기를 바라는가? 일과 가족에게 우선순위를 내어주고 내가 원하는 것이 아니라 남을 기쁘게 하기 위한 선택을 하고 있지는 않았는가?

● 내 삶에서 나를 꼴찌에 두고 있지는 않은가? ●

모범을 보이는 것은 남에게 영향을 주는
핵심적 방법이 아니라 유일한 방법이다.
_ 앨버트 슈바이처, 의사

그 경험은 나보다는 남의 요구를 우선시해온 내 삶을 다시 평가하는 계기가 되었다. 언제부터 나는 그렇게 살아왔을까? 왜 그런 가르침을 받았던 것일까? 출발점은 가정이었다. 우리 엄마는 무조건적인 사랑의 대명사 같은 분이었다. 마지막 20년은 다발성 경화증으로 고생을 했다. 엄마는 거의 매일 통증에 시달렸다. 엄마 목에 손을 대보면 고통의 경련을 느낄 수 있었다. 하지만 엄마는 짐이 되고 싶지 않다며 혼자 견뎌냈다. 내가 "제가 설거지를 할까요?"라고 물으면 늘 "고맙지만 괜찮다. 내가 하면 된단다."라고 대답하셨다.

엄마는 우리 삼남매가 걱정 없이 행복하게 살기를 바랐기 때문에 자신의 병 이야기는 거의 하지 않았다. 하지만 우리가 학교에서 무엇을 했는지, 친구들과 어떻게 지냈는지는 늘 궁금해했다. 엄마 자신을 위해서는 아무것도 요구하지 않았다. 우리가 무언가 해드린다고 해도 신세를 지고 싶지 않다면서 거절했다.

엄마는 스스로 옳다고 생각하는 행동을 했지만 개인적으로는 큰 희생을 치렀다. 우리가 엄마한테 배운 것도 어쩌면 엄마가 원하는 방향은 아니었을지 모른다. 그렇다. 우리는 무조건적인 사랑을 받고 그것을 배웠다. 내 고통을 남에게 보이지 않는 '강한 사람'이어야 한다고 배웠다. 짐이 되는 것은 절대 피해야 할 일이었다. 남을 먼저 위하고 내 고통이나 필요는 생각하지 않는 것이 옳은 일, 고귀한 일이었다.

남을 위한 봉사는 물론 고귀한 일이다. 봉사에서 삶의 의미를 찾을 수 있다고 하는 글귀도 넘쳐난다. 예를 들어 인도 시인 타고르Tagore는 '나는 잠들어 꿈꾸면서 삶이 기쁨임을 알았다. 잠에서 깨어나 보니 삶은 봉사였다. 이제 행동하면서 나는 봉사가 기쁨임을 깨닫는다.'라고 하였다. 하지만 때로 봉사는 기쁨이 아니다. 때로 봉사는 남을 기쁘게 하기 위해 자기를 해치는 일이 되기도 한다.

대학에서 학생 상담을 하고 있는 분을 만났을 때 들은 이야기이다. "저한테는 자식이 없지만 대신 학생들이 있습니다. 대부분 난생 처음 집을 떠난 상황이라 외로움과 혼란에 사로잡혀 있습니다. 저는 학생들을 도와주려는 마음에 집 전화번호까지 주고 힘들 때 언제든 연락하라고 했지요. 이론적으로는 선행이었지만 실제로는 아니었어요. 수많은 밤을 전화통을 붙잡고 상담하면서 보내야 했으니까요. 남편은 이 상황에 화를 내기 시작했고 전 할 말이 없었어요. 저 역시 휴식과 충전 시간을 잃어버려 지쳐버린 상황입니다."라고 그분은 말했다.

"학생들을 위해 곁을 내주는 것은 좋은 일입니다. 문제는 당신 자신을 위한 일이기도 하느냐는 겁니다. 의도치 않은 결과에 대해 생각해보세요. 우리는 받아들인 것만 가르칠 수 있습니다. 당신의 건강과 남편을 무시하면서, 당신이 내줄 수 있는 시간의 경계를 긋지 않으면서 당신은 무엇을 가르치나요?"

"하지만 학생들이 딱한 걸요. 다들 힘들다는 이야기를 해요."

"압니다. 하지만 학생들의 이야기뿐 아니라 당신 자신의 이야기도 생각해야 해요. 당신의 이야기 속에서 당신은 어디 있나요?"

"학생들에게 등을 돌리고 외면할 수는 없어요."

"등을 돌리라는 말이 아닙니다. 당신 자신에게 등을 돌리지 말라고 하는 거죠. 경계선을 설정해 남을 위한 봉사와 자신을 위한 봉사를 다 해야 해요. 매일 밤마다 학생들에게 시달리지 않도록 어떻게 공정한 균형을 찾을 수 있을까요?"

결국 이 상담 전문가는 '야간 근무 시간'을 설명하는 안내문을 만들어 게시하고 학생들에게도 나누어주었다. 위급 상황에는 언제든 연락할 수 있지만 위급 상황이 아니라면 낮 동안 예약을 잡아 상담해야 한다는 원칙이었다.

나중에 다시 연락이 닿았을 때 상담 전문가는 새로운 규칙에서 크나큰 교훈을 얻었다고 말했다.

"학생들의 필요에만 집중하면서 제가 스스로를 얼마나 경시하고 있었는지 전혀 깨닫지 못했어요. 남편이 감사 인사를 전해달라더군요. 저도 감사 인사를 드리고 싶어요. 아마 제 학생들도 당신에게 감사하게 될 거예요. 자기 이야기 속에 자신을 두는 것이 이기적이지만 현명한 방법임을 깨닫게 해주었으니까요."

당신은 어떤가? 고갈되고 있지는 않은가? 번아웃은 제대로 경계를 지키지 못하고 있다는 분명한 신호이다. 아니, 어쩌면 경계 자체가 없는지도 모른다. 남을 우선순위로 두고 자신은 꼴찌로 챙기는 중일 수도 있다.

다음에 또다시 당신의 행복을 포기하고 "아니, 먼저 하세요. 제가 양보할게요."라고 말하게 될 때는 잠시 멈춰라. 당신 자신이 중요하다는 점을 기억하라. 당신의 바람과 욕구는 존중되어야 한다. 남과 자신 둘 다를 위해 봉사할 수 있다. 선택지는 하나가 아니다. 당신의 이야기 속에 당신을 집어넣어라. 이건 이기적인 행동이 아닌 현명한 행동이다.

자신이 포함되지 않은 공감은 불충분하다. _ 잭 콘필드, 명상가

봉사라는 명목으로 자신을 희생하는 문제에 대해 나는 《항해》Passages 의 저자 게일 쉬히Gail Sheehy와 이야기를 나눈 적 있다. 게일은 다음 책 《새 천년의 세상》Millennial World을 준비하면서 접한 가장 충격적인 조사 결과 를 들려주었는데, 현재 30세 이하 청년의 절반 이상이 자녀를 둘 계획이 없다는 것, 그리고 그 이유가 부모들이 준비도 안 된 상태에서 자녀를 위 해 희생하는 모습을 보았기 때문이라고 말해주었다.

세상에. 이것이 우리 부모들이 의도했던 바일까? 행복한 아이를 키우 려 노력했던 것이 부정적인 예시가 되어버린 것일까? 자신의 취미를 제 쳐두고 자녀의 운동 경기, 춤 대회, 무술 시범을 빠짐없이 찾아다니면서 우리는 자녀들에게 어떤 교훈을 전달했을까? 자신의 꿈은 포기하고 자 녀를 주인공으로 세워야 한다고 가르쳤던 것일까? 더 좋은 방향의 균형 을 이루려면 대체 무엇을 해야 할까?

한 가지 방법은 '자기 희생—자기 충족' 연속선을 그려보는 것이다. 자 기를 희생하고 있는지, 아니면 자기 욕구를 충족시키고 있는지를 보다 명료하게 이해할 수 있기 때문이다. 왼쪽에 자기 희생을 두고 오른쪽은 자기 충족으로 생각하라.

자기 희생 ———————————— 자기 충족

기진맥진해 자신의 욕구를 채울 에너지가 없는 것 같다면 스스로에게

"지금 나는 '자기 희생─자기 충족' 연속선의 어디에 있는가?"라고 물어보라. 매주 내가 하는 활동을 떠올려보라. 남을 위한 자기 희생은 얼마나 많은가? 자신의 욕구 충족 활동은 어떤가? 연속선에 표시된 상태가 왼쪽으로 크게 치우쳤다면 자신을 위해 무언가 할 수 있는 시간을 떼어놓아라. 주위 사람들에게 나만의 시간을 위해 부탁하는 것도 좋은 방법이다. 배우자에게 하루쯤은 자녀 돌보는 일을 부탁하고 늦잠을 자도 좋다.

좀 전에 소개했던 대학의 심리 상담사는 학생들의 필요에 대해서만 생각했으므로 왼쪽에 치우쳐 있었다. 목표는 연속선의 가운데로 이동하는 것, 그리하여 학생들 대신 자신에게 조금 더 많은 시간을 할애하는 것이었다.

그동안 자신의 욕구를 외면해왔다면 앞의 내용을 떠올려 달라. 당장 달력에 날짜를 표시하고 불균형을 바로잡아라. '언젠가' 자기 이야기에 자기를 집어넣겠다고 다짐하는 대신에 말이다. 진정한 우선순위 중 무엇이 경시되고 있나? 일정을 잡아 실행하라. 자신의 복지를 책임지는 일은 삶의 동기부여임을 기억하라.

• 자기 삶의 주인이 될 시간이다 •

우리가 스스로에게 하는 말이 결국 꿈을 실현시킨다. _ 셰리 살라타, 프로듀서

오프라 윈프리 TV 쇼의 프로듀서인 셰리 살라타Sheri Salata를 인터뷰한 적이 있다. 그녀는 하포 스튜디오와 오프라윈프리네트워크OWN의 공동 대표로 유명한 인물이다. 20년 동안 남들의 이야기를 들어준 끝에(휴일

도 없이 일주일 내내 아침 6시 반부터 저녁 7시 반까지 일했다고 한다.) 셰리는 마침내 자기 이야기를 해야 할 시간이라는 결정을 내렸다. 셰리가 오랜 친구인 낸시 할라Nancy Hala와 함께 설립한 새로운 방송사 이름을 무엇으로 붙였을 것 같은가? 바로 스토리story.co, 즉 이야기였다.

두 사람은 사람들이 삶의 주인이 되어 새로운 이야기를 써나가도록 돕는 팟캐스트 프로그램을 진행하고 있다. 어떻게 그렇게 급격한 인생 경로 전환을 이루었느냐는 내 질문에 셰리는 이렇게 말했다.

"전 생각했어요. 지금이 아니라면 언제 한다는 거지? 저는 새로운 자기 돌봄 개념을 받아들일 준비가 되어 있었고 OWN에 출연했던 기업인들로부터 동기부여도 충분히 받은 상태였지요. 그들이 꿈을 실현하는 모습을 보면서 저도 할 수 있을 때 제 노래를 부르기로 결정한 겁니다. 결국 원하는 것을 얻지 못하리라는 두려움 때문에 포기하는 이들이 많더군요. 그런 분들께 스스로에게 하는 이야기가 가장 중요하다는 점을 알게 해주고 싶었어요. 그 이야기가 그 사람의 모습, 그 사람이 받는 느낌, 그 사람이 살게 될 삶의 모습을 결정하니까요."

당신은 어떤가? 스스로에게 어떤 이야기를 하고 있는가? 남들의 이야기만 도와주며 자신의 이야기는 등한시하고 있는가? 새로운 이야기를 할 시간은 아닌가? 셰리가 말했듯 '당신의 이야기는 끝나지 않았다. 이제 겨우 시작되었다. 그 이야기의 주인이 되기만 하면 된다.'

• 좋아하는 일을 하는 것은 나에 대한 투자이다 •

나를 좋아하는 것은 당신 일이 아닌 내 일이다. _ 바이런 케이티, 작가

이제부터는 안테나를 높이 세우고 당신의 이야기에서 당신이 빠지는 상황을 경계해야 한다. 그렇지 않던 사람이 하루아침에 자신을 우선순위에 두는 일은 거의 불가능하며 서서히 이루어지기 때문이다. 원하는 것을 포기하는 데 익숙해져버리면 더 이상 요구조차 하지 않게 된다.

예를 들어 나는 여행할 때 늘 비용에 신경을 쓰느라 물가의 멋진 숙소가 아닌, 저렴한 시설을 선택하곤 했다. 로스앤젤레스 공항 근처에서 컨설팅 약속이 잡혀 있었고 나는 인근 호텔을 검색했다. 그런데 고맙게도 공항에서 10분 거리인 데다가 바로 바닷가 앞에 위치한 호텔이 할인행사 중이었다. 평소라면 내가 선택했을 호텔과 겨우 10달러 차이였다. 망설일 것 없이 예약했다.

바하마에서 그대로 옮겨온 듯한 열대 분위기의 호텔 로비에서 체크인을 하면서 나는 잔뜩 들떠 있었다. 직원이 어디서 오셨느냐고 물었다. 나는 '물가에서 한 해 보내기' 계획을 털어놓았다. 직원은 대단한 흥미를 보였고 호의의 표시로 방을 업그레이드해 주었다. 바다를 내려다보는 넓은 객실로 들어섰을 때 키 큰 야자수들 사이로 멋진 석양이 내다보였다. 창을 열고 발코니로 나가 짭짤한 공기를 깊이 들이마셨다. 펠리컨 두 마리가 때맞춰 아름다운 비행 풍경을 선사했다.

친구 글레나가 전화를 걸어왔다. 내 목소리가 평소보다 더 신나 있다는 걸 눈치 챈 친구가 무슨 일이냐고 물었다. 나는 바다 전망 객실에 들어와 정말 기쁘다고 설명했다. 글레나는 놀라면서 "아니, 지금 '물가에서 한 해 보내기'를 하는 중이잖아. 그럼 당연히 늘 물을 내다보는 방향으로 방을 구해야 하는 것 아냐?"라고 물었다.

절약할 필요가 있어 보통은 물가 반대쪽 객실을 잡는다고 하자 그녀는 잠시 입을 다물었다가 한마디했다.

"샘, 주차장을 보면서 12개월을 보내기보다는 물을 내다보면서 6개월을 보내는 편이 낫지 않겠어?"

그렇구나, 글레나. 네 말이 맞아. 앞으로는 그렇게 할게.

● 원하는 것이 있어도 금세 타협하는가? ●

고양이는 자신이 원하는 바를
얼마든지 요구할 수 있다는 원칙으로 사는 듯하다.
_ 조셉 우드 크루치, 평론가

당신은 어떤가? (경제적으로 그리고 감정적으로) 절약해오면서 이제는 스스로 무엇을 원하는지 묻지 않는 상황에 다다르지는 않았는가? 늘 타협하면서 바다 전망 대신 도로 전망 객실에 주저앉아버리지 않았는가?

물론 이해한다. 절약하고, 심리적으로 책임감 있게 행동하는 것은 중요하다. 예산에 맞춰 살겠다는 태도가 정말 필요한 때도 있다. 하지만 스스로에게 주는 선물이 찬란한 효과를 발휘하는 때도 분명 존재한다. 내게는 물가를 걷고 물가에서 글을 쓰는 일이 큰 행복감을 준다. 내 머리와 가슴, 영혼이 즐거이 노래하도록 만드는 일이다.

나는 주차장을 내려다보는 비좁은 객실에, 혹은 사방이 꽉 막힌 도심 고층 호텔에 들어갈 수도 있었다. 영혼까지 숨 막히는 그런 공간 대신 나는 장소만으로도 영감을 얻을 수 있는 숙소를 선택했다. 자연 속에서 배를 타거나 달리기를 하는 사람들의 모습을 내다보면서 저절로 숨통이 트이고 영혼이 노래하는 곳 말이다.

삶은 그저 힘들고 단조롭게 이어가야 하는 대상이 아니다. 우리는 살아 있는 동안 즐겨야 하는 존재이다. 당신의 영혼이 노래하도록 만드는 무언가에 집중하는 것은 철없는 짓이 아니다. 더 활기찬 인생을 위한 투자다.

우리 자신을 언제나 첫 번째로 두라는 말도, 그게 가능하다는 말도 아니다. 할 수 있는 한 남들을 보살피는 일은 계속되어야 한다. 하지만 진정한 삶은 우리가 죄책감이나 변명 없이 자신을 자기 이야기 속에 넣을 때 가능하다. 당신에게 그럴 방법은 무엇인가?

어떻게 판에 박힌 삶에서 빠져나와 행복을 안겨주는 습관을 만들어나가면 좋을지 살펴보자.

Q/A

- 당신의 이야기 속에 당신이 들어가 있는가?
- 당신을 이야기 속에서 빼버렸던 때는 언제인가? 왜 그렇게 했는가?
- 남을 우선하는 행동은 어디서 배웠는가? 그 행동은 당신의 행복에 기여하는가, 방해가 되는가? 남들과 자신을 위한 봉사 사이의 균형은 어떻게 잡아야 할까? 이번 주에 '오로지 자신만을 위해' 하게 될 일은 무엇인가?

일상의 **고무줄**이
당신을 잡아당기려 할 때

삶의 후반부는 전반부에 쌓은 습관들, 오직 그것으로만 이루어져 있다.
_ 표도르 도스토예프스키, 소설가

고백할 것이 있다. 지금까지 나는 체사피크 만에서 배를 탄 일, 돌고래 재크와 함께 수영한 일 그리고 바다를 내다보는 호화로운 객실에 묵었던 일을 소개했다. 하지만 사실 '물가에서 한 해 보내기'의 첫 3개월 동안은 정작 내 주위에 물이 별로 없었다. 어떻게 된 일이냐고? 예산 때문만은 아니었다. 일상이라는 고무줄이 자꾸 나를 잡아당겼기 때문이다. 조금 더 구체적으로 살펴보자.

나는 내 일정을 관리해주는 동생 셰리와 통화하는 중이었다. 강연 요청들을 검토해야 했다. 갑자기 동생이 물었다.

"이 강연들을 정말로 다 하고 싶어?"

"무슨 말이야?"

"일정을 보니 지난 90일 중에 60일을 물가와는 거리가 먼 시내 호텔이

나 사무실에서 보냈더라고. 이게 원하던 바는 아니지 않아?"

이런. 물론 그건 원하던 바가 아니었다. 일정표를 업무로 가득 채우는 습관으로 어느새 다시 돌아가버렸담?

셰리는 말을 이었다.

"언니가 떠나던 날, 내가 '이 여행에서 제일 원하는 것이 뭐야?'라고 물었던 걸 기억해? 그랬더니 '무엇을 원하지 않는지는 알아. 평소처럼 일에 매달리는 걸 원치 않아. 그저 돌아다니고 싶어.'라고 대답했지."

그제야 나도 그 대답이 기억났다. 내가 원하지 않는 것을 표현했구나. 앞서 말했듯 원치 않는 것에 초점을 맞추면 어느새 원치 않는 그 방향으로 가게 되는 법인데 말이다.

스스로를 변호하기 위해 나는 변명거리를 찾았다. 출발 전 몇 주 동안 주변을 정리하고 환송회를 하느라 너무 힘들어 원하는 것이 무엇인지 미처 생각할 틈이 없었다고. 그래도 충분하지 않았다. 나는 무엇을 원하는지 더 잘 알았어야 했다. '평소처럼 일에 매달리는 걸 원치 않아.'라고 말한 탓에 결국 평소처럼 일에 매달리게 된 것이다. 자, 그럼 어떻게 접근해야 할까?

• 어디에 초점을 맞추고 있는가? •

내 밤들이 후회로 채워지지 않는 삶을 살고 싶다. _ D.H. 로렌스, 소설가

나는 동생에게 물어보았다. '물가에서 한 해 보내기'는 한시도 쉴 틈 없었던 생활에서 벗어나려는 것이었는데 어째서 나는 다시 일정표를 꽉꽉

채우는 모습으로 되돌아 가버렸을까?

동생은 말했다.

"생각해 봐. 언니는 몇 년 동안이나 싱글 맘 사업가로 살았잖아. 꽉 찬 일정표는 성공과 안전을 의미했어. 필요한 비용을 충당하고 편하게 숨 쉴 수 있다는 뜻이었지. 그렇게 살다가 마침내 '물가에서 한 해 보내기'를 시작했고 일정표에 빈 날이 생긴 거야. 아마 그 텅 빈 날이 불안감을 안겨 준 게 아닐까."

그 말이 옳았다. 나의 수입은 온전히 고객들로부터 나오고 있었다. 고객이 없으면 돈도 없었다. 지난 30년 동안 일정표의 빈 날은 조금 더 노력해야 한다는 의미였다.

하지만 그걸 솔직히 인정해도, 아니 인정하려 애써도 내 안의 자아는 어느새 고객들의 강연 요청을 수락하는 방향으로 움직이고 있었다. 사람들이 내 일의 가치를 인정해주는 게 고마웠다. 요청을 받는 일은 기분 좋았다. 컨설턴트로서 사람들의 요청은 곧 내 가치의 증명이었다.

하지만 이번 여행의 목적 중 하나는 창조적인 모험이 아니었나. 일상과 반대로 살고자 했는데 어느새 과거의 모습대로 돌아가 버리다니. 나는 꽉 찬 일정표가 곧 성공이라는 연결 관계를 깨뜨리고 싶었다. 빼곡하게 채워진 날들이 안정과 내 가치를 드러낸다고는 더 이상 생각하고 싶지 않았다.

동생은 "몇 년 전에도 이런 상황이 있었지만 잘 해결하지 않았어? 기억나?"라고 물었다. 언제를 말하는지 바로 알아차릴 수 있었다. 큰 아들에 이어 둘째 아들 앤드루까지 대학생이 되어 집을 떠난 때였다. 개를 데리고 호숫가를 산책하다가 이웃 사람을 만났다. 두 아들이 모두 대학으로 떠났다는 얘기를 들은 이웃이 "텅 빈 집에서 혼자 지내게 되었군요? 빈 둥지 증후군 때문에 힘드시겠어요."라고 말했다.

한 번도 해보지 않은 생각이었다. 나는 미소 지으면서 "빈 둥지가 아니라 열린 둥지인데요."라고 대답했다.

이웃이 눈을 크게 뜨며 물었다.

"뭐라고요?"

"열린 둥지라고요. 빈 둥지라면 아무도 없다는 건데 제가 거기 있잖아요. 아들들은 제 인생에서 떠나간 게 아니에요. 그 나이 때 해야 할 일을 하면서 행복하고 건강하게 지내고 있죠. 우리는 서로 자주 연락하고 언제든 원할 때 이 열린 둥지를 들고날 수 있어요."

"오, 그렇게는 미처 생각하지 못했네요."

'열린 둥지'라는 이 개념은 내게 더 긍정적이고 주도적인 관점을 선사해주었다. 나는 빈 날이 아니라 열린 날들을 보내는 중이었다. 일정 없는 날이 아니라 계획을 초월한 날, 매 순간 원하는 대로 움직일 수 있는 자유로운 날이었다.

앞에서도 말했지만 동생 셰리는 실무적으로도 감정적으로도 내게 크게 도움을 주는 존재였다. 동생은 "자, 고객들 요청 모두를 받아들여야 한다는 압박감을 느끼지 않도록 경계선을 좀 설정하는 게 좋겠어. 일정표를 꽉 채우는 예전의 습관으로 되돌아가지 않게끔 자신을 다잡을 방법이 뭘까?"라고 내게 질문을 던졌다.

좋은 질문이었다. 답은 다음에 있다.

• 새로운 습관을 정착시키기 위한 경계선 긋기 •

경계선에 숫자가 없다면 그건 경계선이 아니다. _ 샘 혼, 작가

습관을 바꾸는 문제에 있어 중요한 한 단어는 숫자이다. 새로운 습관과 경계선을 숫자로 만들어두지 않는다면 너무 모호하다. 구체적으로 눈에 보이는 숫자를 부여해야 비로소 의도가 실현될 수 있다.

동생과 나는 한 달 중 며칠은 '고객 업무'의 날로, 또 다른 며칠은 '물가 업무'의 날로 정했다. 고객을 만나며 돈을 버는 일을 완전히 그만둘 수는 없었다. 다만 일주일에 7일을 전부 거기에 매달리고 싶지 않았다.

그렇게 경계선의 숫자를 정하자 그저 막연했던 희망사항이 구체적인 모습을 갖췄다. 한 달에 최대 몇 건의 업무를 처리할 수 있는지가 분명해졌다. 용감하고 단호하게 다음 달의 일정을 세우는 일도 가능해졌다. 일이 넘치면 동료를 연결해주거나 정중히 거절하면 되었다.

당신은 어떤가? 언젠가가 아니라 바로 오늘을 비워두기로 했으면서도 계속 일정표를 업무로 채워나가고 있는가? 일상의 고무줄이 자꾸 당신을 본래의 밤낮 없이 일하는 삶으로 되돌리고 있는가?

그런 상황이라면 당신이 어떤 말을 사용했는지 살펴라. 원하지 않는 것에 초점을 맞추고 있는가? "나는 주말에는 일하고 싶지 않아."라는 식으로 맹세하는가? 그럼 말을 바꿔주어야 한다. 원하지 않는 것 대신 원하는 것을 표현하라. "주말은 가족과 보내는 시간이야."라고 말이다.

다음으로는 숫자를 정해 일상의 고무줄에 다시 끌려가지 않도록 해야 한다. 어느 스타트업 창업가의 사례를 보자.

"창업 후 몇 년은 전적으로 일에 매달려야 했어요. 아이들의 온갖 활동

에 거의 참여하지 못해 후회가 많았죠. 최근에 회사를 팔았고 가족에게 1년은 사업을 쉬겠다고 약속했어요. 두 아들이 모두 아마추어 축구 선수여서 제가 팀 매니저 역할을 자원했답니다. 그럼 아들들과 시간을 많이 보내게 될 줄 알았지요. 하지만 그렇게 되지 않더군요."

"어떻게 되었는데요?"

"시합 중심의 어린이 스포츠를 겪어본 분이라면 아시겠지만 축구든 소프트볼이든 수영이든 어느 종목이든 전적인 헌신을 요구합니다. 전 그저 오렌지를 준비해 휴식시간에 먹이고 이동 일정을 짜고 유니폼 기금을 조성하면 된다고 생각했어요. 한가한 판단이었지요. 매니저가 된 후 밤마다 전화통에 매달려 학부모들을 상대해야 했어요. 코치가 편애를 한다는 둥 자기 자식이 충분히 경기를 뛰지 못한다는 둥 불만이 많았죠. 연맹에서 이사진에 들어오라기에 시즌 중 두 차례 회의만 참석하면 될 거라고 생각해 수락했는데 이메일 회의가 끝없이 이어지더군요. 충돌을 방지하고 불만 사항을 해결하고 날씨에 따라 일정을 조정하는 등등 일이 넘쳐났어요. 결국 또다시 아들들과는 거의 시간을 보내지 못하는 상황이 되었습니다."

"그래서 어떻게 할 생각이시죠?"

"모르겠습니다. 이미 팀과 연맹에서 역할을 부여받은 상황이라 이제와 그만둘 수도 없고요."

"그렇군요. 시간 우선순위와 진정한 우선순위를 다시 조화시키기 위해 던져야 할 질문들을 알려드릴까요?"

• 진정한 우선순위를 지키기 위한 명료화 질문 •

쉬울 거라는 말은 아닙니다.
다만 가치 있을 거라는 말씀을 드립니다.
_ 아트 윌리엄스, 야구선수

나는 스타트업 창업자 아버지에게 다음과 같은 질문을 던져보라고 말해주었다.

1. 내가 원하는 새로운 행동은 무엇인가? 더 많은 시간을 쏟고 싶은 진정한 우선순위는? 거기에 내 시간의 몇 퍼센트를 넣고 싶은가?

2. 다른 책무에는 내 시간의 몇 퍼센트를 쓰고 싶은가? 그 책무들은 끝나는 날이 정해져 있는가? 일시적이거나 시즌이 정해진 책무인가? 곧 끝나는가, 아니면 '영원히 지속되는' 종류인가?

3. 올해의 마지막 날이 되었다고 생각해보자. 다른 책무들에 집중했던 일을 기뻐하게 될까, 후회할까? 진정한 우선순위를 등한시한 것이 아쉽고 다시 한 해를 살았으면 좋겠다고 생각하게 될까? 5년 후에는 어떤 느낌이 들까?

4. 다른 책무들을 해야 하는 이유는 '그래야 한다'고 당신이 생각했기 때문인가? 어떤 비용이 따르는가? 누가 그 비용을 치르는가?

5. 지금 당신에게 가장 중요한 사람과 일은 무엇인가? 장기적으로 누구와 무엇이 가장 중요할까? 거기에 쓰는 시간을 소중하게 여기는가, 아니면 어쩔 수 없이 등한시하는가?

6. 책무와 관련해 대리인을 세우거나 재협상을 하는 식의 창의성을 발휘해 진정한 우선순위에 집중할 여유를 얻어낼 수 있는가?

7. 진정한 우선순위에 숫자로 경계선을 표시함으로써 남들 대신 자신을 위하는 방향을 잡을 수 있는가? 경계선은 무엇인가?

몇 주 후 나는 그를 다시 만났다. 그는 명료화 질문들을 통해 혼란스러웠던 상황이 많이 정리되었다고 말했다.

"연맹에 연락해 저를 대신할 위원을 한 달 안에 추천하겠다고 했습니다. 아들과 함께 활동하는 다른 선수들 부모에게 팀 매니저 역할을 나눠 맡자는 제안도 했고요. 우리는 경기 중, 연습 중 그리고 주중 저녁 7~8시 사이에만 부모들 연락을 받고 응답한다는 원칙을 세웠습니다. 다른 때에는 문자도, 이메일도, 전화 통화도 안 하는 것으로요. 처음에는 부모들이 거세게 항의할 것이라 예상했습니다. 실제로 몇몇은 늘 연락할 수 없는 상황에 화를 냈지요. 하지만 나머지는 양해하고 도와주더군요."

명료화 질문의 가치는 바로 여기 있다. 현재의 여러 책임에 짓눌려 도저히 빠져나가지 못하겠다고 느끼는가? 진정한 우선순위를 지키기 위한 방법은 늘 있는 법이다.

해리 차핀Harry Chapin 이 부른 팝송 중 '실뜨기'Cat's In The Cradle 라는 곡의 가사를 보자. 아들이 함께 놀아달라고 할 때마다 아버지는 출장을 가고 돈을 벌어야 하는 상황이다. 언제 집에 오느냐고 묻는 아들에게 아버지는 모르겠다고 대답한다. 시간이 흘러 마침내 아버지는 아들과 시간을 보낼 수 있게 되었지만 이제는 아들이 너무 바빠지고 만다. 아버지는 너무 늦었음을 한탄하고 자신과 똑같은 모습으로 자라난 아들을 보며 가슴 아파한다.

당신이 이 노래 속 아버지의 상황인가? 당신과 함께 시간을 보내고 싶어 하는 사람들이 나중에도 그럴 것 같은가? 진정한 우선순위가 당신이 준비될 때까지 계속 기다려줄 것 같은가?

후회하지 않을 방법이 있다. 만나고 싶은 사람에게 당장 전화를 걸어라. 진정한 우선순위를 위한 시간을 확보해 분주한 일상에 묻혀버리지 않도록 하라. 지금 당장 해야 한다. 나중은 너무 늦을 수 있으니까.

● 당신의 경계선에 예외를 만들지 말라 ●

유지하고 지속하는 것이 힘이라 믿는 사람들이 있습니다.
하지만 떠나보낼 때를 알고 그렇게 하는 것이 더 큰 힘을 요구할 때도 있답니다.
_ 앤 랜더스, 인생상담 칼럼니스트

나는 친구 리(제임스 테일러 콘서트에 함께 갔던 그 친구이다)와 경계선 설정에 대해 이야기를 나누고 있었다. 친구는 "오늘 꼭 이 이야기를 해야 했어."라고 했다.

"왜?"

"대체 왜 이렇게 정신없이 사는지 모르겠거든. 일정표를 보니 열이틀 연속 저녁 약속이 있었더라고. 난 내향적인 사람인데 말이야! 다 중요한 약속이라 쉽게 거절할 수도 없고 말이야."

"너처럼 일이 많은 사람은 매주 참석하게 되는 일들에 객관적인(다시 말해 주관적이지 않은) 경계선을 꼭 그어두어야 해. 사안별로 결정을 하다 보면 결국 숲을 보지 못하는 우를 범하게 되거든. '이 기금마련 행사는 꼭 도와줘야 해. 나도 도움을 받았으니까.' 아니면 '우리 위원회에 함께 있는 분인데 어떻게 거절하겠어.'라는 식의 생각이 이어지는 거지. 그러다 보면 모두에게 시간을 내주고 자기한테 쓸 시간은 하나도 남지 않게 돼."

"샘, 옳은 말이야. 하지만 실제로 어떻게 해야 하는지는 모르겠어. 여기에도 예외는 있는 것 아냐?"

"예외는 결국 우리가 경계선에서 완전히 미끄러져 떨어지게끔 만들어버려. 난 하와이의 리조트에서 마우이 작가 컨퍼런스를 주최할 때 그걸 뼈아프게 깨달았지. 코믹 쇼며 하와이 최고 인기 가수 공연이며 다 집어넣어 멋진 금요일 저녁 행사를 만들었거든. 대연회장 입장권이 매진되었고 우리는 찾아온 사람들을 돌려보내야 했어.

그런데 가깝게 지내던 분이 나를 찾아와 하소연을 했어. 전 주에 운영본부에 전화해 표를 사겠다고 했더니 직원이 그럴 필요 없다고 그냥 오라고 했다는 거야. 그래서 가족까지 다 데리고 비행기를 타고 왔는데 결국 입장도 못하는 상황이라고 말이야. 난 몇 년 동안 그 분에게 얼마나 많은 도움을 받았는지 떠올렸고 호의를 베풀어야 한다고 생각했어. 그래서 참석하실 수 있도록 자리를 마련하겠다고 말했지.

크나큰 실수였어. 엄청난 역풍이 일었으니까. 그 얘기를 전해들은 사람들은 크게 화를 냈어. 예외를 허용한다는 내 결정이 판도라의 상자를 연 셈이지. 전체 상황을 보는 대신 한 사람과의 관계만 고려한 탓에 나는 대 혼란을 일으키고 말았어."

친구가 말했다.

"알았어. 나도 판도라의 상자를 열고 싶지는 않아. 예외를 두면 안 되겠군. 한 주에 저녁 약속은 최대 네 번으로 정해두겠어. 사흘 동안 집에서 에너지를 충전하는 게 내 행복에 얼마나 중요한지 알고 있으니 그 원칙을 잘 지켜야지."

당신은 어떤가? 진정한 우선순위를 위한 시간 경계선이 어떻게 설정되어 있는가? 원칙에 예외를 만들고 싶다고? 정말로 판도라의 상자를 열고 싶은지 스스로에게 물어보라.

- 결심을 했음에도 일상의 고무줄이 당신을 끌어당겨 과거의 모습으로 되돌리는 경험을 해보았는가? 어떤 상황이었나?

- 어떻게 해야 원하는 것에 초점 맞추도록 말할 수 있을까? '빈 날'을 '열린 날'이라는 표현으로 바꿔보면 어떨까?

- 어떤 숫자로 당신의 꿈을 위한 경계를 설정하겠는가? 진정한 우선순위에 맞는 삶을 영위하기 위해 어떻게 과거의 습관에서 벗어나겠는가?

제5장

당연함을 버리고
감사함을 채워라

: 바로 여기, 바로 지금의 삶 축복하기

이 장에서는 바로 여기, 바로 지금의 삶을 즐기기 위한 다양한 방법이 다뤄진다.
온갖 방해요인에도 불구하고 말이다. 통제할 수 없는 스트레스 상황이 많지만
그래도 삶을 살 만하게 만드는 작은 일들이 분명 존재한다.

삶은 살아가는 사람을 사랑한다고 늘 느낀다.

_마야 안젤루, 작가

하루를 올바르게 **분할**하기

매일을 빽빽하게 채워 살아라.

_ 데일 카네기, 인간관계 전문가

하루를 올바르게 분할해 충실하게 사는 방법은 내 친구 메리가 소개해주었다. 그때 우리는 마음정리 연례 모임을 위해 캘리포니아 바닷가에 있었다. 마음정리 모임은 정기적으로 물리적 혹은 가상의 공간에 모여 우선순위와 목표를 공유하고 그간의 성취를 돌아보는 자리이다.

메리는 공군 사관학교에 근무하는 대령과 몇 년 동안 사귀면서 그 대령이 동창들과 수십 년 동안 끈끈한 관계를 맺어왔다는 데 깊은 인상을 받았고 우리도 '무슨 일이 있든 서로 곁에 있어주는' 그런 관계를 만들자고 제안했다. 다들 거기 동의해 석 달에 한 번씩은 전화 통화를 하고 1년에 한 번은 주말에 모이기로 했다. 연례 모임에서는 각자의 사적·업무적 목표를 공유하고 검토하며 '언젠가'가 아닌 '오늘의 꿈'을 분명히 한 후 실천 전략을 함께 논의해 서로를 돕기로 했다.

메리가 말할 차례였다. 우리는 의자에 편히 자리를 잡고 앉아 메모할 준비를 갖추고 메리를 바라보았다. 메리는 우리에게 "너희는 아침에 정해둔 일과가 뭐야?"라고 질문했다.

"그게 무슨 소리야?"

"아침마다 하는 일과 말이야. 명상을 하는지? 아니면 감사 일기를 쓰는지?"

나와 다른 친구들은 어깨만 으쓱해 보였다. 특별한 아침 일과가 없었던 것이다.

"그렇구나. 그럼 하나 정할 때가 되었네. 매일 아침의 첫 몇 분은 우리가 통제할 수 있는 그날의 유일한 부분이거든. 그 시간을 어떻게 시작하느냐가 하루를 결정하지. 알람 소리에 놀라서 깨어나면 벌써 전투적인 상태가 되어버려. 이메일을 확인하거나 뉴스를 보기 시작하면 할 일과 나쁜 소식에 압도되어 버리는 셈이고."

"그럼 그것 말고 뭘 할 수 있지?"

"기분 좋은 일과를 만들면 돼. 나는 내가 좋아하는 차를 한 잔 만들어서 창가 자리에 앉아 감사 일기를 쓰는 것으로 하루를 시작하지. 그 20분 동안은 내 세계의 모든 것이 제대로야. 때로는 그런 느낌을 받는 순간이 하루 중 그때뿐이기도 하지."

메리의 말이 옳았다. 그 모임이 끝나 집으로 돌아오면서 나도 매일의 아침 일과를 만들었다. 그리고 그것이 '하루를 올바르게 사는 방법'임을 깨달았다. 메리 말대로 그 하루의 나머지 시간 동안 일어나는 일들은 내 통제 범위 밖이었다. 하지만 하루의 첫 몇 분은 원하는 대로 쓸 수 있었다. 그렇게 내 목표와 내 삶을 생각하며 보내는 10분은 하루를 좋게 만드는 도미노 효과가 있었다. 그 시간을 투자함으로써 다른 모든 것도 바로 잡히는 셈이었다.

• 일기 쓰기로 아침을 시작하라 •

행동은 좌절의 해독제이다. _ 조안 바에즈, 가수

당신은 어떤가? 아침에 정해둔 일과가 있는가? 무엇인가? 그 일과가 당신에게 어떤 영향을 미치는가?

자기 회사의 직원에게 고소를 당한 내 친구는 배신감에 사로잡혀 있었다. 자신이 아끼고 키워준 사람 때문에 지출하게 된 변호사 비용이 쌓일수록 화가 나고 좌절했다. 고소가 터무니없다는 것을 증명하기 위해 몇 달 동안의 대화 기록을 정리해야 하는 일거리까지 생겨났다.

나는 친구에게 "너 일기 쓰니?"라고 물었다.

"그럴 시간이 어디 있어!"

"어려운 일을 겪을 때에는 자기 머릿속 생각에만 갇혀버리기 쉬워. 그럴 때는 기록으로 뱉어내는 것이 좋은 방법이야. 무엇 때문에 괴로운지 분명해지거든. 머릿속을 뱅뱅 돌면서 감정을 동요시키던 일들이 구체적으로 종이 위에 드러나는 거고."

기록의 긍정적 효과는 나 혼자만의 주장이 아니다. 감사 일기가 면역체계를 활성화해 질병, 불안, 좌절을 감소시키고 관계를 개선시킨다는 연구 결과가 예일, 스탠포드, 하버드 등 유수 대학들에서 발표되었다.

일기는 그날 무엇을 어떻게 할 것인지 선택하도록 도와주는 구체적 도

구이다. 내 친구는 고소당하는 입장을 선택하지 않았고 머릿속에 어떤 생각이 들 것인지도 선택할 수 없었다. 다만 그 일들이 얼마나 자신을 사로잡도록 할 것인지는 선택할 수 있다.

마크 트웨인은 "문젯거리들로부터 생각을 끌어내라. 귀를 잡아당기든 발꿈치를 끌어당기든 좋다. 그것이 우리 몸이 할 수 있는 가장 건강한 일이다."라고 말했다.

일기는 문젯거리에서 생각을 끌어내는 데 그치지 않는다. 진정한 우선순위 진전 상황을 추적하고 원하는 것을 어떻게 이뤄야 할지 초점을 맞춰주기도 한다. 또한 영감을 주는 구절들을 기록해 매일 스스로에게 동기부여를 할 수도 있다.

나는 일기가 부담스러운 숙제가 아닌 기쁨이기를 바란다. 그래서 여러 방식을 실험하고 사람들에게 의견을 구해보았다. 많은 이들이 정해진 형태보다는 다양성을 선호했다. 매일의 일기가 조금씩 달라진 새로운 모습이어도 좋다. 다음은 예시이다.

오늘의 한 구절

나는 늘 안전구역 바깥에 있으려 한다. _ 토리 버치, 패션 디자이너

• 이 구절은 내게 무엇을 의미하는가? 나는 이를 바탕으로 어떻게 오늘 하루를 의미 있는 순간으로 만들 것인가?

_____

• 축복: 오늘 단 몇 분이라도 내 눈을 밝혀줄 사람은 누구인가?

• 시작: 진정한 우선순위를 고려하여 오늘 하게 될 일은 무엇인가?

• 평가: 오늘 내게 일어난 최고의 일은 무엇인가?

당신은 어떤가? 일기를 쓰고 있는가? 그것은 당신 삶에 어떤 영향을 미치는가? 작가 나탈리 골드버그 Natalie Goldberg 는 일기 쓰기가 '자기 마음과 관계 맺는 일'이라고 하였다. 일기를 쓰는 순간은 아무 방해 없이 진정한 우선순위에 집중할 수 있는 하루 중 유일한 시간이다. 우리 마음에서 가장 중요한 것을 놓치거나 잊어버리는 일 없이 붙잡는 방법이다. 충분한 가치가 있다.

• 일기 쓰기가 운동과 닮은 이유 •

우리가 하루를 보내는 방법은 곧 일생을 보내는 방법이다. _ 애니 딜라드, 작가

'언제가 살롱' 참석자가 물었다.

"일기는 하루를 돌아보는 방법인가요? 전 침대에 들어가기 전에 그날 좋았던 일을 기록하는 걸 좋아해요. 그럼 좋은 꿈을 꾸게 되거든요."

"그렇지요. 하루의 시작과 끝을 긍정적인 기록과 함께하면 그 하루가 만족스럽게 마무리된다는 느낌이 들지요."

다른 여성이 말했다.

"전 아침형 인간이 아니에요. 알람을 몇 번이나 끈 후에야 억지로 일어나죠. 그러니 아침을 일기 쓰기로 시작한다는 건 제 우선순위 목록에 없었지요. 대신 전 〈월스트리트 저널〉을 읽고 '무례한 색안경'을 쓰곤 했답니다. 이 말은 메릴랜드 대학에서 한 연구에서 나온 말인데요, 아침에 무례한 일을 목격하면 하루 종일 그런 종류의 일을 겪게 되고 우리 자신조차 무례해진다고 해요. 그래서 전 더 이상 투덜거리며 하루를 시작하지 않기로 작정했죠. 한 달만 매일 아침 일기를 써보기로 했어요. 한 달이 지나면 시원하게 때려치우고 싶어질 것 같았고요."

"어떻게 되었나요?"

"한 달이 지나고 나니 일기 쓰기는 헬스장에 가는 것과 비슷해지더군요. 늘 가기 싫지만 막상 다녀오면 늘 기분 좋은 일이라고나 할까요. 돌아보고 얼마나 성취했는지 확인하며, 저 자신을 도전의 과정 중에 두는 방법이에요."

• 오늘 나를 돌보기 위해 무엇을 할 수 있는가? •

매일 아침 우리는 새로 태어난다. 오늘 우리가 하는 일이 가장 중요하다. _ 부처

일기 쓰기에 더해 오늘을 올바르게 분할해 사는 또 다른 방법이 있다. 힘든 상황을 헤쳐 나갈 때 특히 유용한 방법이다.

나는 캘리포니아 사우스 레이크 타호South Lake Tahoe 지역 TED 강연 연사들을 지도한 적이 있다. 거기서 골비 카마레이Golbie Kamarei 를 만났다. 조 단위의 달러를 움직이는 월스트리트 금융가에 명상을 소개한 인물이다. 골비는 "이 업계의 야망은 더 높은 실적을 달성하는 것이고 스트레스가 많습니다. 어느 금융인은 두 살 난 아들이 해외 출장에서 돌아온 아버지를 알아보지 못하더라는 말을 하더군요. 저는 끊임없는 압박에 맞설 무언가가 필요하다고 생각해 명상 교실을 제안했습니다. 첫날 수업에 정장을 차려입은 신사 60명이 몰려와 깜짝 놀랐죠. 지금은 전 세계 블랙록Black Rock 지사 60곳에서 명상 수업이 진행되고 있습니다."라고 말했다.

"그렇게 미친 듯이 바쁜 사람들에게 명상이 지닌 최대의 효과는 무엇이죠?"

"명상은 업무 수행력, 생산성, 마음의 평화를 높여줍니다. 확인된 통계지요. 하지만 제게는 스트레스에 찌든 이들이 더 이상 내면의 행복을 외적 성공과 바꾸지 않겠다고 말해주는 것이 제일 큰 성과입니다. 이제 그 사람들은 '오늘 나를 돌보기 위해 무엇을 할 수 있을까?'라는 질문을 담고 삽니다."

나도 명상의 효과를 알고 있다. 몇 년 전 정신없이 살던 내게 친구가 온천 이용권을 보내줬다. 온천에 들어서는데 마사지사가 나를 보고 말했다.

"숨을 제대로 쉬고 있지 않으시군요. 긴장 상태인 사람들은 물속에 들어간 듯 느끼기 때문에 숨을 참습니다. 얕은 숨은 표면적인 삶을 살고 있다는 뜻입니다."

놀라운 말이었다. 마사지사가 아니라 치료사 같았다.

"그래서요?"

내가 다음 말을 재촉했다.

"숨을 쉬지 않으면 감정을 배출할 수도, 내면의 독성을 제거할 수도 없습니다. 결국 몸속에 쌓이는 것들이 몸과 마음을 병들게 하지요. 복식 호흡법을 익히면 장기적으로 도움이 될 겁니다."

"그게 뭐죠?"

"호흡은 정신적 상태를 반영합니다. 복식호흡의 목적은 우리의 정신적 상태를 바로잡는 것이고요. 천천히 깊이 호흡하면 실제로 심장박동이 느려지고 스트레스가 줄어듭니다. 다음번에 압박감을 느낄 때 이렇게 해보세요. 가부좌를 하거나 요가 수업에 가야 하는 것은 아닙니다. 언제 어디서든, 심지어는 일하던 책상에서도 가능합니다."

지금 과도한 스트레스를 받고 있는가? 그렇다면 이렇게 해보라.

1. 등을 펴고 앉아라. 어깨와 팔에 힘을 빼라. 두 손을 넓적다리에 올려라.

2. 아래로부터 숨을 들이마셔라. 폐는 복부라는 아래 공간, 배꼽 위 중간 공간, 가슴 안 윗 공간으로 이루어져 있다. 코로 숨을 쉬면서 아래 공간부터 시작해 에너지와 공기를 채워라. 이어 중간 공간과 윗 공간을 차례로 채우면 된다. 공기가 차오르면서 가슴과 위쪽 등이

펼쳐지는 것을 느껴라.

3. 복부에 손바닥을 대고 숨을 쉬면서 배의 팽창과 수축을 느껴보라. 날씬해 보이기 위해 배에 힘을 주는 습관은 잠시 버려도 좋다. 배 근육을 이완시켜라. 배가 부드럽게 앞으로 부풀었다가 다시 납작해지는 과정을 느끼는 것이 목표이다.

4. 폐가 공기로 가득 채워지면(억지로 부풀리지는 말라) 멈췄다가 천천히 숨을 내뱉어라. 입으로 공기를 가만히 내보내라.

5. 여섯을 세면서 숨을 마시고 다시 여섯을 세면서 내쉬어 보라. 머릿속으로 숫자를 세면서 들이마셨다가 내쉬었다가 하면 된다.

온천 이용권을 선물해준 친구, 그리고 언제 어디서든 중심을 되찾는 방법을 알려준 마사지사는 내게 크나큰 도움을 주었다. 마사지사 말대로 나는 잔뜩 긴장하면 제대로 숨을 쉬지 않았다. 지금은 복식호흡으로 언제든 침착함과 행복감을 되찾을 수 있다.

당신은 어떤가? 압박감에 시달리고 있는가? 도전적인 상황에 처했는가? 명상과 복식호흡을 해보았는가? 스트레스 경감 효과를 느꼈는가? 아직 해보지 않았다면 바로 시도해보길 바란다. 언제 어디서든 돈 한 푼 들일 필요 없이 5분을 복식호흡 명상에 쓸 수 있다. 효과는 내가 보장한다.

• 고요함에 이르는 방법 •

내면에서 고요함을 찾을 수 없다면 어디서든 찾을 수 없다. _프랑수아 드 라 로슈푸코, 작가

복식호흡을 한층 더 유익하게 만들고 싶은가? 그럼 숫자 여섯을 세는 대신 원하는 감정을 말할 수도 있다. 한 음절 단어라면 숨과 연결하기가 더욱 좋다. 숨을 들이마시고 내쉬면서 원하는 말을 반복하면 확신의 효과가 있다. 건강에 좋은 복식호흡과 함께 당신이 어떤 모습으로 세상과 만나고 싶은지가 분명해지는 심리적 효과까지 거두는 것이다.

다음은 내가 복식호흡 때 사용하는 단어들이다. 미리 이야기하자면 이건 하루를 '시작하는' 방식으로는 썩 어울리지 않는다. 스트레스를 줄일 뿐 아니라 숙면을 부르기 때문이다. 단어를 중얼거리며 호흡을 하다보면 어느새 잠들어 버리곤 한다.

- **호흡 1:** 삶 …… 꿈
- **호흡 2:** 건강 …… 여유
- **호흡 3:** 경청 …… 사랑
- **호흡 4:** 지금 …… 감사
- **호흡 5:** 흐름 …… 잊기
- **호흡 6:** 받아들이기 …… 숨 쉬기

베스트셀러 작가이자 내 친구인 애덤 마켈Adam Markel은 아침에 일어날 때마다 '내 삶을 사랑한다, 내 삶을 사랑한다.'라고 주문을 외운다고 한다.

"삶에서 무언가 잘 안 풀려도 이렇게 말하는 것만으로도 기분이 확 좋

아지는 놀라운 효과가 있어."

당신은 어떤가? 하루를 어떤 기분으로 시작하고 싶은가? 스트레스를 줄이기 위해 무엇을 하면 좋을까? 깊은 호흡을 하면서 원하는 무언가를 표현하면 어떨까?

작가 잭 콘필드Jack Kornfield는 "우리가 세상의 분주함에 사로잡힌 나머지 서로 간의, 그리고 자기 자신과의 연결을 잃어버렸다."라고 지적한다. 세상의 분주함을 떨쳐내고 하루를 올바로 분할해 살기 위해 오늘 당장 무엇을 할 수 있는가? 중요한 무언가 혹은 누군가와 연결된 상태를 유지하고 싶다면 다음 장으로 넘어가라.

Q/A

- 아침에 정해둔 일과가 있는가? 있다면 무엇인가? 없다면 그 이유는?

- 세상의 분주함에 사로잡혀 있다고 생각하는가? 그리하여 자기 자신이나 남들과의 연결이 느슨해진 상태인가?

- 하루를 잘 시작하기 위한 아침 일과로 무엇을 하면 좋을까? 명상이나 일기 쓰기를 통해 원하는 바를 표현해보면 어떨까?

머리에서 벗어나 **온몸**으로 느껴라

진정한 관심을 집중하는 순간,
유리조각조차도 놀랍고 신비로운 세상을 드러내준다.
_ 헨리 밀러, 작가

숨이 턱 막힐 만큼 아름다운 무언가를 본 적이 있는가?《내셔널 지오그
래픽》사진기자였던 내 친구 드윗 존스Dewitt Jones 는 내가 '물가에서 한 해
보내기'를 하는 중이라는 것을 알고 프랑스의 모네 정원에서 열리는 사
진 워크숍에 나를 초대했다. 그 유명한 모네의 수련 연못을 일반 관객 입
장이 시작되기 전인 이른 아침에 볼 수 있는 기회였으므로 나는 당장 초
대를 받아들였다.

드윗과 나는 신선한 크루아상과 커피로 아침식사를 하고 고풍스러운
지베르니 거리를 걸어 내려가 수석 정원사와 만났다. 정확히 오전 7시가
되었을 때 정원 문이 열리고 우리 일행은 지상의 천국으로 들어갔다. 사
람들은 붓꽃, 장미, 모란 등 온갖 꽃들을 바라보며 탄성을 지르느라 바빴다.

드윗이 맞은편 정원으로 이어지는 터널로 나를 안내했다. 우리는 빽빽

한 대나무 숲을 통과하고 굽은 길을 돌았다. 다음 순간 버드나무로 둘러싸인 초록색 아치형 다리가 나타났다. 패랭이꽃, 라일락, 푸크시아가 눈앞을 가득 채웠다. 자연의 다채로움을 한눈에 드러내는 듯했다. 꼼꼼하게 설계하고 다듬어 나간 완벽한 정원과는 정반대되는 모습이었다.

드윗은 그 모습을 두고 풍요롭다고 했다. 나는 딱 맞는 표현이라 생각했다. 아낌없이 풍성했기 때문이다. 작가 랄프 왈도 에머슨_{Ralph Waldo Emerson}은 "꽃에 파묻힌 땅이 웃는다."라고 했는데 나 또한 큰 소리로 웃고 있었다. 우스운 일은 전혀 벌어지지 않았다. 다만 눈앞의 풍경이 주는 순수한 기쁨에서 나오는 웃음이었다. 나는 정원 길을 따라 걸으며 모든 것을 받아들였고 시간을 잊었다. 나무 위에서는 새로운 날을 맞이한 새들이 짹짹거리며 부산했다. 주변이 살아 있었다. 나도 살아 있었다. 나는 그 두 가지에 깊이 감사했다.

어째서 이것이 중요한 경험일까? 언젠가, 나중에, 때가 되면 행복할 것이라 생각하는 사람들이 많기 때문이다. 은퇴하면 행복할 것이라, 승진하면 행복할 것이라, 체중 감량에 성공하거나 평생의 사랑을 찾으면 행복할 것이라 여긴다. 하지만 이것을 꼭 기억해주기 바란다. 지금 여기서 행복하지 않다면 나중에 저기서도 행복할 수 없다는 것을.

목적을 분명히 하고 꿈을 키우는 일은 물론 중요하다. 하지만 행복은 그걸 '성취'하는 데 달려 있지 않다. 성취가 행복이라면 행복은 늘 어딘가 먼 곳에 존재하게 된다. 우리는 지금 여기서 행복을 바라는데 말이다. 지금 여기서 행복해지는 방법은 눈앞의 것들을 처음인 양 혹은 마지막인 양 바라보는 것, 감각을 총동원해 느끼는 것, 그리고 살아 있음에 진정으로 감사하는 것이다.

카메라에 주스가 들어 있나요?

우리가 말하는 유일한 기도가
'고맙습니다'라면 그것으로 충분하다.
_ 마이스터 에크하르트, 신학자

회계사로 일하고 있는 프랭크는 나의 이런 이야기에 "전 아침에 일어나 사무실로 출근해 책상에서 점심을 먹고 집으로 돌아옵니다. 주말이 되면 장을 보고 영화를 보고 식당에서 외식하지요. 자연과 접할 일이 없습니다."라고 대답했다.

"알겠습니다. 그럼 드윗 존스의 TED 강연 '세상에서 올바른 것을 축복하기'Celebrate What's Right with The World를 시청하고 무료로 매일 제공되는 이미지를 구독하면 어떨까요? 어디 갈 필요 없이 자연과 만나게 될 겁니다."

드윗의 강연 후반부로 가면 인상적인 일화가 소개된다. 일이 잘 풀리지 않았던 어느 날이었다. 빛이 좋지 않았고 뭐 하나 제대로 찍히지 않았다. 설상가상으로 꼬마 하나가 따라다니며 질문을 해대기 시작했다. 꼬마는 드윗이 촬영을 할 때마다 끼어들어 자기 플라스틱 카메라로 사진 찍는 시늉을 했다.

드윗은 슬슬 짜증이 났다. 그때 애덤이라는 그 꼬마가 드윗을 올려다보며 "카메라 가지고 있어요?"라고 물었다. 값비싼 카메라 장비를 빠짐없이 갖추고 있던 드윗은 그렇다고 대답했다.

꼬마는 잠시 뜸을 두더니 다시 물었다.

"아저씨 카메라 안에는 주스가 들었어요?"

한방 먹은 셈이었다. 드윗의 카메라에는 주스가 없었지만 꼬마의 카메라에는 주스가 들어 있었다. 그 순간 드윗은 세상을 다시 보게 되었다고 한다. 꼬마는 경외심으로 세상을 보고 있었던 것이다.

● 시간만 한 선물은 없다 ●

내 인생은 정말 대단했다.
조금만 더 일찍 깨달았다면 좋았을 걸.
_ 시도니 가브리엘 콜레트, 작가

더 행복해지고 싶다면 꼬마가 그랬듯 눈에 주스를 담고 세상을 바라보기 바란다. 우리 대부분은 늘 시간 압박을 받으며 산다. 하루하루가 시계를 중심으로 돌아간다. 정해진 시간에 일어나 직장에 가고 밥을 먹고 회의를 한다. 뛰는 속도가 늦어 뒤로 처지는 일도 많다. 그럼 남들보다 못하다는, 실패했다는 기분이 들고 만다.

서두르면 서두를수록 뒤처진다고 느껴본 적이 있는가? 서두를 때 행복하기는 힘들다. 다행히도 늘 서두르는 버릇, 삶의 질을 악화시키는 이 행동을 고칠 방법이 있다. 복잡한 머릿속을 비우고 감각을 고요히 하는 데 시간만 한 선물은 없다. 다음에 소개하는 '지금 바라보기' 연습이 도움이 될 것이다.

1. 주변을 둘러보고 한 가지에 시선을 두기: 눈만을 위한 연습이다. 지금 앉아 있는 의자를 바라보라. 그 질감과 탄성, 구조를 살펴라. 거기 앉아서 보낸 시간들, 거기서 했던 경험들을 떠올려라. 몇 초 전까지 인식조차 못했던 것이 영감의 원천이 될 수 있다.

2. 근처의 무언가에 시선을 집중하고 면밀히 관찰하기: 근처에 컴퓨터나 전

화기가 있는가? 플라스틱 조각을 건드리는 것만으로 수천 킬로미터 떨어진 곳의 누군가에게 메시지를 보낼 수 있다는 것이 얼마나 큰 기적인지 생각하지 못한 채 무심코 사용하는 물건들이다. 그 물건을 뜯어보라. 그걸 통해 표현했던 생각들, 나누었던 웃음, 뭉클했던 유대감을 기억하라. 얼마나 여러 기적이 일어났는지 생각한다면 절대 무심하게 대할 수 없는 물건들이다.

3. 주변의 누군가에게로 시선을 이동하기: 상대를 뚫어지게 바라보라는 말이 아니다. 그 사람에 대해 당신이 아는 이야기를 바라보라. ("저 사람은 내 말에 귀를 기울이지 않아." "차에 기름 넣는 걸 또 잊어버렸군." "어째서 저 동료는 승진을 하고 난 못한 거지?" 등등) 새로운 시선으로 상대를 바라보라. 생전 처음 만났다고 상상해보라. 그럼 보다 공감하는 시선을 보내게 되지 않는가?

• '지금 바라보기' 연습으로 기분을 바꿔라 •

원할 때 신은 정말로 모습을 드러낸다. _ 앤 라모트, 작가

'지금 바라보기' 연습의 장점은 아주 많다. 디지털 기기에서 벗어나 그 자리에 머물도록 할 뿐 아니라 의기소침할 때 영혼을 고양시킨다.

몇 차례나 미뤄졌던 친구와의 점심 식사 때였다. 산 아래 자리 잡아 전망이 멋진 식당이었다. 친구는 40대에 여전히 독신이라는 점이 정말 서글프다고 말했다.

"언젠가는 나도 잘 맞는 사람을 만나 결혼하고 가족을 이룰 거라고 믿

었지. 헌데 그런 일은 일어나지 않을 것 같아. 내가 할 수 있는 일은 아무것도 없고."

친구의 고민을 사소하게 만들고 싶지는 않았지만 난 친구의 삶에 멋진 부분들이 많다는 것을 알고 있었다. 표정과 자세가 우울함을 한층 키우고 있다는 생각도 들었다. 친구의 얼굴에는 긴장감이 없었고 눈을 내리깐 채 의자에 파묻힌 모습이었다. 나는 "아무 말 하지 말고 위를 올려다봐. 주변을 유심히 둘러봐."라고 말했다.

친구는 등을 곧추세우고 천천히 주변을 둘러보았다. 그리고 내게 묻는 듯한 시선을 던졌다.

"자, 뭐가 보이는지 말해 봐."

"산이 보이네."

"자세히 말해 봐."

"음, 바나나 나무, 망고 나무, 아보카도, 파인애플이 위쪽까지 멀리 이어져 있군."

"자, 이제 기분이 어때?"

친구는 잠시 생각하다가 미소 지었다.

"훨씬 나은 걸."

그렇다. 위를 올려다보는 일은 이렇게 중요하다. 이는 일종의 처방이다. 시선을 올리면 영혼도 올라간다. 위쪽을 바라보면서 기분이 저하되기는 극히 어렵다. 지금 당장 당신이 있는 그곳에서 시도해보라. 고개를 들고 시선을 올려라. 주변을 둘러보라. 난생 처음, 혹은 생애 마지막인 양 바라보라. 어떤 느낌인가? 분명 기분이 나아졌을 것이다.

초록빛 자연을 보고 싶은데 주변에 없다면 인터넷을 활용해도 좋다.

우편번호를 입력하면 당신이 살고 있는 인근의 자연을 보여주는 www.discover-theforest.org과 같은 웹 사이트는 어떨까. 야외 모험 활동을 게임처럼 제공하는 애플리케이션도 있다. 가족 나들이에 활용할 만하다.

한 여성은 "전 집에 붙잡혀 꼼짝 못하는 상황이에요. 자연을 보러 나갈 수가 없다고요. 어떻게 하면 좋을까요?"라고 이메일을 보내왔다. 나는 "꽃을 좀 가져다 달라고 사람들한테 부탁하세요. 멋진 꽃다발이어야 하는 건 아니에요. 한 송이가 한 다발보다 더 아름다울 수 있으니까요. 침대 옆에 꽃을 꽂아두세요. 그러면 아침에 일어나자마자 처음에, 그리고 밤에 잠들기 직전 마지막으로 보게 되거든요."라고 답해주었다.

꽃을 살 돈이 없거나 부탁할 사람이 없다면 화면 보호기에 자연 풍경을 띄워보라. 컴퓨터를 볼 때마다 세상의 절경을 감상하게 될 것이다. 드윗의 이미지를 구독하는 것도 좋은 방법이다. 그럼 집을 떠나지 않고도 풍요로운 자연을 느낄 수 있다.

그래서 핵심이 무엇이냐고? 언젠가를 오늘로 바꾸는 한 방법은 지금 여기를 제대로 바라보는 것이다. 우리가 찾는 행복은 언제든 원할 때 가능하다. 잠깐 주목해 바라봐주기만 한다면 말이다.

- 난생 처음인 양, 혹은 생애 마지막인 양 무언가를 바라본 적이 언제였나? 그때 어떤 느낌이었는지 설명해보라.

- 바쁘고 스트레스가 많은 날들인가? 더 빨리 달려가 한 푼이라도 더 벌어야 한다고 생각하는 것이 자신에게 어떤 영향을 미칠지 생각해보았는가?

- 당신 카메라에는 주스가 들어 있나? 언제, 어디서, 어떻게 머리에서 나와 감각으로 들어가보겠는가?

자유롭게 **움직**이기

내게 삶은 한 가지로 압축된다. 움직임이다.
_제리 사인필드, 코미디언

오리건 주 포틀랜드에서 발표를 마치고 초청해주신 분과 함께 식사하러 이동하는 길이었다. 호텔 주차장을 향해 어두운 계단을 내려가야 했다. 컴컴한 아래쪽을 바라보며 손잡이를 잡으려 더듬거렸지만 손잡이는 없었다. 마지막 계단을 내려섰다고 생각하는 순간 나는 넘어졌고 주차되어 있던 차에 갈비뼈를 쿵 부딪쳤다.

나는 잠시 쇼크 상태로 그 자리에 앉아 있었다. 괜찮은 것 같기도 하고 아닌 것 같기도 했다. 동행인이 놀라서 "괜찮으세요?"라고 물었다.

"괜찮은 것 같아요. 다만 좀 걸어야 할 것 같아요." 그건 내가 늘 써온 전략이었다. 테니스를 칠 때 발목이 접질리면 나는 똑바로 서서 걸어 다니곤 했다. 앉아 있으면 다친 상태가 그대로 자리를 잡아버린다. 하지만 움직이면 내 몸이 어떻게든 문제를 해결해주었다.

그리하여 나는 이 정도면 됐다는 생각이 들 때까지 걸어 다녔다. 저녁 식사 때 갈비뼈가 좀 시큰거렸지만 별 신경을 쓰지 않았다. 하지만 다음 날 아침이 되자 침대에서 일어날 수가 없었다. 옆구리에 불이라도 붙은 것 같았다. 움직일 때마다 찌르는 듯 아팠다. 나는 간신히 몸을 일으켜 노트북 있는 곳까지 기다시피 움직였고 구글 검색을 통해 갈비뼈에 금이 가거나 부러졌다는 결론을 내렸다(의사들은 이런 식의 구글 자가 진단을 물론 싫어할 것이다).

응급실에 간다면 갈비뼈가 폐에 구멍을 내지 않았는지 확인하기 위한 엑스레이 검사를 받게 될 거라고 했다. 하지만 그런 일만 없다면 그냥 진통제를 주고 쉬라고 한다고 했다. 섣불리 처치를 시도하면 고통만 더하게 된다는 것이다. 건드리지 않고 내버려두면 갈비뼈가 알아서 회복된다는 것이 검색의 결론이었다.

나는 그날 비행기를 타고 하와이에 갈 계획이었다. 어쩌면 좋지? 하와이에 가서 쉬어도 괜찮을 것 같다는 생각이 들었다. 나는 조심조심 움직이면서 공항으로 향했다. 팔을 흔들지 않고 천천히 걸으면 그럭저럭 괜찮았다. 짐 가방 같은 무언가를 들어 올릴 때만 문제였다. 그런 순간에는 내 몸이 즉각 "그렇게 움직이면 안 돼!"라고 경고를 했다.

힘들긴 했지만 무사히 하와이에 도착해 예쁜 숙소에 들어갔다. 한 가지 문제라면 모던한 디자인이라 모든 것이 낮았다는 점이었다. 의자도, 소파도, 침대도 높이가 낮았다. 침대를 쳐다보니 다음날 아침 빠져나오는 일보다 그날 밤 들어가 눕는 일이 더 어려워보였다.

'자, 이제 할 일은 해변 길을 따라 산책하는 거야.'

그곳에 살 때 수없이 다니던 산책로였다. 걷다 보면 치료도 되리라 생각했다.

이론적으로는 멋졌지만 실제는 달랐다. 산책을 시작한 지 채 5분이 채
지나지 않아 나는 큰 실수를 했음을 깨달았다. 좁고 구불거리는 길에 뛰
는 사람, 속보하는 사람, 유모차 끄는 사람이 뒤엉켜 있었다. 나는 계속
누군가 혹은 무언가를 피해 다녀야 했다. 곧 포기하고 호텔로 돌아올 수
밖에 없었다.

• 참여자인가, 구경꾼인가? •

미래의 자신이 감사할 만한 무언가를 오늘 하라. _ 피트니스센터에 붙은 문구

그래서 어떻게 되었을까? 나는 구경꾼이 되었다. 바닷가에 앉아 풍경
만 바라볼 뿐 발가락 하나 물에 담그지 않았다. 사람들이 수영하고 스노
클링과 요트를 즐기는 모습을 의자에서 구경만 했다. 마치 딴 나라 사람
이 된 것 같았다. 삶에서 물러난 기분이었다고 할까.

이를 통해 나는 알게 되었다. 삶의 참여자와 삶의 구경꾼 사이에는 미
끄러운 내리막이 있다는 것을 말이다. 나는 늘 움직이는 사람이었지만
거기서는 가장자리에 앉아 있어야 했다. 오래 앉아 있을수록 무언가 해
야겠다는 마음이 점점 줄어들었다.

관성의 법칙을 기억하는가? 멈춰 있는 물체는 계속 멈춰 있으려 하고
움직이는 물체는 계속 움직이려 한다고 하지 않는가? 나는 썩 유쾌하지
않았던 그 경험을 통해 앉아 있는 상태가 무력함을 만든다는 점을 알게
되었다. 활력과 동기가 사라졌다. 나는 남들이 활발히 움직이는 것을 보

고 있었지만 거리감을 느꼈고 공감이 되지 않았다. 삶의 일부가 되는 대신 삶에서 멀어지는 상황이었다.

태양이 쨍쨍 내리쬐었지만 나의 내면은 우울했다. 어느 날 아침 나는 더 이상 그렇게 지내기가 지긋지긋하다는 생각이 들어 뭔가 해보겠다는 결심을 했다. 일어나 밖으로 나가 돌아다녔다. 모든 것이 금방 달라졌다. '움직임 = 기분'이라는 점을 깨달은 것이다. 의자에 앉아 지내면 지낼수록 우울해졌다. 움직이면 움직일수록 더 많은 에너지가 차올랐다.

운 좋게도 내가 묵는 호텔에는 경사로로 출입할 수 있는 수영장이 있었다. 사다리를 타고 오르내릴 필요가 없었던 것이다. 그 물속에 들어가 있자니 집에 온 것 같이 편안했다. 나는 물속을 걸어 다니기도 하고 팔을 크게 원형으로 돌리면서 운동을 했다. 갈비뼈가 치료되는 느낌이었다. 다시 움직이기 시작하니 참으로 좋았다.

• 건강에 감사하는가, 당연히 여기는가? •

이렇게 오래 살 줄 알았다면 나 자신을 더 잘 돌봤을 텐데. _미키 맨틀, 야구선수

당신은 어떤가? 건강이 좋은 상태인가? 고통이나 질병이 없는가? 이를 감사히 여기는가, 아니면 당연하다고 생각하는가? 책 시작 부분에서 했던 행복 인터뷰를 돌이켜보자. 가장 중요한 우선순위 다섯 개를 정했다. 그중 건강이 들어 있었나? 그랬다면 가장 많은 시간을 보내는 다섯 가지에도 건강이 포함되었나?

많은 경우 그렇지 않을 것이다. 건강은 나중 문제이다. 소파나 책상에

서 일어나 움직여야 한다는 것을 알면서도 계속 바쁜 일상에 파묻혀 버린다. 건강을 당연하게 여기다가 뭔가 잘못되어서야 정신을 차린다.

이 장의 목적은 오래 살고 싶다면 바로 지금이 자신을 보살필 때임을 기억하도록 만드는 데 있다. 행복과 건강은 함께 존재한다. 움직임의 자유를 잃어버리기 전에 어떻게 그것을 사용할 것인가? 어떻게 구경꾼이 아니라 참여자가 될 것인가?

하와이에서 2주의 치유 기간을 보내고 나는 다시 물가에서의 한 해를 위해 본토로 돌아왔다. 그레이트스모키 산맥Great Smokey Mountains 길을 차로 달리면서 풍자작가 개리슨 케일러Garrison Keillor가 진행하는 라디오 드라마 '프레리 홈 컴패니언'A Prairie Home Companion 최종회를 들었다. 전화 통화로 출연한 오바마 대통령은 케일러를 두고 '우리를 조금 더 인간답게 만들어준 이야기꾼'이라 평했다.

통화가 진행되는 동안 오바마는 계속 케일러에게 초점을 맞추려 했고 반대로 케일러는 오바마에게 관심을 돌리려 했다. 케일러는 "대통령직에서 물러나면 무엇을 하고 싶으신가요?"라고 물었다. 오바마는 웃으면서 즉각 대답했다. "경호원 없이 드라이브하는 거요."

맞는 말이다. 차에 올라타 원할 때 원하는 곳으로 갈 수 있는 것은 자유의 완벽한 예이다. 하지만 많은 이들이 그 가치를 알기는커녕 자유를 의식조차 하지 못한다.

에이브러햄 매슬로Abraham maslow는 욕구 단계 이론에서 '충족된 욕구는 더 이상 동기를 부여하지 못한다.'고 하였다. 음식과 안전, 보금자리, 자유는 일단 확보되고 나면 당연시되고 만다. 다시 잃어버릴 때까지 그 고마움을 모른다.

● 왜 자유를 당연하게 생각하는가? ●

사는 동안 삶을 깨닫는 사람이 한 명이라도 있을까? _ 손턴 와일더, 작가

자유는 당연시하기에는 너무도 귀중하다. 캘리포니아 요세미티 계곡에서 주말을 보내면서 겪은 일을 계기로 나는 다시금 이를 분명히 깨달았다.

우리는 스노슈잉과 썰매를 즐길 수 있는 숙소에 머물렀다. 당시 하와이에 살고 있었으므로 두 아들에게는 눈 속에서 노는 것이 아주 새로운 경험이었다. 눈보라가 쳐서 숙소 안에 갇혀 기다려야 했지만 탁구를 치거나 보드게임을 하면서 즐거운 시간을 보낼 수 있었다.

그러던 어느 밤, 지배인이 아직 도착하지 않은 손님들이 있어 걱정스럽다는 말을 꺼냈다. 눈보라 속에서 길을 잃었을 수도 있고 잘못하면 차가 눈밭에 굴러 떨어졌을지도 모른다는 것이었다.

그렇게 대화를 나누던 중에 갑자기 문이 열리더니 그 손님들이 들어왔다. 다들 궁금해 하며 그 주변에 모여들었다. 손님들은 길을 잃어서 헤매다 늦었다고 했는데 나를 놀라게 한 부분은 그게 아니었다. 그들은 '미국에 있기 때문에 당황하지 않았다'고 말하는 게 아닌가?

그들은 러시아에서 자랐다고 했다. 국내 여행을 할 때도 관청에 일정을 제출해야 하는 나라였다. 정해진 시간까지 예정된 장소에 도착하지 않으면 즉각 의심을 받고 체포까지 당할 수 있었다. 하지만 미국에서는 그럴 걱정이 없었다. 차 안에는 음식, 물, 담요가 갖춰져 있었고 문제가 생기더라도 구조되리라는 믿음이 있었다. 최소한 감옥에 갇혀 자유를 잃어버릴 걱정은 할 필요가 없었던 것이다.

그들의 이야기는 내 기억에 오래 남았다. 나는 마음대로 움직일 수 있다는 사실을 당연하게 넘겨버리는 대신 삶의 축복으로 받아들이겠다고 결심했다.

• '움직이는 자유'를 만끽하고 있는가? •

감옥에 갇히고 나면 작은 것들에 감사하게 된다. 원할 때마다 걸을 수 있다는 것,
가게에 가서 신문을 살 수 있다는 것, 말을 하거나 침묵을 선택할 수 있다는 것 등등.
내가 결정할 수 있는 단순한 행동 하나하나가 다 감사한 일이다. _ 넬슨 만델라, 인권운동가

고통 없이는 걸어 다니지 못했던 경험, 완벽하게 자유롭고 두려움 없는 상태로 미국을 횡단했던 기억 등을 떠올리면 나는 마음대로 움직일 자유가 얼마나 대단한 것인지 다시 한 번 깨닫게 된다.

잠시 생각해보자. 원할 때 차에 올라타고 원하는 곳으로 갈 수 있다는 사실에 잠깐이라도 주목하는 사람은 거의 없다. 출퇴근이나 볼일을 위해 매일 오가야 하는 길은 그저 지루한 경로, 게다가 걸핏하면 막혀서 답답하게 기다려야 하는 지긋지긋한 일과로 여기기 십상이다. 교통편을 자유의 근원이기보다는 고통의 근원으로 인식하는 것이다.

이번 주말에 이를 바꿔보면 어떨까? 자동차, 자전거, 도보, 기차, 지하철, 비행기는 그저 단순한 이동 수단이 아니다. 우리를 변화시키는 존재이다. 이들이 제공하는 이동의 자유를 당연하게 여기는 일을 중단하라. 행복을 불러오는 존재로 바라보기 시작하라.

동네 근처에 늘 가보고 싶었지만 아직 가보지 못한 곳이 있는가? 역사적 유적일지도, 동네 반대편일지도, 경치 좋은 곳일지도 모르는 그곳에

갈 날짜를 달력에 적어라. 걷기엔 너무 먼 곳인데 차가 없다면 렌트를 할 수도, 버스나 지하철을 탈 수도, 자전거를 이용할 수도 있다.

시작점에서 도착점까지 가능한 한 빨리 이동하려 하는 대신 특별한 허락을 받거나 행선지를 보고할 필요 없이, 계획대로 되지 않으면 감옥에 갈지 모른다는 위험도 없이 원하는 곳으로 이동할 수 있다는 점에 감사하라. '마음대로 할 수 있는' 그 권리를 기꺼이 누려라.

이동이 자율권의 핵심이라는 주장은 나만 하는 것이 아니다. 나는 텍사스주 오스틴에서 열린 사우스 바이 사우스웨스트South by Southwest, SXSW 컨퍼런스에 참석한 적이 있다. 그날 아침 초청 연사는 차량공유서비스 리프트Lyft의 창업자인 로건 그린Logan Green이었다. 그는 업계 동향을 제시하고 "자율주행차가 우리 시대의 규범이 될 것입니다."라고 단언했다.

그린을 인터뷰한 사람은 인상적인 의견을 보탰다.

"저는 텍사스에서 태어나 자랐습니다. 열네 살이 되었을 때부터 저와 친구들은 밤낮 차 생각만 했습니다. 차에 대해 끝없이 이야기를 나누고 첫 차를 사기 위해 돈을 모았지요. 열여섯이 되자마자 운전면허를 따기 위해 줄을 섰고요."

그는 잠시 말을 멈췄다가 다시 입을 열었다.

"헌데 제 아들은 열여덟 살이나 되었는데도 차를 원하지 않아요. 운전면허를 딸 생각조차 없죠. 단 한 세대 만에 이런 엄청난 변화가 일어나다니요."

나는 옆자리의 여성이 눈물을 흘리는 모습에 놀라 괜찮으냐고 물었다.

"제 아버지 생각이 나서 그래요. 지난달에 자동차 키를 빼앗아야 했거든요. 정말 가슴 아픈, 제 평생 가장 하기 힘든 일이었어요. 아버지는 여든이세요. 시력이 나빠지고 약을 드시는 상황인데도 아버지는 절대 운전을 포기하려 하지 않으셨어요. 독립적인 삶의 상실이라고, 운전을 하지 못하면 이후로는 내리막일 뿐이라고 두려워하셨답니다."

자, 어떤가? 운전면허를 포기해야 하는 순간이 되어야 이동의 자유, 독립적인 삶의 가치를 제대로 인정하겠는가? 무작정 떠나는 여행을 꿈꿨다면 지금이 바로 그때이다. 전 국토를 횡단할 필요는 없다. 목표는 자율권을 발휘하기, 그리고 차에 올라타 원하는 곳 어디든 갈 수 있는 특권에 감사하는 것이다.

• 걷기는 움직이며 행하는 마음챙김이다 •

발로 대지에 입 맞추는 것처럼 걸어라. _ 틱낫한, 승려

이동의 자유를 누리는 또 다른 방법이 있다. 파워워킹을 말하려는 것은 아니다. 그렇다고 내가 파워워킹을 무시한다고는 절대 생각지 말아 달라. 내 삶의 초기 몇 십 년 동안 나는 달리기, 수영, 테니스 선수로 활약했다. 운동의 목표는 내 심장박동을 높이고 내가 더 잘하게끔 독려하는 것, 무슨 일이 있어도 중단하지 않는 것이었다. 피트니스를 예찬하는 사람들이 말하듯 땀은 지방이 흘리는 눈물이니 말이다.

중단은 겁쟁이나 하는 짓이었다. 하지만 다친 갈비뼈가 회복되는 동안 나는 천천히 걸으며 중간 중간 쉬어야 했다. 오랜 친구인 주디 그레이가 내게 그 사실을 분명히 일깨워줬다. 주디는 플로리다 경영자협회 대표로 일한다. 물가에서 보내는 한 해 중에 플로리다를 찾은 나는 세인트 피터

스버그의 유서 깊은 비노이 파크 호텔에서 주디를 만났다.

주디는 내 갈비뼈 상태를 알고 있었고 그래서 우리는 느긋하게 시간을 보냈다. 이리저리 돌아다니다가 멈춰 서서 장미꽃 향기를 맡았다. 주디가 웃으며 말했다.

"우리 개랑 산책할 때랑 비슷한데. 녀석은 한 걸음 걸을 때마다 탐험을 하거든. 꼬리를 세우고 눈을 빛내면서 킁킁 냄새를 맡지. 천 번 넘게 오간 산책로라 해도 상관없어. 녀석한테는 늘 흥미진진하니까. 우리도 마찬가지지. 걸어보기 전에는 그 장소를 정말로 경험한 것이 아냐."

그 말이 옳다. 난 미 대륙을 두 번이나 횡단했다. 대륙 양끝의 바닷가 마을과 섬을 찾아가기도 했다. 하지만 운전해 지나갈 때는 그저 쳐다보는 것만 가능하다. 내 두 발로 탐사하기 전까지는 정말로 그 장소와 연결될 수 없다. 관찰자와 행동가 사이의 차이라고나 할까.

그리하여 나는 내 심장이 뛰고 피가 돌며 몸이 움직이는 한 파워워킹을 이어갈 것이지만 동시에 두 발로 대지에 입 맞추는 경험도 이어갈 생각이다. 늘 호기심에 눈을 반짝이며 심장이 두근거리는 개들처럼 말이다. 신나게 걷다가는 멈춰서 둘러보면서.

• 움직이며 명상하기 •

의심이 든다면 그 하루가 재미있어질 때까지 걸어라. _ 롤프 포츠, 여행작가

당신은 어떤가? 당신에게, 당신을 위해 걷기는 어떤 의미인가? 걷기는 자율권을 감사하도록 만드는 계기인가? 소파나 책상에 붙박이가 되지

않도록 저항하는 행동인가?

걷기를 창조적인 활동으로 만들 수 있다는 롤프 포츠의 의견에 나도 동의한다. 산책을 나가 흥미로운 무언가, 내게 흥미로운 생각을 불러일으키고 결국 내 삶을 더 흥미롭게 만들어준 무언가를 보지 못했던 적이 한 번도 없었기 때문이다.

언제 바깥으로 나가 이동의 자유를 만끽하고 두 발로 대지에 입을 맞출 작정인가? 언제 산책을 하며 삶을 더 흥미롭게 만들 예정인가?

다음에는 당신이 무척 바쁘다 해도 재미를 찾는 일이 한심한 짓이 아니라는 것, 더 충족된 삶을 위해 꼭 필요한 일이라는 점을 다루고자 한다.

Q/A _____

- 마음대로 움직일 수 있음을 감사히 여기는가, 당연하게 여기는가? 건강을 챙기기 위해 현재 무엇을 하고 있는지 구체적으로 설명해보라.

- 이동의 자유에 반하는 어떤 행동을 하고 있는가? 오래 앉아 있기? 흡연? 무절제한 식사와 음주?

- 움직일 자유, 걷고 운전하고 자전거 타고 운동할 자유를 누리기 위해 언제 어디로 갈 예정인가?

오직 **재미**를 위한 시간 **계획**하기

몇 분이라도 플러그를 뽑으면 모든 것이 좋아진다. 당신을 포함해서.
_앤 라모트, 작가

코스타리카에서 열린 컨퍼런스 중에 나는 이반 미스너 Ivan Misner 박사 부부와 아침식사를 하게 되었다. 이반은 세계 최대의 네트워킹 업체 BNI 설립자이다. 나를 소개하다보니 내가 진행하는 여러 비즈니스 활동을 설명하게 되었다. 이반은 "일상이 정말 빡빡하겠군요. 재미로 하는 일은 뭔가요?"라고 물었다.

"작가 스티븐 킹이 언젠가 말했죠. 작가는 종일 공상하고 빈둥거리면서 돈을 버는 세상 최고의 직업이라고요. 저도 제 일이 그렇다고 생각합니다. 일이 곧 재미지요."

이반은 잠시 침묵했다.

"대답을 피하고 있는 것 같은데요. 오직 즐기기 위해 하는 일은 뭐죠?"

긴 침묵이 이어졌다. 나는 마침내 생각을 해냈다.

"음, 개를 호숫가에 산책시키는 일이요."

나의 대답에 이반은 말없이 나를 바라보았다. 따뜻하게 질책하는 시선이었다.

재미를 추구할 틈 없이 너무 바쁘게 사는 사람이 나 혼자만은 아니다. 브리짓 슐트Brigid Schulte가 쓴 멋진 책《타임 푸어》를 보면 너무 바빠서 투표도, 친구 사귀기도, 수면도, 식사도, 심지어는 섹스도 하지 못하는 사례들이 나온다.

어째서 우리는 스스로를 이런 상태로 만드는 것일까? 어째서 '어떻게 지내세요?'라는 인사에 처음 튀어나오는 말이 '바빠'가 되어버렸을까? 성취하려면 어쩔 수 없는 일인가? 더 생산적이고 중요한 사람이 되기 위함인가? 고용주, 직원, 고객에게 책임감을 느끼기 때문인가?

어쩌면 다 맞는 답이리라. 하지만 다른 측면도 있다. 재미를 두려워하는 경우가 그렇다. 게으르고 하찮은 것으로 보여서 말이다. 시간을 더 잘 보낼 방법이 없는 사람이나 재미를 추구한다고 여기는 것이다.

• 일이 당신의 삶을 좌우하고 있다면 •

더 많이 해내는 것은 정말로 중요한 일에 포함되지 않는다. _ 마이크 돌리, 작가

일을 다 끝낸 후에야 재미를 추구할 수 있는 거라고 생각하기 쉽다. 하지만 일이 끝나는 때란 없고 재미를 위한 시간은 끝내 나지 않는 법이다. 기독교의 노동 윤리를 연결시키는 이들도 있다. 거칠게 표현하자면 우리의 가치는 얼마나 열심히 일하는가에 달려 있다는 믿음이다. 댄 폴라

타Dan Pollota가 《하버드 비즈니스 리뷰》에 실은 글 '걱정은 일이 아니다'에 나오듯 '우리는 스스로를 얼마나 가혹하게 밀어붙이는지와 책임감을 동일시한다'. 좋은 말로 들리지만 실은 노동 윤리를 다함으로써만 재미와 행복의 권리를 찾을 수 있다는 섬뜩한 견해이다.

당신이 아는 누군가가 떠오르는가?

내가 확실히 아는 한 가지는 '노동은 성배이고 성공으로 가는 비밀 양념'이라는 의식적, 무의식적 믿음이 우리의 건강, 인간관계, 삶의 질을 갉아먹는다는 점이다. 이는 나만의 주장이 아니다. 장시간 노동, 퇴근 후 업무, 직장인 52퍼센트가 휴가를 다 찾아 쓰지 못하는 소모적 상황이 얼마나 큰 피해를 가져오는지 밝히는 연구는 무수히 많다.

'엉뚱한 나무 올려다보고 짖기'라는 블로그를 운영하는 에릭 바커Eric Barker가 어타임닷컴ATime.com에 쓴 글을 보면 번아웃 상태의 환자들은 '바쁠수록 자신이 더 유능하고 똑똑하고 성공적이고 존경과 질시를 받는다고 느낀다'는 심리학자들의 분석이 등장한다. 이런 생각의 대가는 무엇일까? 《하버드 집중력 혁명》을 쓴 에드 할로웰Ed Hallowell 박사는 오늘날 만성적인 집중 장애, 체계성 결여, 일정 과다를 호소하는 사람이 급속히 늘어났다고 지적한다. 많은 이들이 ADHD(주의력 결핍 및 과잉행동장애) 상담을 받으러 오지만 막상 그 진단이 내려지는 경우는 많지 않다. 할로웰은 이런 증상을 ADHD가 아닌, 현대인의 가혹한 삶이라 부른다.

물가에서 한 해 보내기를 시작하기 전의 나 역시 그런 가혹한 현대인의 삶을 살고 있었음이 틀림없다. 재미를 위한 여지를 전혀 남겨두지 않은 상태였기 때문이다.

• 재미는 일을 다 끝낸 다음에야 가능한가? •

재미의 가치를 과소평가해서는 안 된다. 나는 앞으로 매일 재미를 추구할 것이다.
낙천적인 호랑이 티거로 살지, 비관적인 당나귀 이요로 살지는 자신이 결정해야 한다.
_랜디 포시, 전 카네기멜론 대학교 컴퓨터공학 교수

당신의 답변은 무엇인가? 오직 재미를 위해 시간을 내라. 놀이 일정은 어른들에게도 필요하다. 당신을 웃게 하고 인생을 즐기게 만드는 것이 무엇인지 분명히 이해하고 그것을 위한 시간을 달력에 표시해두어야 한다.

이미 여러 해 동안 워커홀릭으로 살아왔다면 이 장에 나온 인용구들을 통해 즐기는 삶의 중요성을 생각해볼 수 있다. 이 장에 소개된 인용구나 지금까지 매 장마다 소개되었던 인용구들 중 하나를 골라 매일 보는 곳에 붙여두라. 그리고 또다시 일에 치여 야간 데이트나 가족과의 휴가, 친구와의 전화 수다를 미루려는 순간 스스로에게 물어보라.

"나중에 돌이켜 볼 때 무엇이 중요할까?"

'너무 바쁘다'는 이유로 공원 산책이나 친구와 함께 가는 콘서트 관람을 포기하려 할 때 그 인용구를 바라보며 '노는 일'의 가치를 기억하라. '죽음을 앞두고 어째서 더 많이 일하지 못했을까 하고 후회하는 사람은 없다'는 말도 떠올려라. 즐거운 일, 하지 않으면 나중에 후회할 일을 다음으로 미루려고 하는 그 순간, 다른 선택이 필요하다.

하와이에 모인 기업인들 앞에서 강연을 할 때였다. 여성 참석자가 일어서더니 "우리는 휴가를 못 가고 여기서 회의를 하고 있네요."라고 말했다. 청중은 다함께 큰 소리로 웃었고 이어 각자의 이야기를 털어놓기 시작했다. 대부분 50대와 60대였다. 사업이 잘 되는 상황이었지만 언제 누구에게 물려줄지 계획을 세우지 못해 은퇴는 불가능하다고 했다. 자신들에게 의지해 살아가는 사람이 너무 많다는 얘기였다.

우리는 '더 열심히'가 아니라 '더 현명하게' 일할 방법을 논의하기 시작했다. 일만 하고 놀이는 전혀 없는 상황을 탈피할 방법 말이다. 나는 혼자 다 해낼 필요 없도록 시간과 재능을 관리하기 위한 몇 가지 방법을 알려주었다. 사업을 하고 있는지, 아니면 사업에 파묻혀 있는지 진지하게 질문하는 마이클 거버 Michael Gerber 의《사업의 철학》도 그중 하나였다.

한 사람이 말했다.

"제가 바로 사업에 파묻힌 사람 같아요. 두 아들이 회사를 물려받을 거라 생각했는데 관심이 없더라고요. 부담을 주고 싶지는 않아요."

나는 말했다. "SXSW 컨퍼런스에서 마이크 미칼로위츠 Mike Micha-lowicz 를 만난 적이 있습니다. 사업이 아닌 인생을 어떻게 경영할 것인지와 관련해 자신의 전략을 전파하며 전 세계를 다닌 인물이죠. 그가 말하더군요. '사람들은 기업인이 되어 스스로의 사장이 되겠다고 하죠. 하지만 결국 사장이 되는 것은 그 사람이 아니라 기업입니다.'라고요.

일이 끝없이 돌아가는 맷돌이 되도록 스스로를 놔두어서는 안 됩니다. 에너지를 주는 모험 앞에서 'Yes'라 답할 시간이 없다면 잘못 살고 있는 겁니다. 계속 노예로 살기 싫다면 자신의 상태를 점검해볼 필요가 있습니다."

당신은 어떤가? 당신이 일을 돌리는가, 아니면 일이 당신을 돌리는가? 간단하게 대답할 방법이 있다. 일을 해야 한다는 이유로 재미를 추구할 시간이 없다면, 친구나 가족과 하는 약속을 자주 취소한다면 지금 일이 당신을 돌리고 있는 상황이다.

• 언제 마지막으로 아이처럼 놀았는가? •

성공한 삶의 기준은 일도, 돈도 아니다.
당신이 느낀 즐거움의 크기이다.
_에스더 힉스, 작가

30대의 기술자 벤이 말했다.

"전 실리콘밸리에서 일합니다. 얼마나 오랫동안 휴가를 가지 못했는지가 자랑이 되는 곳이죠. 여기 사무실들을 둘러보면 벽마다 '기다리는 자가 보답을 받는다고 하지만 그건 악착같이 차지한 이들이 남겨놓은 것일 뿐이다.', '가치 있는 것은 쉽게 얻어지지 않는다.', '당신이 쉬는 주말 동안 열심히 일한 사람이 승리할 것이다.' 같은 문구가 붙어 있답니다.

여자 친구가 떠날 때까지 전 문제를 인식하지 못했습니다. 데이트 약속을 수없이 취소하는 제게 질렸다고 하더군요. 그 관계를 회복하기엔 너무 늦었지만 제 삶을 돌이켜보게 되었습니다. 바짝 일해 성공한 다음에 일을 그만두고 인생을 즐길 작정이었거든요. 하지만 바짝 일하는 동안에 사람들을 다 놓쳐버린다는 걸 깨달았죠.

한 친구가 스포츠 네트워크인 조그스포츠Zogsports에 대해 말해주었습니다. '아이 때처럼 놀기'가 모토더군요. 전 어렸을 때 리틀리그 선수였고 고교 시절에도 야구부에서 활동했습니다. 스포츠 경기를 해본 지 몇 년이 흘렀고 몸도 둔해졌지만 소프트볼 정도는 아직도 할 수 있어요. 전 한 주에 두세 번씩 일찍 사무실을 나와 운동을 시작했습니다. 직장 밖에서 사람들을 만날 기회도 얻었지요. 어쩌면 새로 여자 친구가 생길지도 모릅니다. 진작 이렇게 했어야 한다는 생각뿐이죠."

당신은 어떤가? '세상에, 아직 수요일이라니', '드디어 금요일이다!',

'엄청 오랫동안 일한 것 같은데 겨우 월요일이라니 말도 안 돼' 같은 말을 익숙하게 내뱉으면서도 무언가 바꿀 시도는 못하고 있는가? 만약 그렇다면 '업무 탈출' 개념을 바로잡아야 할 때인지도 모른다.

● 재미를 업무 탈출로 생각하지 말라 ●

무언가 달라지기를 원한다면 당신 자신부터 달라져야 할 것이다. _노먼 빈센트 필. 목사

마우이 작가 컨퍼런스에 참석한 기업인 래리가 물었다.

"물가에서 보내는 한 해 동안 예상하지 못했던 점이 있었나요?"

"죽을 만큼 일하는 사람들이 얼마나 많은가 하는 깨달음이었습니다. 제가 개인적으로 목격한 것에 그치지 않죠. 시사 잡지《애틀랜틱》Atlantic 에 실린 2015년 기사를 보면 업무 관련 스트레스가 미국인 사망 원인 5위라고 합니다. 알츠하이머나 당뇨병보다 업무 스트레스로 사망하는 사람이 더 많다는 거지요."

"우리 업계만의 문제가 아닌가요? 그리 큰 문제인지는 모르겠습니다."

"일단 제가 보기에는 결국 후회로 이어질 삶을 사는 사람들이 많은 것 같습니다. 65세까지 열심히 일하고 은퇴한 후 행복해진다는 공식은 이미 깨지고 있거든요."

"무슨 말씀이죠?"

"유람선에서 알게 된 일을 얘기해볼까요. 유람선 승객 중에는 혼자 된 여성이 남성보다 훨씬 더 많습니다. 대부분 비슷한 경험을 했죠. 부부가 열심히 일해 돈을 모으고 은퇴 후 삶을 즐기려 계획합니다. 하지만 남편

이 퇴직 후 곧 사망합니다. 부인은 시간과 돈이 넉넉하지만 함께 유람선 여행을 하려 했던 배우자가 없어진 상황에 처하고 말죠. 이런 부인들은 삶은 지금 일하고 나중에 노는 게 아니었다고 이구동성으로 말합니다. 지금 당장 일과 놀이를 함께 해야 한다는 겁니다."

"말이 쉽지 실천은 거의 불가능합니다. 매달 수지를 맞추기도 빠듯해요. 직원들도 챙겨야 하고 고객들도 만족시켜야 하죠. '제가 자리를 비우고 전국 일주를 해보겠습니다.'라고 하면 무책임한 짓이 됩니다."

"저도 압니다. 의무를 저버리라는 말이 아닙니다. 균형을 맞추라는 거죠. 직원과 고객에 대한 책임은 당연히 있어야 합니다. 하지만 자신에 대해서도 책임을 져야 합니다. 자신을 더 건강하고 행복하게 만들어줄 무언가를 위해 매주 시간을 내는 일은 주변 모든 이들에게도 긍정적인 영향을 끼칩니다. 당신 자신이 중요한 존재라는 것, 죽을 만큼 일하지 않겠다는 것을 보여주는 일이고요.

《패스트 컴퍼니》Fast company에 실린 '행복한 직원이 12퍼센트 더 생산적이다'라는 기사를 보면 직장에서 행복할 때 더 효율적이고 창조적으로 그리고 협력적으로 일한다고 나와 있습니다. 일을 즐기는 직원은 더 충실하고 병가도 적다고 합니다. 재미는 그냥 있으면 좋은 것이 아니라 꼭 있어야 하는 것입니다. 당신의 개인적·직업적 삶에 관여된 모든 이들이 승리하기 위한 기본 전제입니다."

래리가 한걸음 물러섰다.

"이론적으로는 그렇다고 인정합니다. 다만 실천은 어렵습니다."

"그런 이유로 우리가 재미에 대해 말하는 방식을 바꾸어야 합니다. 앨버트 아인슈타인은 문제를 야기한 것과 동일한 사고방식으로는 문제를 풀 수 없다고 했습니다. 우리도 문제를 만든 똑같은 말로는 문제를 해결할 수 없습니다. 재미있는 일이나 휴가를 업무 탈출로 여긴다면 이건 규칙의 예외가 되어버립니다. 재미와 휴가를 '뭔가 안 하는 상태'가 아닌 '뭔가 하는 상태'로 다시 인식해봅시다. 업무를 안 하는 게 아니라 인생을 사는 것으로, 직장을 떠나 있는 시간이 아니라 행복을 위해 투자하는 시간으로 보는 겁니다."

지금 당장 일정표를 살펴라. 일단 이번 달에 두 차례의 '노는 시간'을 계획하라. 그 정도면 크게 무리가 없을 것이다. 누구와 어디로 가서 어떤 재미를 누릴지 상상하고 계획하라. 기대와 열정이 샘솟도록 만들어라.

예정한 시간이 왔을 때, 할 일 목록이 뒷다리를 잡는다면 할 일을 다 끝내는 때는 영원히 오지 않는다는 점을 기억하라. 노는 일정을 존중하라. 당신의 행복감이 감사를 보낼 것이다. 행복하게 만들어줄 일을 할 만큼 돈이 없다고 생각된다면 다시 고민해보라. 우리를 행복하게 하는 것은 돈이 아니라 의미이다. 그리고 의미 부여는 누구든 할 수 있다.

Q/A

- 재미를 위해 무엇을 하는가? 오직 즐거움을 위한 취미가 있는가? 그 취미활동을 얼마나 자주 하는가? 그 활동은 삶의 질에 기여하는가?

- 예전에 했던 여가활동은 무엇인가? 지금 하지 않는 이유는? 더 중요한 일을 해야 하므로 낭비라 여기는가?

- 좋은 시간을 위해 어떻게 짬을 낼 수 있을까? 삶의 즐거움을 더 크게 할 방법은 무엇인가?

중요한 것을 **풍족**하게

나는 며느리 패티를 도와 아이들을 봐주기 위해 보울더에 가 있었다. 아들 톰이 화성 탐사 연구기지MDRS에 들어가게 되었던 것이다. MDRS는 유타 주의 사막에 위치한 연구기지로 화성과 가장 유사한 환경을 구현해 놓은 곳이다.

톰이 출발하던 때 일어났던 일을 소개하겠다. 화성협회에서 톰에게 2주 동안의 화성 생태공간 체험 팀을 이끌어줄 수 있느냐고 연락을 해왔다. 아이작 아시모프Issac Asimov, 레이 브래드버리Ray Bradbury, 벤 보바Ben Bova 등의 공상과학 작품과 우주 탐사 관련 도서를 탐독하며 자란 톰에게 그건 두 번 생각할 필요도 없는 멋진 제안이었다.

몇 달 동안 전화 통화와 온라인 회의가 이어진 후 마침내 유타로 출발할 날이 되었다. 하지만 그날 일어날 만한 나쁜 일은 다 일어나는 듯했다.

핵심 과제가 아직 해결되지 않은 상태였고 팀원 한 명의 비행기가 연착되었다는 연락이 왔다. 또 다른 팀원은 중요한 장비를 빠뜨리고 출발했다고 했다. 모든 상황을 조정하느라 톰은 제정신이 아니었다.

그렇게 분주한 몇 시간이 흐르고 예정 시각보다 늦어진 톰이 가방을 움켜쥐고 패티 얼굴에 가볍게 입을 맞추고 아이들을 안아준 후 대문으로 돌진했다.

그 순간 나는 톰을 불러 세웠다.

"얘야, 잠깐만."

톰이 고개를 돌려 나를 보았다. 어서 가야 한다는 조급한 표정이었다.

"이 순간은 그냥 보내기에는 너무 중요하구나. 한번 생각해보렴. 여덟 살이던 너는 커서 뭐가 되고 싶은지 묻는 질문에 하늘을 가리키며 '저 위에서 일하고 싶어요.'라고 대답했지. 십대 시절에는 열심히 공부해 소망하던 대로 버지니아 공대에 들어가 우주공학, 천문학, 수학, 물리학을 공부했어. 화성 유인 탐사 세계 경연 대회에 출전해 우승하기도 했고. 이십대인 지금은 나사의 일원이 되어 존슨 우주센터 통제실에서 일하고 있지. 잠깐 주변을 둘러보고 그 모든 걸 기억하렴. 사랑하는 사람과 결혼해 건강하고 행복한 두 아이를 두는 축복까지 누리게 되었구나. 네 모든 꿈이 다 이뤄진 셈이잖니."

그제야 톰은 주변을 둘러보며 모든 것을 마음속에 담았다. 제2차 세계대전이 끝난 것을 축하하며 맨해튼 거리에서 한 수병이 간호사와 입 맞추는 장면을 담은 《라이프》의 유명한 사진을 기억하는가? 톰도 그렇게 한 페이지를 만든 셈이었다. 톰은 패티를 안고 열정적으로 입을 맞추며 그 순간의 기쁨을 나누었다. 중요한 모든 것이 풍족한 순간이었다.

헤아릴 수 있는 모든 것이 중요하진 않다.
그리고 중요한 모든 것을 헤아릴 수도 없다.
_앨버트 아인슈타인, 물리학자

내가 어째서 아들 톰의 이야기를 소개했는지 궁금한가? 아인슈타인의 말이 옳기 때문이다. 중요한 모든 것을 헤아릴 수는 없다. 하지만 인식하고 감사하고 마음에 새길 수는 있다.

돈 문제 때문에 행복하지 않다고 말하는 사람들이 많다. 승진하거나 모아놓은 돈이 많다면, 대출을 다 갚는다면 행복할 거라고 한다. 더 큰 집, 멋진 차, 좋은 옷이나 장난감을 가지면 행복해지리라 생각한다.

물론 돈은 중요하다. 뇌종양 수술비와 약값을 감당하기 위해 온라인 모금을 하고 있는 내 친구를 봐도 알 수 있다. 직장을 잃고 무수히 많은 이력서를 냈는데도 새 직장을 잡지 못한 채 빚만 쌓여가는 사람도 있다. 장학금을 받지 못하고 학자금 대출도 어려워 결국 대학을 포기하는 청년도 있다.

돈이 중요하다는 건 맞는 말이다. 하지만 돈이 행복의 열쇠가 되지는 않는다. 연구들을 보면 사람이 행복해지기 위해 필요한 액수가 있다고 한다. 그 액수는 7만 5,000달러(약 8,500만 원)이다.

갤럽 조사를 보면 164개국 170만 명 이상을 대상으로 한 조사에서 '한 해 6만에서 7만 5,000달러를 벌 때 가장 행복하다'는 결과가 나왔다. 이 액수를 넘어서 더 많이 버는 경우 오히려 삶의 만족도가 떨어진다는 점이 우리가 기억해야 할 놀라운 결과다. 사람들이 흔히 하는 생각과 달리 더 많은 돈이 더 큰 행복과 동의어는 아닌 것이다.

• 돈은 당신에게 어떤 의미인가? •

돈이 내게 사랑을 가져다주지는 않는다. _ 폴 매카트니, 가수

어째서 돈으로 행복을 살 수 없는지 설명하는 이론이 많다. '쾌락의 쳇바퀴'hedonic treadmill는 부, 명예, 지위, 물질 등이 우리를 행복하게 만들어 줄 것이라는 잘못된 믿음을 가리키는 심리학 용어다. 추구하던 것을 마침내 얻게 되면 잠시 동안은 좋지만 곧 흥분이 가라앉고 다음으로 좋은 것을 향하는 만족 추구가 끊임없이 이어진다. 그 끝없는 순환은 결국 한 번도 충분히 가졌다고 느끼지 못하는 공허감으로 귀결되고 만다.

복권 당첨의 저주에 대해 들어보았는가. 전미금융교육재단National Endowment for Financial Education에 따르면 돈벼락을 맞은 당첨자들 중 70퍼센트가 몇 년 안에 전액을 날리고 만다고 한다. 그리고 그런 당첨자들 중 상당수는 아예 당첨되지 않았기를 바란다. 웨스트버지니아 복권에서 3억 달러에 당첨된 잭 휘태커라는 사람은 "그 복권을 찢어버렸어야 했다."라고 말했고 3,000만 달러 로또에 당첨된 에이브러햄 셰익스피어는 "차라리 파산을 했다면 좋았을 것이다."라고 했다.

2007년 3,500만 달러 뉴욕주 복권 당첨자였던 돈나 미킨은 그 돈벼락으로 자기 삶이 황폐해지고 감정적으로 파산했다고 털어놓은 바 있다.

"복권 당첨은 인생 최고의 성공으로 여겨집니다. 무지개의 끝에 기다리는 마법의 황금 단지라고도 하죠. 하지만 제 인생은 복권으로 송두리째 날아가 버렸습니다."

복권 당첨자들의 이런 후회를 들은 '언젠가 살롱' 참석자 월은 절대 공감할 수 없다고 했다.

"저한테 당첨 복권을 줘보세요. 그 규칙의 예외가 되어 부유하고 행복한 모습을 보여드리겠습니다. 돈의 중요성을 제대로 모르는 사람들이 당첨금을 타는 것 같네요."

나는 "그렇군요. 말씀대로 돈은 우리 행복에 기여할 수 있습니다. 부유하면서 행복한 사람도 분명 존재하고요. 그럼에도 돈으로 일반적인 좋은 삶을 살 수는 있지만 나만의 좋은 삶을 살게 되지는 못한다는 점을 이해하는 것이 중요합니다."라고 말했다.

"무슨 뜻이죠?"

"몇 년 전, 저는 청년경영인 협회 모임에서 강연을 했습니다. 개막식 연사로는 노트르담 대학의 톰 모리스Tom Morris 교수가 왔죠. 모리스 교수는 연단에 서자마자 질문을 던졌습니다. '좋은 삶을 산다는 건 무슨 뜻이죠? 큰 소리로 대답해보세요.' 참석자들이 외쳤지요. '돈! 명예! 성공! 여행! 미식!' 또 누군가는 '발리!'라고 외쳐 주변을 웃음바다로 만들기도 했습니다.

모리스 교수는 이어 '그럼, 자신만의 좋은 삶을 산다는 건요?'라고 물었고 대답이 바로 달라졌습니다. 지혜, 건강, 가족 등이 등장했지요. 그다음 모리스 교수는 일반적인 좋은 삶과 나만의 좋은 삶 사이의 중요한 차이점들을 설명하기 시작했습니다. 한 인간의 번영, 부유, 뛰어난 덕성을 뜻하는 그리스어 에우다이모니아Eudaimonia도 소개했죠."

당신은 어떤 대답을 할 수 있는가? 일반적으로 좋은 삶과 나만의 좋은 삶의 차이를 어떻게 구분하겠는가? 당신의 인생 만족도에서 돈은 어떤 역할을 하는가? 지금 가진 돈, 버는 돈, 투자하고 기부하는 돈의 액수에 대해 행복한가, 불행한가? 그렇게 느끼는 이유는 무엇인가? 당신의 한계

액수는 얼마인가? 원하는 삶을 위해 얼마가 더 필요한가?

이 장을 쓰는 동안 나는 촉망받는 미식축구 선수였던 라이언 리프Ryan Leaf의 인생을 다룬 방송을 보았다. 대학팀에서 큰 기대를 모은 라이언은 1998년 전미 미식축구 협회 드래프트의 1순위 자리를 다툴 정도였다. 샌디에이고 차저스 팀과 4년 3,100만 달러 계약을 맺었고 계약 보너스로 1,100만 달러를 약속받아 신인으로서는 역대 최고 대우를 받았다.

하지만 명성과 행운이 행복을 가져다주지는 않았다. 진통제를 남용하고 중독되면서 폭행 절도 사건이 일어났고 감옥에 갇히는 신세로 전락했다. 감방의 동료가 새 삶을 살도록 독려한 덕분에 이제 라이언은 미 전역의 학교와 단체를 방문해 자기 이야기를 전하는 강연자가 되었다. 인터뷰 말미에 그는 이렇게 말했다.

"미식축구 선수로 한 해 500만 달러를 벌 때 저는 불행했습니다. 지금은 회복갱생 모임을 위해 일하면서 시간당 15달러를 벌지만 제 인생에서 가장 행복한 시기를 보내고 있습니다."

방송을 본 다음날이 부활절이었고 나는 모로 베이 물가에 머물고 있었다. 유명 식당 세 곳 입구에는 대기하는 줄이 늘어서 있었다. 서서 오래 기다리는 사람들이 짜증을 냈다. 그 옆을 지나갈 때 "왜 이렇게 오래 기다려야 하는 거야? 예약해둔 시간이 벌써 30분이나 지났잖아!"라든가 "그만 좀 투덜거려. 돌아버릴 것 같으니까!" 같은 말이 들렸다. 아무도 행복해 보이지 않았다. 화나고 부어터진 불만 가득한 모습이었다.

불과 몇 백 미터 떨어진 곳에는 고래 모양 미끄럼틀이 있는 예쁜 공원이 있었다. 몇몇 가족이 돗자리나 캠핑 의자에 앉아 싸온 음식을 먹으면서 개와 공 던지기 놀이를 하고 기타를 연주하거나 대화를 나누고 있었다. 편안하고 사랑이 넘치는 모습이었다. 다들 충분히 즐기는 듯했다.

나는 생각했다.

'저 뒤쪽 유명 식당에 들어가려는 사람들은 밥값으로 이삼백 달러는 써야 할 텐데 불행한 모습이군. 여기 사람들은 이삼십 달러면 충분했을 도시락을 먹으면서 행복하고. 어떤 쪽을 선택해야 할까.'

심리학자인 내 친구 다이앤은 아이들이 내린 '사랑'의 정의에 대해 내게 이야기해준 바 있다. 아이들은 사랑을 '시간'이라고 생각한다고 했다. 좋은 시간, 좋은 삶을 위해 돈을 써야 하는 것은 아니다. 행복에 꼭 비용이 들지는 않는다. 사랑하는 사람에게 관심을 줘라. 귀를 열고 시선을 줘라. 그것이면 충분하다.

● 돈에 대한 생각을 바꿀 시간 ●

삶에서 내가 가장 좋아하는 일에는 돈이 들지 않는다.
우리가 가진 가장 귀중한 자원은 바로 시간이다.
_ 스티브 잡스, 애플 창업자

한때 〈워싱턴 포스트〉에는 독자들이 자기 삶을 100단어 이하로 정리해 투고하는 '인생은 짧다' 칼럼이 연재되었다. 나는 (사진으로 볼 때 80대인 듯한) 제임스 베링거라는 사람의 글이 가장 좋았다.

저는 나이가 많지만 그래도 쓸모 있는 사람이 되고자 애씁니다.
예를 들어 오늘 아침에는 이런 일이 있었습니다. 작은 구멍이 여러 개 뚫린 통에 소금이 들어 있고 큰 구멍 하나가 뚫린 통에 후추가 들어있었지요. 저는 깨끗한 종이 두 장을 가져다가 하나에는 소금을, 다른 하나에는 후추를 쏟은 다음 제대로 된 통에 옮겨 담았습니다. 하나도 흘리지 않았지요. 그 모습을 지켜보던 아내가 일이 끝난 다음에 한 마디 하더군요. '어째서 뚜껑만 바꿔 끼우지 않은 거지요?'

자, 지금은 돈에 대한 당신의 생각을 바꿔 끼울 시간이 아닐까? 행복할 만큼 충분히 갖지 못했다고 느낀다면 다시 생각해보라. 당신이 추구하는 행복은 값비싼 것이 아니다. 지금 여기, 이 순간에 집중한다면 공짜로 누릴 수 있다. 꿈이 이미 이루어졌는데 눈치 채지 못하고 있지는 않은가? 중요한 무엇을 풍족하게 누리고 있지는 않은가?

다음 장에서는 '관련된 모두를 응원하는' 공동체를 만듦으로써, 또한 당신에게서 최선을 기대하고 끌어내주는 사람들과 어울림으로써 중요한 것이 풍족해지는 방법을 알아보겠다.

Q/A _____

- 자라면서 돈에 대해 어떤 가르침을 받았는가?

- 지금 가진 돈에 대해 얼마나 만족하는가? 1~10점 척도로 대답해보라. 원하는 액수는 얼마인가? 그 액수에 도달하면 어떤 상황이 될 것 같은가?

- 바로 지금, 바로 여기서 당신에게 중요한 것을 풍족하게 누리고 있는가? 이번 주의 풍족함을 보여주는 일들을 생각해보라. 꿈이 이루어졌는데도 모르고 있지는 않은가?

제6장

많이 주고,
많이 받는 사람이 되어라

: 주위 사람들과 어울리기

이 장은 당신의 우선순위를 북돋아주고 그 성공을 앞당기며 보상을 크게 만들어주는 사람들과
어울리는 방법을 이야기한다. '혼자'가 '외로움'과 동의어가 아님을,
어디를 가든 의미 있는 관계를 이루고 공동체를 만들 수 있음을 알게 될 것이다.

지지해주는 사람들이 있다면 무슨 일이든 가능하다.
_미스티 코플랜드, 무용가

공개적으로 **배를 띄워라**

같은 목표를 향해 열정을 공유하는 사람들과 함께한다면
무엇이든 해낼 수 있다.
_ 하워드 슐츠, 스타벅스 창업자

미 중부 해안 작가 컨퍼런스의 기조강연자로 초대받아 캘리포니아의 해안가 호텔에 묵었을 때의 일이다. 강연을 앞둔 전날 아침 나는 그 지역 명물인 거대한 모로 바위Morro Rock를 향해 산책하면서 속으로 연설 준비를 하고 있었다. 해변의 몇몇 사람들이 항구 입구 쪽을 가리키느라 바빴다. 호기심에 다가가 무슨 일이냐고 물어보았다.

한 남자가 설명을 해주었다.

"산살바도르San Salvador 호가 곧 도착합니다. 옛날 배를 복원해 만든 것인데 첫 항해를 나서 오늘 아침에 이리로 오는 겁니다."

이런 우연의 일치가 있나. 내 아침 일과 중 하나는 콜린 헤이Colin Hay 의 노래 〈진짜 삶이 시작되기를 기다리며〉를 듣는 것이었다. 그 노래에는 '배가 들어오기만을 그저 기다리지 말라'는 가사가 있다. 나는 배를 잘 볼 수 있는 지점까지 서둘러 뛰어갔다. 마침내 안개 속에서 배가 모습을 드러냈다. 내 배가 들어왔다는 생각에 웃음이 터져 나왔다.

다음날 나는 기조강연 중에 그 이야기를 했고 "작가들은 배가 들어오기를 그저 기다리면 안 된다. 자기 배를 내보내는 글을 써야 한다."고 마무리를 지었다. 강연이 끝난 이후 한 여성이 다가와 말했다.

"산살바도르호의 선장이 제 친척이에요. 만나게 해드릴까요?"

그거야 물어볼 필요도 없는 일이 아닌가. 그리하여 바로 다음날 나는 산살바도르호의 갑판 아래에서 레이 애슐리Ray Ashley 선장을 인터뷰하게 되었다. 선장이 설명했다.

"첫 번째 난관은 비용이었습니다. 샌디에이고 해양 박물관은 건조 비용을 620만 달러로 추산했는데 박물관의 연 예산 규모가 460만 달러였거든요. 도저히 계산이 안 나오는 일이었던 거죠. 다행히 우리를 믿어주는 분들이 있어 프로젝트는 승인이 났습니다. 그리고 그걸 믿고 우리는 공개적으로 배를 건조하기로 결정했습니다."

"어떻게 하신 거죠?"

"공항 바로 옆 복잡한 도롯가에서 배를 건조했습니다. 첫 몇 주 동안 자원봉사하겠다고 나선 사람이 50명이더군요. 평범한 사람도 있었지만 기술자, 조선공, 건축설계 전문가 등도 있었지요. 그런 분들 덕분에 하나씩 문제를 해결해나갔습니다. 예를 들어 배 무게를 견딜 만큼 단단한 나무는 백참나무뿐이어서 전 세계 공급량을 싹쓸이하다시피 해서 사들였습니다. 선체 모양대로 나무를 다듬는 데 몇 달이 걸렸죠. 방수를 위해 에폭시 처리를 하자 나무가 뒤틀리고 썩기 시작했습니다. 에폭시가 오염되어 있었던 겁니다. 그때 자원봉사자 한 사람이 잘 아는 참나무 거래업자가 있다고 한번 연락해보라고 하더군요. 그 참나무도 충분히 단단했고 소개받은 거래업자가 충분한 양을 공급해주었습니다.

배 바닥에 납을 주입할 때가 되자 납 가격이 치솟았습니다. 한 자원봉사자가 제안해 납 모으기 운동을 시작했죠. 사람들이 낚시 추며 볼베어링을 기부해주었습니다. 고마운 일이었지만 그래도 양이 터무니없이 부족했습니다. 또 다른 자원봉사자가 나서 자기가 아는 거래업자를 소개해줬습니다. 상황을 설명했더니 다음 날 그가 전화를 걸어왔습니다. '납이 얼마나 필요한 겁니까?' 묻기에 내가 '1만 8,000파운드입니다'라고 대답하자 업자는 신기하다는 투로 대답했죠. '지금 나한테 있는 납이 딱 1만 9,000파운드군요. 다 가져가시오.'"

선장이 나를 바라보았다. "제가 말씀드린 것은 '보고도 믿기 어려웠던 수많은 일들' 중 몇 가지에 불과합니다. 건조 과정 내내 그런 일이 일어났지요. 더 놀라운 게 뭔지 아십니까? 예상보다 건조 기간이 세 배나 길어졌음에도 애초의 예산이 거의 초과되지 않았다는 겁니다. 이건 전부 다 자원봉사자들의 열정 덕분입니다."

● 1+1 = 11 ●

도저히 따라잡지 못할 상황이라면 연대하라. _ 메리 로버드, 연설가

내가 '물가에서 한 해 보내기' 프로젝트를 공개했을 때 1+1 = 11 효과가 나타났던 것도 마찬가지 사례이다. 6단계만 거치면 모르는 사람들이 연결된다는 법칙처럼 여기저기에서 도움의 손길이 나타나면서 문제를

해결하고 성공으로 갈 수 있었다. 축적된 경험, 에너지, 협력이 더해지면서 참여한 모든 이들의 경험의 질이 향상되었다.

산살바도르호에서 레이 선장을 인터뷰하던 날 배를 구경하려는 이들이 길게 줄을 서서 기다리고 있었다. 선장은 "기부자와 자원봉사자들에게 자기 이름 머리글자를 용골에 새길 수 있도록 했습니다. 그렇게 해서 배의 일부가 되는 보상을 준 것이지요. 모두들 아주 자랑스러워했답니다."라고 말해줬다. 인터뷰를 마무리하면서 나는 산살바도르 프로젝트가 물가에서 한 해 보내기 프로젝트와 많은 면에서 통한다는 결론을 내렸다.

나 역시 계산이 나오지 않는 모험을 시작했다. 가진 돈으로는 감당이 되지 않았고 도움의 손길이 있을 것이라 믿어야 했다. 나 역시 공개적으로 프로젝트를 출발시켰고 많은 이들의 지지를 받았다. 별장을 빌려주겠다는 사람, 자기 집에 초대해주는 사람 등등. 6단계만 거치면 연결되는 공동체 덕분에 내 여행은 금전적 부담이 적으면서도 더 의미 있고 성공적으로 이루어질 수 있었다.

• 두려움과 믿음 중 어디에 초점을 맞추고 있는가? •

두려움이 아닌, 희망과 꿈에 의지하라.
불안이 아닌, 아직 실현되지 않은 잠재력에 대해 생각하라.
_ 교황 요한 13세

당신은 어떤가? 언젠가가 아닌 당장 오늘 프로젝트로 시작하고 싶은 일은 무엇인가? 핑계를 대며 미적거리고 있다면 두려움―믿음 표를 만

두려움	믿음

들어 어디에 초점을 맞추고 있는지 확인해보라. 지금 어느 쪽에 초점을 맞추고 있느냐에 따라 '안전'이나 '진취' 중에 하나가 선택될 것이기 때문이다.

왼쪽 두려움 칸에는 걱정이나 우려를 적으면 된다. 비용이 많이 들지도 모른다, 일이 잘 되리란 보장이 없다, 주위 사람들이 그렇게 하기를 원치 않는다 등 무엇이 두려운지 솔직하고 현실적으로 바라보라.

이번에는 오른쪽 칸으로 가서 그 모험이 어떤 가치를 지니는지 생각해보라. 오랫동안 생각해온 그 일을 마침내 시작하는 것이 당신에게 어떤 의미인지 적어보라. 어떻게 배를 띄우고 항해 과정에서 무엇을 배울 것인가. 공개적으로 프로젝트를 알리고 공동체를 만들어 파도를 일으킬 방법은 무엇인가.

이제 표를 검토해보라. 왼쪽에 집중한다면 프로젝트는 선착장에 머물게 될 것이다. 하지만 오른쪽으로 시선을 돌려 잠재적 혜택에 초점을 맞춘다면 창의적 야심을 실현시킬 자신감과 용기가 생겨날 것이다.

꿈의 프로젝트를 시작하려는 시점에 반드시 사람들에게 알려라. 온라인 네트워크를 통해 발표해도 좋다. 조언을 요청하라. 도와주겠다는 제안을 표에 포함시켜라. 말도 안 되는 비현실적인 계획이 가능한 것으로 바뀐다. 혼자 고립된 채 추진할 필요가 없기 때문이다. 힘닿는 한 당신을 도와줄 사람들, 그 성공에 투자하는 사람들이 지렛대 역할을 해주게 된다.

바로 그것이 우리가 원하는 바가 아닌가? 자기 눈에만 반짝이는 빛을 따라가는 삶을 넘어서 같은 관심사를 지닌 공동체와 함께 나누는 삶을 사는 것 말이다.

• 기꺼이 요청하고 도움을 받아라 •

때로는 도움 받기가 도움 주기보다 더 어렵다. _ 영화 〈스타워즈: 클론전쟁〉에 나오는 대사

기업의 마케팅 이사로 일하는 체임벌린은 기꺼이 요청하고 도움 받는 좋은 사례를 보여준다. 쉰 살 생일이 다가오면서 그는 무언가 특별한 일을 하고 싶었다. 그리고 세계기록을 세우겠다고 결심했다.

그게 무슨 엉뚱한 소리냐고? 체임벌린은 전국 규모의 사이클 및 조정 선수 출신이었다. 그는 단기간에 세울 수 있는 기록을 찾기 시작했다. 그리고 자기 연령대에서 한 시간 내 최장 거리 사이클 기록에 도전해보기로 했다. 그는 시작일과 목표일을 정해 친구들과 페이스북 공동체에 결심을 공표했다.

그 직후부터 사람들이 손을 내밀기 시작했다. 전직 올림픽 코치와 아는 사이라면서 연락처를 알려주는 사람, 사이클 경기장과 연결을 시켜주겠다는 사람, 고압산소실에서 잠을 자면 산소 효율이 높아질 것이라면서 대여 방법을 알려주는 사람, 영상전문가를 섭외해 전체 과정을 다큐멘터

리로 만들겠다는 사람 등이 나타났다.

그저 응원을 보내는 데 그치지 않았다는 점이 중요하다. 성공 가능성을 높여줄 '연결점'을 제공했다는 것이 핵심이다. 또한 그들은 신뢰를 보냈다. 더이상 체임벌린 혼자만의 꿈이 아니었다. 함께 움직이는 팀이 만들어진 셈이었다.

그래서 어떻게 되었을까? 체임벌린은 세계기록 달성에 도전했다. 사이클 경기장을 빌리고 1년 동안 집중 연습, 식이조절 등의 노력을 기울였다. 마침내 도전의 날이 왔다. 최선을 다했지만 체임벌린은 몇 미터 가기도 전에 기록 달성이 힘들다는 점을 깨달았다. 운동선수들에게는 최고의 기량을 발휘할 수 있는 날이 있고 아닌 날이 있는 법이다. 체임벌린은 그날은 '아닌 날'이었다고 이후 회고했다.

결정을 내려야 했다. 그만 포기해야 할까? 체임벌린은 기록을 세우지 못하리라는 것을 알면서도 마지막까지 노력을 쏟아 부었다. 진정한 챔피언의 모습이었다.

체임벌린은 "기록에 도전한 일을 후회하지는 않아요. 제 삶에서 가장 뿌듯한 경험이었거든요. 도전하지 않았다면 몰랐을 이들을 만났고 평생 자랑스러워할 만큼 노력했으니까요. 가장 멋진 삶의 순간이었다고 할까요. 쉰 살을 기념하는 최고의 방법이었어요."라고 말했다.

체임벌린의 이야기는 애초의 목표를 달성하지 못했다 해도 목표를 추구하는 과정 자체가 성공일 수 있음을 보여준다는 점에서 내게 더욱 뜻깊게 다가온다.

● 프로젝트를 가시화하여 가능성을 높여라 ●

모두가 함께 앞으로 나아간다면 성공이 저절로 다가온다. _ 헨리 포드, 포드 창립자

언젠가가 아닌 오늘 시작할 프로젝트가 성공하게끔 만드는 또 다른 방법이 있다. 가시화하는 것이다.

한 주 동안의 글쓰기 합숙이 끝나갈 때 줄리라는 참여자가 말했다.

"한 주의 매 순간이 좋았어요. 조종사인 제 남편이 말하는 '격납고 비행'이 바로 이런 거였나 봐요. 하지만 집에 돌아가면 어떻게 될지는 뻔합니다. 삶에 치이는 거죠. 몇 주만 지나면 책을 쓰겠다는 계획은 책꽂이 한편에 처박히고 결심도 사라질 거예요. 꿈을 잃지 않는 방법이 있을까요?"

"책 표지를 만들어서 매일 볼 수 있는 곳에 붙여두세요. 동네 서점에 전화해 글쓰기 공동체가 있다면 가입하고요. '책 쓰기 비행'을 계속 이어가는 것이 중요합니다."

몇 주 후 줄리가 연락을 해왔다.

"어떤 상황인지 알려드리려고요. 말씀대로 혼자 허우적대는 것보다는 공개적으로 프로젝트를 진행하기로 했어요. 페이스북의 작가 그룹에 가입했답니다. 온라인으로 글을 올리고 피드백을 받아요. 책 표지는 냉장고에 붙여두었고요. 그걸 볼 때마다 포기하는 대신 계속 나아가겠다고 결심한답니다."

비전 공유 모임을 주최하는 내 친구는 "사람들끼리 모여서 비전을 공유하도록 권해 봐. 우리 모임에 왔던 사람은 누구나 처음에는 말도 안 된다고 생각하던 일들이 결국 실현되는 경험을 한다니까."라고 조언했다.

내 친구만의 경험뿐만이 아니다. 2016년 《포브스》에 실린 아일린 짐머

만Eilene Zimmerman의 글을 보면 TD 은행의 설문조사 결과가 소개된다.

"비전을 공유했던 소기업인 82퍼센트가 목표의 절반 이상을 달성한 것으로 드러났다고 한다. 성공한 미래를 공유하는 일이 그저 재미만은 아닌 것이다. 페이스북, 인스타그램, 유튜브 등 온라인에서 자기 이야기를 디지털 이미지로 전달하는 데 익숙한 밀레니엄 세대에게는 한층 더 그렇다."

꿈의 실현 가능성을 높이고 싶은가? 언젠가가 아닌 오늘 비전 공유 모임을 만들어라. 친구들을 초대하라. 오래된 잡지들을 공짜로 혹은 싼값에 구해 쌓아놓고 참석자들이 가위와 풀을 사용해 비전을 마분지에 표현하게 하라. 신나는 음악을 틀고 재미있는 분위기를 조성하라.

비전 모임이 끝난 후에는 비전 판을 잘 보이는 곳에 붙여두라. 눈에서 멀면 마음에서도 멀어지는 법이니 말이다. 매일매일 바라보며 결심을 새로이 하라. 셰릴 샌드버그Sheryl Sandberg 가 말했듯 '꿈은 오래 꾸고 계획은 짧게 하라.' 비전을 공개하고 가까이 둘수록 꿈과 계획의 실현 가능성은 커진다.

Q/A

- 띄우고 싶은 모험이 무엇인가? 누가 응원하고 뒤를 받쳐주는가? 당신이 목표를 달성할 수 있도록 어떻게 도와주는가?

- 당신의 원하는 바가 실현되기 어렵다고 부정적으로 반응하는 사람은 누구인가? 그런 반응은 당신에게 어떤 영향을 미치는가?

- 당신의 꿈을 공개하고 사람들의 도움을 받으려면 어떻게 해야 할까? 매일 볼 수 있는 곳 어디에 비전을 붙여두면 좋을까?

자기만의 방에서 **모두**와 **함께**하는 법

나는 선택을 해야 했다. 교차로였고 10번 고속도로에 올라가든지 지역 도로를 따라가든지 둘 중 하나였다. 휴스턴에서 캘리포니아로 운전해 가는 중이었다. 고속도로는 타고 싶지 않았다. 약간의 불안감을 안고 지역 도로를 가기로 했다. 제대로 된 결정이었다. 갈림길이 나올 때마다 서쪽을 향하면 되었다.

텍사스는 늘 덥고 건조하고 황량하다고만 생각했다. 하지만 봄철의 풍경은 달랐다. 모든 것이 생기 넘쳤고 색색으로 화려했다. 게다가 내가 제일 좋아하는 황금빛 시간, 해가 지기 직전이었다.

언덕을 올라서니 지평선 끝까지 황금빛 벌판이 펼쳐졌다. 나는 그 풍경에 압도되어 차를 세우고 시동을 껐다. 들리는 것은 근처 나무를 스치며 불어오는 바람소리뿐, 고요했다. 나는 그 순간에 빠져들었다. 나와 주변 모든 것이 행복하게 연결되어 있었다.

연결되었다고? 주변에 아무도 없이 혼자뿐이었는데 연결되었다고 느꼈다니 이상한가? 물가에서 한 해 보내기를 통해 무엇을 배웠느냐는 질문을 받는다면 온갖 종류의 연결이라 대답할 것이다. 그 장소와 그 장엄한 순간과 기막힌 경험에 대한 감사의 마음과 연결되었던 것이다. 연결될 대상은 차고 넘쳤다.

• 외로움을 느낀 적이 없나요? •

홀로인 순간에만 내 안의 중심을 찾을 수 있다. _ 앤 머로 린드버그, 비행사

'혼자 있으면서 외로움을 느끼지 않았을까?'라는 궁금증이 드는가? 물가에서 보내는 1년 동안 내가 가장 많이 받은 질문도 그것이었다.

나는 늘 전혀 아니라고 대답했다. 연결되었다고 느끼기 때문에 외롭지 않다고. 나는 가족과 친구와 연결되어 있었다. 그들이 내 곁에 없는 순간이라 해도 말이다. 따뜻한 태양, 산들거리는 바람, 살아서 자유롭게 경험할 수 있다는 행운과도 연결되어 있었다.

혼자서 미 대륙을 운전해 돌아다니는 일이 지루하지 않았을까 궁금할지도 모른다. 그러면 나는 또다시 전혀 아니었다고 대답하겠다. 몇 시간씩 계속 운전하게 될 때면 오디오 북이나 팟캐스트를 들었다. 어떻게 살것인지가 주제이기도 했고 누군가의 일대기이기도 했다.

새로운 지역과 함께 새로운 나의 내면을 만나는 최고의 순간이었다. 새로운 곳과 새로운 아이디어가 넘쳐났다. 시각적으로 자극받고 정신적

으로 동기를 부여받으니 환상이 아닐 수 없었다. 외롭거나 지루하다면 그건 내가 충분히 주의를 집중하지 않았다는 뜻이었다.

• 집중한다면 외로울 수 없다 •

여름과 겨울, 낮과 밤, 운동과 휴식이 모두 필요한 것처럼
어울리는 시간과 홀로 보내는 시간 모두가 필요하다.
_ 필립 길버트 해머튼, 작가

'잠깐만. 바로 앞 부분에서 공동체의 중요성을 말하지 않았나? 게다가 지금은 주위 사람들과 어울리기에 대해 이야기하는 부분인데 홀로 보내는 시간이 왜 나오는 거지?'라는 궁금증이 드는가. 대답하자면 언제나는 아니어도 때로는 혼자 보내는 시간이 필요하기 때문이다.

혼자 있는 시간이 충분하지 않은 사람들이 많다. 도시에서 일하면 늘 사람들에 둘러싸인다. 벽 하나 사이로 이웃이 있는 아파트에 산다. 고속도로에 나가면 앞뒤 좌우로 사람들이 차를 몰고 있다. 식당에서 밥을 먹을 때도, 주유소나 식료품점에 갈 때도, 영화를 볼 때도, 볼일을 볼 때도 늘 주변에 사람들이 넘쳐난다. 공간을 독점한다는 것은 비정상적인 호사가 되어버렸다.

나는 《글로리아 스타이넘 길 위의 인생》을 오디오 북으로 듣기 위해 아무도 없는 길로 운전해 나간 적이 있다. 글로리아 스타이넘의 이 회고록은 '모든 여성에게는 자기만의 방이 필요하다'고 한 버지니아 울프의 생각을 바탕으로 한 책인데 나는 재미있게도 그 책과 만나기 위해 '자기만의 길'이 필요했던 셈이었다.

뻥 뚫린 길은 내게 자유를 의미한다. 허락받을 일도, 금지된 일도 없다. 무엇을 할 수 있는지, 없는지 말하는 사람도 없다. 확 트인 길은 무한한 선택 가능성을 제공한다.

그게 그렇게 좋은 이유 중 하나는 이전의 내 삶과 반대되기 때문이다. 여러 해 동안 나는 약속과 일정들로 매일을 가득 채웠다. 컨퍼런스에 참석했고 강연을 했다. 집에 혼자 있을 때도 전화 상담을 하면서 사람들과 만났다.

• 홀로 있음과 어울림의 균형을 잡아라 •

홀로 있으면서도 혼자가 아닌 방법을
발견하는 것은 얼마나 즐거운 놀라움인가.
_ 엘렌 버스, 배우

여행을 하면서 만나게 된 사람들은 외롭지 않다는 내 말을 잘 이해하지 못했다. 바비큐를 팔던 한 남자는 혼자서 미 대륙을 횡단하는 중이라 했더니 "정말이에요? 감상을 함께 나눌 누군가가 필요하지 않은가요?"라며 눈을 휘둥그레 떴다.

"아뇨. 있는 그대로 매 순간을 즐기고 있는 걸요."

"이해가 안 가는군요. 동행이 없다면 전 다 공허하다고 느낄 텐데요."

나는 어째서 혼자 있으면서도 내가 공허함 대신 충족감을 느끼는 것인지 생각해보았다. 그러자 워싱턴 D.C.의 링컨 주택에 걸어 들어가던 때가 떠올랐다.

어느 기업의 국제 이사진 교육으로 하루를 보낸 후였다. 저녁 만찬 장소는 링컨이 답답한 백악관을 벗어나 말을 타고 달려와 노예해방선언 초안을 썼다는 역사적인 곳이었다.

나는 일행보다 한 시간쯤 앞서 도착했다. 식사 준비에 분주한 사람들 외에는 혼자였다. 집을 둘러보니 여유로운 공간이 가장 인상적이었다. 방 하나에 가구는 서너 개가 전부였다. 책상 하나, 의자 하나, 테이블 하나. 벽에는 그림 한 장이 걸렸을 뿐이었다. 텅 비어 보이기까지 하는 그곳의 벽들은 내게 '생각하기 위한 공간, 생각하기 위한 공간'이라고 속삭이는 듯했다.

바로 이해가 갔다. 이곳은 링컨이 오직 자기 생각과 함께 머무는 공간이었다. 소란스러운 군중에게서 피신해 미국 역사를 바꾸는 선구적 글을 쓰기 위해서는 혼자 있을 곳이 필요했던 것이다. 링컨이 거기서 외로움을 느꼈을 리는 없다. 오히려 간절히 필요했던 혼자만의 시간에 감사했을 것이다. 링컨은 비사교적인 인물이 아니었다. 다만 홀로 있음의 중요성을 알았을 뿐이다. 홀로 있음과 어울림의 균형이 필요하다는 점을 이해하고 실천했던 것이다.

발명가나 예술가들은 홀로 있을 필요성을 자주 말하곤 한다. 최고의 작업은 바로 그때 그곳에서 이루어진다. 홀로 있을 때 아무 방해도 없이 몰입하여 혁신적 아이디어와 돌파구를 얻을 수 있다. 이들은 홀로 있음을 외로움과 동의어로 보지 않는다. 창조적 활동을 위한 필수적 조건으로 여긴다.

하지만 복잡다단한 오늘날의 세상에서 깊이 생각하고 창조할 시간이나 공간을 갖기는 극히 어렵다. 결국 늘 '부산한' 삶이 이어지고 만다. 자기만의 삶이 아닌 삶 말이다.

● 혼자 있기를 갈망하는가? ●

나는 자주 혼자 시간을 보내야 한다. 그게 내 충전 방법이다. _ 오드리 헵번, 배우

당신은 어떤가? 늘 사람들로 둘러싸여 있는가? 부산하다고 느끼는가? 당신만의 방이 간절한가?

어린 자녀 셋을 키우는 한 어머니는 "화장실에 가 있는 동안에도 아이가 문을 두드리며 보채는 상황이에요. 남편한테 아이들을 맡기고 장보러 가는 길에 가끔 공원에 차를 세우고 눈을 붙이거나 멍하니 앉아 있곤 한답니다."라며 자신의 이야기를 들려줬다.

혼자서 보내는 시간을 어떻게 확보할 수 있을까? 이건 아니다. 정신적 신체적 행복을 위해 필수적인 요소이다. 오드리 헵번이 언급했듯 일상의 압박에서 벗어나 자신을 충전할 공간은 누구에게나 필요하다.

물론 모두가 이 점을 인정하지는 않는다. 소진 상태인 사람들은 혼자 있는 시간을 간절히 원하지만 혼자 있기가 두렵다는 이들도 있다. 나탈리 화이트헤드Natalie Whitehead 가 쓴 '혼자 조용히 생각하는 시간보다는 전기 충격을 선택하는 이들'이라는 글에도 소개된 사실이다. 버지니아 대학에서 이루어진 한 연구에 따르면 하는 일 없이 방에 홀로 앉아 생각을 하기보다는 자발적으로 전기 충격을 받겠다고 선택한 참여자들이 많았다고 한다.

당신은 어느 쪽인가? 조용한 시간이 간절한가, 아니면 그런 시간을 어떻게든 피하고 싶은가?

● 오직 연결하라 ●

텅 빈 바닷가에 나가 해 지는 풍경을 바라보는 것,
이는 고독을 진정으로 즐기는 방법이다.
_ 잔느 모로, 배우

연주자로 늘 흥겨운 파티 현장에서 일하는 마크는 "모두들 제가 외향적이라고 생각합니다. 사람들하고 잘 어울리고 그럴 때 활기가 넘치는 건 사실입니다만 파티 후 개인적인 시간을 보내지 못한다면 전 아마 미쳐버릴 겁니다."라고 말했다. 마크처럼 외향적이면서 동시에 내향적인 사람들이 많다. 양향성격자ambivert 라는 말까지 있을 정도로 말이다.

물가에서 보내는 한 해가 그토록 만족스러웠던 이유 중 하나도 거기에 있었다. 외향성과 내향성을 번갈아 경험할 수 있었던 것이다. 주변에 늘 사람이 있지도, 그렇다고 늘 혼자 있지도 않았다. 며칠 동안 혼자 지내 누군가와 어울리고 싶을 때면 식당 옆 테이블의 손님에게 "여기 머무는 동안 뭘 하면 좋을지 혹시 알려주실 수 있나요?"라고 물으면 되었다.

낯선 사람과 빨리 친구가 되고 싶다면 상대에게 조언을 구하라. 맬콤 포브스Malcolm Forbes 도 "사람의 마음으로 가는 통로는 그 사람의 의견이다."라고 하지 않았나. 조언을 구하면 금방 상대가 마음을 열어준다. '알려주실 수 있나요?'는 표면적인 대화나 의미 없는 잡담을 생략하는 지름길이다.

'언젠가 살롱'의 한 참석자는 내가 여행길에 만난 사람들과 얼마나 쉽게 연결되었는지 설명했을 때 선뜻 납득하지 못했다.

"당신한테는 쉬울지 몰라도 전 수줍음이 많답니다. 전혀 모르는 사람에게 다가가 대화를 시작하기란 어려워요."

나는 대답했다.

"그럴 수 있지요. 하지만 스스로 수줍다고 하는 건 사람에게 다가가지 않는 핑계일지도 모릅니다. 낯선 사람과 만난 첫 몇 분 동안에는 누구나 어색하지요. 유명 인사들도 모르는 사람이 가득 들어찬 방으로 들어갈 때 마음이 불편하다고 합니다. 결국 스스로 그 핑계를 벗어나야 더 만족스러운 삶을 살 수 있지요."

"어떻게요? 어떻게 수줍음을 극복할 수 있지요?"

"제 아들 앤드루가 했던 방법은 어떨까요? 마우이에서 미 본토로 이사를 간 후 아들은 새로 시작할 기회가 왔다고 생각했어요. 새로운 학교에서 자기를 아는 사람은 아무도 없으니 원하는 모습대로 될 수 있었죠. 그래서 수줍거나 비사교적으로 구는 대신 여학생들한테도 당당하게 다가가 말을 걸었답니다."

"그렇게 쉽게 불안을 떨쳐버렸다고요?"

"지금도 불안하긴 하대요. 하지만 여학생들은 말 걸어주는 남자애를 기다린다는 게 중요했지요. 남학생들은 뭐라고 말을 붙일지 몰라서, 또 바보처럼 보이고 싶지 않아서 멀찍이 물러나 서 있기만 하잖아요. 아들은 바로 그 상황을 깨뜨렸던 거죠."

작가 엘리자베스 길버트Elizabeth Gilbert는 "전 사람들이 생각하는 것보다 훨씬 더 혼자 있고 싶어 하는 유형이에요. 하지만 그 유형치고는 가장 사교적이라 할 수 있죠. 전 사람들 이야기를 듣는 것이 좋거든요."라고 말했다.

당신은 어떤가? 내향적인가, 외향적인가, 아니면 양향성격자인가? 앤드루가 그랬듯 수줍음을 타지만 그래도 자의식을 극복할 수 있다고 생각하는가? 엘리자베스가 그랬듯 혼자 있기를 좋아하면서도 사람들의 이야기가 좋아 언제, 어디서, 누구와든 잘 어울릴 수 있는가?

당신의 대답이 무엇이든 자신이 홀로 있기와 어울리기 연속선상에서 어디에 위치하는지 아는 것은 중요하다. '자기 희생―자기 충족' 연속선이 그랬듯 이 그림은 문제를 명확하게 인식하도록 해줄 것이다. 머릿속에 두려움만 가득 채우고 쩔쩔 매는 대신에 말이다.

제4장에 등장했던 내 친구 리를 기억하는가? 자신이 왜 탈진 상태인지 의아해하다가 열이틀 밤을 연이어 외출했다는 점을 깨달은 친구 말이다. 리는 자신이 한주에 몇 번이나 밤 외출을 감당할 수 있는지 한계를 정했고 이후로는 그런 극한 상황에 놓이지 않았다.

장보러 나갔다가 공원 옆에 차를 세우고 잠깐 눈을 붙인다는 세 아이의 어머니는 죄책감을 느낄 필요가 전혀 없다. 우리는 스스로에게 혼자 보낼 시간을 만들어줘야 한다. 어떻게 혼자 보낼 시간과 공간을 확보할 수 있을지 방법을 모르겠다면 제10장에 소개되는 시인 윌리엄 머윈 William Merwin 의 사례가 도움이 될 것이다.

- 자기만의 방(혹은 길)에 있어본 적이 언제인가? 지금은 어디로 몸을 피해버리고 싶은가? 거기서 무엇을 할 것인가?

- 당신은 내향적인가, 외향적인가, 아니면 양향성격인가? 사회성과 홀로 있음을 적절히 조화시키기 위해 어떻게 하고 있는가?

- 외로움을 느끼지 않으면서 홀로 있을 수 있는가? 혼자 다니면서도 주변과 낯선 이들과 연결될 수 있어 편안한가? 그 방법은 무엇인가?

제7장

좋아하는 일을
돈으로 바꾸는 법

: 열정과 일을 결합하기

앞장들에서 이미 언급했지만 열정과 일을 분리하는 이들이 많다.
이 장에서는 그 두 가지를 결합하는 방법을 다룬다. 당신이 잘할 수 있는 일을 하면서 돈도 버는,
그리하여 열정과 일이라는 두 세계 모두를 잡는 방법을 알게 될 것이다.

소중히 여기지 않는 무언가를 열심히 하는 것이 스트레스다.
사랑하는 무언가를 열심히 하는 것은 열정이다.

_사이먼 사이넥, 작가

일과 **놀이**를 합치는 방법

세상의 필요와 당신의 재능이 교차하는 그곳이 당신의 소명이다.

_ 아리스토텔레스, 철학자

내 테니스 파트너이면서 부동산 업자인 케이티가 어느 날 "앞으로는 테니스를 치지 못할 것 같아. 알다시피 요즘 부동산 경기가 엉망이잖아. 허리띠를 졸라매고 일에 집중하려고."라고 말했다.

나는 "케이티, 저 아래 고급 호텔이 두 곳 있잖아. 거기에 네가 수상경력도 많은 테니스 선수라는 걸 밝히고 실력 있는 상대를 찾는 손님들과 무료로 시합해줄 수 있다고 말해두면 어때? 넌 상공회의소 위원이기도 하고 오래 거주한 주민이기도 하니 그쪽에서 충분히 믿고 손님들과 연결시켜줄 거야. 그럼 모두에게 이익이지."라고 권했다.

케이티는 내 조언을 따랐고 한 달쯤 지나자 한 주 두세 번씩 테니스를 치게 되었다. 잠재적 고객이 될 만한 손님들을 상대로 말이다. 즐거운 시합이 끝나고 나면 손님들이 케이티에 대해 궁금해지기 마련이었고 부동

산 업자라고 소개하면 좋은 매물이 나왔는지 물어보며 대화가 이어지곤
했다.

케이티의 사례에서 테니스는 업무 시간을 빼앗는 한가한 놀이가 아닌,
새로운 고객을 발굴하는 방법이었다. 별 다섯 개 등급 호텔에서 묵는 손
님들인 만큼 부동산에 투자할 만한 자금력은 갖췄다고 볼 수 있었다. 사
무실에 앉아 무작위 홍보 전화를 걸거나 값비싼 광고를 게재하는 대신
케이티는 자기가 좋아하는 취미생활과 고객 혹은 친구를 얻을 기회를 영
리하게 결합시켰다.

• 하고 싶다면, 그냥 하라 •

헌신과 열정이 합쳐지는 것은 영광이다. _ 셰릴 샌드버그, 페이스북 COO

당신은 어떤가? 일과 놀이를 별개로 보는가? 꼭 그래야만 할까?

이 문제를 진지하게 바라보게 된 것은 여행길에 만난 사람들 대부분이
물가에서 보내는 한 해를 '휴가'로 여겼기 때문이다. 나는 휴가이긴 하지
만 '일도 하는 휴가'라고 설명하곤 했다.

휴가와 일하는 휴가를 굳이 구분한 이유가 무엇이냐고? 요즘의 퇴직
개념이 잘못되었다고 보기 때문이다. 원하는 삶을 살려고 65세 이상이
될 때까지 그저 '기다린다'는 것은 어리석다. 이 개념은 노년을 지탱할 만
한 저축과 사회 보장 확보를 중심으로 한다.

하지만 은퇴 시점이 되면 수십 년 동안 손꼽아 기다렸던 그 무언가를
할 만큼 건강이나 자유가 충분치 않은 경우가 너무도 많다. 이 책 서두에

소개한 나의 아버지도 그랬다. 미국의 국립공원을 모두 가보겠다는 꿈을 마지막까지 미뤘던 이야기 말이다. 비슷한 이야기를 나는 열 개도 넘게 들었다.

나는 이 책의 원고를 마무리하면서 태평양이 내려다보이는 친구 집에 머물고 있었다. 며칠 비가 내리더니 마침내 해가 났다. 책상에서 일어나 밖으로 나가 움직이라는 신호였다. 바닷가 공원 캠핑장 근처를 산책하는데 여자 둘이 차에서 튀어나오면서 "저희 사진 좀 찍어주시겠어요?"라고 물었다.

"네. 하지만 두 분의 이야기도 좀 해주시죠."

실라와 준은 이웃이면서 가까운 친구였다. 전날 실라가 준을 보면서 "바람 좀 쐴 때가 됐어."라며 갑자기 떠나자고 했다는 것이다. 준은 "다음 주 네 아들 생일 파티 준비를 해야 하잖아. 나중에 가자."라고 일단 거절했지만 실라는 막무가내였다.

"지금 떠나지 않으면 앞으로 몇 달이 지나야 짬이 날 거야."

그렇게 하여 둘은 가족들에게 일요일까지 돌아오겠다고 알린 후 바로 해변으로 떠나온 것이었다. 나는 실라에게 "좀 덜 바쁠 때를 기다리지 않고 그렇게 단호하게 주장한 이유가 있나요?"라고 물었다.

실라가 말했다. "전 보험 일을 해요. 제 고객 중 한 명이 60대 후반에 은퇴하면서 오래 꿈꿔온 멋진 캠핑카를 구입했죠. 제 사무실 앞에 끌고 와 보여주기도 했어요. 제가 보험을 들어드렸지요. 그런데 큰 캠핑카를 주차하고 밖으로 나오는 데 20분이나 걸렸어요. 움직임이 좀 불편하시거든요. 고객은 느릿느릿 들어와 문을 쾅 닫고 의자에 주저앉으면서 '그토록 오래 기다렸는데 이제 나는 저걸 즐기기에는 너무 늙었구려.'라고 말하더군요. 정말 잊지 못할 장면이었어요."

준도 거들었다. "우리는 아이들을 사방으로 끌고 다녔어요. 하와이, 디즈니랜드, 그랜드 캐년 등등. 조금만 지나면 부모와 함께 시간을 보내지 않으려 할 테니 그 전에 추억을 만들려고요."

기다릴 이유가 없다는 걸 보여주는 생생한 사례들이었다. 나중은 너무 늦은 때일 수 있다.

당신은 어떤가? 워커홀릭의 습관을 바꾸기에 너무 늦은 때는 없다. 기다리고 기다리다가 결국 즐기지도 못할 캠핑카를 구입한 신사가 되지 않기를 바란다. 캠핑카를 사라는 건 아니다. 일을 때려치울 필요도 없다. 좋아하는 일을 지금 하는 일과 결합시킬 방법이 있다. 언젠가가 아니라 지금 당장 말이다.

• 취미와 일을 결합한다면? •

내가 예순여섯에 베스트셀러를 썼다고 하자 세상이 놀랐다.
아무리 오래 살았다 해도 할 이야기는 있다. 그쯤 되면 영혼의 마차를 타고
떠나는 것 외에 달리 할 일도 없지 않은가? _프랭크 맥코트, 작가

프랭크 맥코트는 마우이 작가 컨퍼런스에서 참석자들에게 깊은 인상을 남긴 작가이다. 그는 평생 고등학교 영어 교사로 일했다. 생계도 유지하고 학생들과 언어에 대한 사랑도 나눌 수 있는 일이었다. 하지만 퇴근 후 시간에 그는 회고록 《안젤라의 재》를 썼고 그 작품으로 퓰리처상을 받았다. 프랭크는 취미와 직업이 별개가 아님을, 영혼의 마차를 타고 둘을 동시에 출발시킬 수 있다는 것을 분명히 보여주는 인물이다.

일과 취미를 결합하는 또 다른 예가 궁금한가? 보험사의 의뢰를 받고 '직업인으로 성공하기 위한 방법' 워크숍을 진행할 때의 일이다. 프로그램이 끝났을 때 사진사가 다가와 "방금 제 이야기를 하셨습니다."라고 말했다.

"어떤 얘기죠?"

"전 이 회사 IT 부서에서 몇 년 동안 일했습니다. 9시에 출근해 5시에 퇴근할 때까지 열심히 근무했는데 그저 그뿐이었죠. 사교적이지 못해 사람도 별로 사귀지 못했고요. 그러다 우연히 동료가 제 취미가 사진이라는 걸 알고 여성 고객들을 위한 패션쇼 행사에서 사진을 찍어줄 수 있느냐고 부탁했습니다. 그때 찍은 사진이 좋은 평가를 받자 다른 부서에서 수상 기념 오찬 행사 촬영을 부탁하더군요. 그렇게 하다 보니 결국 이번 워크숍도 촬영하게 되었습니다."

"취미를 살리고 모두에게 이름도 알리신 셈이네요."

"그건 잘 모르겠지만 이젠 출근을 기다리게 되었습니다. 매주 새로운 경험을 할 수 있으니까요."

취미가 일과 결합되어 모두에게 유익한 결과를 낳은 사례는 수없이 많다. 당신이 좋아하는 일은 무엇인가? 독서라고? 그럼 동료들과 함께 독서토론 모임을 조직할 수 있다. 자원 봉사라고? 근처 공원이나 놀이터를 청소하는 봉사팀을 만들 수 있다. 몸매 관리를 하고 싶다고? 점심 후 걷기 모임을 이끄는 것은 어떨까?

● 일을 더 만족스럽게 만드는 방법 ●

아, 지금 하는 일이 싫다고?
모두들 똑같은 생각을 한다네. 그리고 술집에서들 만나지.
_ 드루 캐리, 배우

'이미 직장에서 지겹도록 오랜 시간을 보내고 있어요. 추가 수당도 못
받으면서 더 많은 시간과 노력을 쓰라는 건가요?'라는 생각이 들지도 모
르겠다.

이 얘기를 꺼내주었다는 점이 일단 반갑다. 이 책을 쓰면서 나는 사람
들이 직장에서 얼마나 불행한지 보여주는 서글픈 사례와 연구를 여럿 접
했다. 사람들이 직장생활을 얼마나 질색하는지 보여주는 농담은 무수히
많다. "늦어서 죄송합니다. 들어오기가 싫어서 주차장에 앉아 있었어요."
라든가 "아직 잠자리에 들지도 않았는데 벌써 내일 퇴근해 집에 들어올
시간이 기다려지는군." 등등.

문제는 우리가 삶의 3분의 1 이상을 직장에서 보낸다는 데 있다. 그 많
은 시간 동안 불행하다면 이건 보통 일이 아니다. 언젠가는 괜찮아질 것
이라고, 상황이 나아질 것이라고 기대하는가? 희망은 전략이 아니다.

직장이 보다 만족스러워지도록 뭔가 행동을 하는 것이 더 나은 전략이
다. 불가능한 일이라 생각하는가? 우리 가족과 오래 알고 지낸 하와이 히
컴 공군기지의 어느 대령은 뛰어난 골프 실력을 바탕으로 고위급 방문객
에게 라운딩 기회를 선사하곤 했다. 그의 진짜 업무는 기지의 보안 경비
였는데 수준급 골프 실력으로 유명했다. 당시 다른 나라의 국회의원들이
회의 때문에 하와이를 방문하는 일이 많았고 짬 날 때 기지 골프장을 찾
곤 했다. 그럴 때 경호 업무도 맡으면서 골프 상대도 해줄 수 있는 적임자

가 바로 그 대령이었다. 골프 덕분에 꿈도 꾸지 못할 기회를 잡은 것이다.

당신은 어떤가? 잘 하는 스포츠가 있는가? 그렇다면 당신 회사의 귀한 고객이 원할 경우 좋은 상대가 되어줄 수 있을 것이다.

내 경험도 있다. 나는 힐튼 헤드 아일랜드의 테니스 리조트에서 호주 테니스의 전설 로드 레이버 Rod Laver 선수와 함께 일하는 영광을 누렸다. 프로 선수는 아니지만 괜찮은 게임 상대 역할을 할 수 있었던 것이다. 덕분에 나는 리조트를 찾은 유명인들과 시합을 벌였다. 이어 워싱턴 D.C. 근처의 테니스 클럽 개장 준비 팀에 발탁되었고 업계의 거물들을 만나 백악관에서 시합을 하기까지 했다. 네트 너머로 공을 보낼 줄 몰랐다면 절대 해볼 수 없는 귀중한 경험이었다.

'난 스포츠도 못하고 사진 같은 취미도 없어. 일과 연결시킬 무언가가 없다고.'라고 생각했다면 Encore.org 웹사이트에 가보라. 사람들에게 긍정적인 영향을 미칠 수 있는 일상의 혁신 방법을 찾게 될 것이다.

• 더 의미 있는 일을 창조하기 •

여행을 끝내는 일은 좋다. 하지만 결국 중요한 것은 여행 자체이다. _어슐러 르 귄, 작가

일이 놀이가 되고 놀이가 일이 되도록 하고 싶은가? "작가는 두 번 산다."라는 나탈리 골드버그 Natalie Goldberg 의 말을 기억하라. 나는 작가와 예술가들은 세 번씩 산다고 생각한다. 실제로 경험하는 순간이 첫 번째다. 그 경험을 쓰거나 그리거나 사진 찍을 때 두 번째로 경험한다. 그리고 남들과 나누고 그 영향력을 확인할 때 또다시 경험을 하게 된다.

작품을 공유하는 일은 프로들의 전유물이 아니다. 여행 사진을 페이스북에 올릴 수도 있고 업무상 깨달음을 블로그에 써도 좋다. 유튜브에 요리 영상을 올리는 방법도 있다.

흥미로운 장소에 가서 흥미로운 사람들을 만나고 흥미로운 일을 하는 경우, 남들이 그에 대해 보고 듣고 읽고 싶어 할 가능성이 크다. 다음 부분에서는 그렇게 해서 수입도 올리는 방법을 알려주겠다. 일단 지금 던지고 싶은 질문은 이것이다. 당신은 무엇에 열정을 갖고 있는가? 목표는 무엇인가? 인생 여행을 즐기기 위해 열정과 일을 결합해 의미를 높일 방법은 무엇인가?

● 마음을 끄는 일이 있는가? ●

나는 일과 놀이의 분리를 목격한 적이 없다.
늘 둘 다 살아 있었다.
_리처드 브랜슨, 버진 그룹 회장

지금까지 열정과 직업을 결합하는 방법, 그리하여 일이 삶의 질을 높이는 방법에 대해 이야기를 해왔다. 나중이 아닌 당장 지금 의미 있는 일을 할 수 있는 다른 방법이 궁금한가? 당신의 마음을 움직이는 일, 당신이 지금 고심하고 있는 일, 해결을 필요로 하는 문제가 무엇인지 생각해 보라. 거기에 에너지를 쏟아 붓는다면 삶에 의미가 부여되고 오래 지속되는 당신만의 유산을 남길 수 있다.

'난 아직 너무 어리지 않을까? 유산을 남기는 그런 건 인생 말년에나 가능하지 않을까?'라는 생각이 들지도 모르겠다.

그렇지 않다. 유산은 '남들에게 지속되는 긍정적 영향'을 의미한다. 젊든 늙었든 나이에 상관없이 언제나 남길 수 있다. 카산드라 린Cassandra Lin이라는 소녀가 좋은 예이다.

로드아일랜드에서 열린 연례 컨퍼런스 때였다. 저명인사들이 다수 참석해 인류가 당면한 문제에 대해 해결책을 제시했다. 하지만 가장 인상적인 발표자는 열세 살의 카산드라 린이었다. 소녀는 무대에 나온 후 웅성거리는 소리가 가라앉을 때까지 기다렸다가 눈을 찡긋거리면서 입을 열었다.

"아마 속으로 의아하시겠지요? '저 어린애가 혁신에 대해 무슨 말을 할 수 있겠어?'라는 생각이 드실 테고요."

청중이 큰 소리로 웃었다. 정곡을 찔렀던 것이다. 카산드라는 학교 친구들과 함께 야외 실습을 나갔다가 하수관에 폐기름이 가득하다는 안내인의 설명을 듣게 되었다. 환경에 크나큰 재앙이 닥칠 상황이었다. 누군가 뭔가 조치를 취해야 한다고 생각한 카산드라는 '그게 나일 수도 있지. 내가 뭔가 해봐야겠어.'라고 결심했다.

그렇게 그녀는 T.G.I.FTurn Grease into Fuel를 설립했다. 카산드라는 친구들과 함께 토요일마다 인근 식당과 공장을 돌아다니며 폐기름을 모았다. 그리고 처리 공장으로 보내 폐기름을 연료로 만들었다. 거기서 발생한 수익금은 겨울철에 난방을 못하는 빈곤 가정에 기부했다.

카산드라 린은 자신만의 유산을 남기기 위해 나이를 먹을 때까지 기다리지 않았다. 대신 지금의 삶에 의미와 목적을 부여했다. 언젠가 누가 하겠거니 하고 미루지 않았던 것이다.

주변을 둘러보라. '누군가 뭔가 해야 하지 않아?'라고 생각되는 문제가 보이는가? 보람 있는 일이 찾아오기를 그저 기다리기보다 찾아나서는 것이 어떨까? 그렇게 일과 직업을 결합시키면 세상과 당신의 삶이 모두 변화될 것이다. 당장 이번 주에 당신의 직업을 더 즐겁게 만들기 위해 시작할 수 있는 행동은 무엇인가?

Q/A

- 일과 놀이는 분리된 것이라 생각해왔는가? 그렇게 생각하지 않았다면 일과 놀이를 어떻게 결합해 최상의 모습으로 만들 수 있다고 보는가?

- 일과 결합할 수 있는 어떤 재능, 취미, 능력을 갖고 있는가? 열정과 업무를 합쳐서 모두에게 혜택을 줄 수 있는 방법은 무엇일까?

- 지금 어떤 일을 열심히 하고 있는가? 사례로 등장했던 부동산 업자 내 친구처럼 일과 놀이를 결합해 더 많은 성과를 올릴 방법은 무엇일까?

좋아하는 일을 **기다리지 말고** 먼저 만들어내기

위대한 일을 하는 유일한 방법은 그 일을 사랑하는 것이다.
아직 그런 일을 찾지 못했다면 계속 찾아보라.

_ 스티브 잡스, 애플 창업자

40대의 한 여성이 내게 말했다. "당신은 좋아하는 일을 하면서 돈도 번다니 참으로 행운아예요. 모두가 그럴 수 있는 건 아니죠. 대부분은 그저 평범한 일을 할 뿐이거든요."

"맞는 말씀입니다. 평범한 일을 하는 분들이 필요하죠. 공장이나 농장, 식당에서 일할 분들이 있어야 합니다. 그건 분명한 사실이고 식탁에 먹을 것이 올라오기까지의 과정을 책임지는 분들은 충분히 인정받아 마땅합니다. 다만 나를 소진시키는 일을 하고 있다면 매일 억지로 출근하는 현실을 그저 받아들이는 대신 삶을 보다 의미 있게 만드는 방법이 필요하지 않을까요?"

"대책 없는 낙관론 같은데요."

"그럴 수도 있겠지요. 하지만 그저 뒤로 물러앉아 운명을 받아들이는 대신 우리는 대안을 모색해야 합니다. 그 한 가지 방법이 자유시간에 자신이 무엇을 하는지 살피는 것이고요. 일하지 않는 시간에 무엇을 하는지 알면 지금까지 생각하지 못했던 가능성이 나타납니다."

예를 들어보자. 데이나는 수업 시간에 늘 손으로 뭔가 끼적거리는 학생이었다. 대학에 간 후에도 늘 펜으로 무언가를 그리곤 했다. 이런 습관은 어른들에게 늘 문제로 지적되었고 데이나 역시 처음에는 자신의 이 취미가 일로 연결될 수 있다고 생각하지 못했다. 몇 군데 직장을 경험한 후에 데이나는 마침내 자기가 좋아하는 일로 꽤 괜찮은 수입을 올릴 수 있다는 것을 알게 되었다.

지금 데이나는 컨퍼런스 현장의 토론과 논의를 색색의 단어와 그림으로 시각화하는 전문가이다. 흘러가는 대화를 이미지로 잘 표현해 모든 참석자들이 흐름을 놓치지 않도록 해준다. 즐거움을 일로 바꾼 것이다. 당신도 이런 방향으로 나아가는 것이 의미 있지 않겠는가?

• 내게 맞는 일을 찾기 위한 네 가지 질문 •

자신의 열정을 찾는 일은 직업이나 돈의 문제가 아니다.
진정한 자아를 찾는 문제이다. 남들의 요구 아래 파묻어버렸던 자기 자신 말이다.
_크리스틴 한나, 작가

당신이 좋아하는 일을 하기 위해 가장 중요하게 알아야 할 사실이 있다. 어딘가에 있을 나의 일을 찾아다니다 마침내 발견해 '유레카!'를 외치리라는 생각을 버려야 한다는 점이다. 좋아하는 일은 잘하는 일에서 나오는 경우가 많다. 마음이 끌리는 일을 한 결과로 자신에게 맞는 업무가 창조된다.

'이론은 그럴싸한데 실천은 어떻게 하는 거지?'라는 생각이 드는가? 자, 내가 작가이자 전문 강연인으로 일하게 된 과정을 말해주겠다. 나는 어렸을 때는 그런 직업이 있다는 것조차 몰랐다. 대학에도 그런 전공은 없었다. 이런 일자리에 사람을 찾는다는 신문광고도 본 적이 없었다. 방향을 알리는 지도가 존재하지 않았던 것이다.

현재 내가 하는 일은 직관적인 동시에 전략적인 선택들의 결과이다. 그 과정에서 갈피를 못 잡고 의사결정을 내려야 했을 때 나는 내 본능, 관심, 지향, 행동력이라는 네 가지 사항을 점검했다. 이 네 가지는 늘 나를 올바른 방향으로 인도했고 다음 단계를 가능하게 했다. 내게 맞는 경력을 찾아가면서 진정 만족스러운 성공을 이루어내기도 했다.

시작점은 내가 대학 전공을 정하게 되었을 때였다. 아버지가 머레이의 인상적인 구절을 소개해주고(제4장 참조) 배짱대로 행동하게끔 격려하신 덕분에 나는 나의 네 가지 특징을 성찰할 수 있었다.

- **본능**: 내 본능은 의사나 변호사가 되라는 주변의 조언을 듣지 않고 레크리에이션 전문가라는 새로운 길을 택하도록 했다.
- **관심**: 나는 스포츠를 즐기고 가르치기를 좋아했다. 레크리에이션은 그런 면에서 내 관심사와 잘 맞았다.
- **지향**: 내게는 중요한 일을 하는 것 그리고 사람들이 긍정적으로 변화하도록 만드는 것이 돈벌이보다 더 중요했다.
- **행동력**: 나는 일할 기회가 찾아올 때까지 기다리지 않았다. 직업적 기회를 찾아 적극적으로 나를 홍보했다.

마크라는 학생이 물었다.

"그 네 가지가 중요하다는 건 알겠어요. 하지만 그것이 어떻게 직업과 연결된다는 건가요?"

"몇 년 전 〈워싱턴 포스트〉를 읽다가 스포츠 면에서 '집중'이라는 단어가 여섯 번 등장한다는 것을 알게 되었답니다. 테니스 선수 크리스 에버트Chris Evert가 머리 위로 비행기가 날아가도 아랑곳하지 않는 집중력 덕분에 US 오픈에서 우승할 수 있었다고 말했다는 기사, 예상치 못하게 퍼팅 실수를 한 골프 선수가 사진기자들 카메라 소리 때문에 집중하지 못했다는 기사 등등. 저는 그 점에 확 빠져들었습니다. 이를 계기로 확 빠져들 때 우리 마음에 새로운 기회가 찾아온다는 것을 알게 되었지요.

저는 생각했습니다. '모두 더 잘 집중하기를 바라는데 아무도 방법을 가르쳐주지 않아. 집중이라는 성공의 핵심 요소를 다루는 책은 본 적이 없어. 이렇게 중요한 문제인데도 말이야.'

그리하여 저는 집중이라는 개념에 관심을 갖게 되었습니다. 이 개념은 모두에게 유익할 것이므로 제 지향 중 하나로 삼았지요. 더 잘 집중하는 방법을 배우려는 수요가 존재하고 비즈니스가 될 것이라는 생각이 본능적으로 들었습니다. 일반인 대상의 워크숍을 진행하겠다는 목표를 갖고 행동력을 발휘해 그 일에 적극 뛰어들었습니다. 책을 읽는 대신 질문지를 만들어 사례 연구를 시작했죠. 만날 수 있는 모든 사람들을 인터뷰했습니다."

• 자신만의 일을 창조하기 위한 질문 •

질문을 멈추지 않는 것이 가장 중요하다. _ 앨버트 아인슈타인, 물리학자

내가 사용한 질문지는 다음과 같다. 당신이 관심 있는 문제, 사람들이 개발했으면 하는 능력(생맥주 만들기 혹은 자신감 있는 자녀 기르기 등등)에 맞춰 얼마든지 조정해도 좋다. '집중'이라는 단어 대신 원하는 단어를 넣으면 될 것이다.

1. 집중은 당신에게 어떤 의미인가? 어떻게 정의되는가?

2. 집중을 가르치거나 모범을 보여준 사람은 누구인가? 거기서 받은 영향은?

3. 집중하지 못하는 사례가 된 사람은 누구인가? 그 사람이 집중하지 못한 이유는?

4. 언제, 어디서 집중을 잘 하는가? 그렇게 만들어주는 요소는 무엇인가?

5. 당신이 집중할 수 없을 때는 언제인가? 무엇이 당신의 집중을 방해하는가?

6. 집중이 당신에게 왜 그렇게 중요한가? 집중할 때의 이점은 무엇인가?

7. 집중 방법에 대한 조언이 있다면 무엇인가? 나누고 싶은 경험담이 있다면?

8. 이 주제와 관련해 인터뷰할 만한 사람을 추천한다면? 많이 알고 좋은 조언을 해줄 수 있는 사람은 누구인가?

이상의 질문에 대한 답변들을 바탕으로 나는 단계별 집중법을 개발해 방송통신대학교에 이를 공개했다. 이후 그 기법을 직원들에게 가르쳐달라는 기업들의 초청을 여러 차례 받았다. 곧 세계 곳곳을 다니며 워크숍을 열기 시작했고 런던 주재 미 대사관, 내셔널 지오그래픽, 인텔 등과 협력할 기회도 얻었다. 《집중력, 마법을 부리다》라는 책도 냈다. 보상이 충분한 나만의 일이 만들어진 셈이었다.

마크는 "어떻게 새로운 직업을 개척했는지는 알겠습니다. 하지만 굳이 질문지가 필요할까요?"라고 다시 물었다. 나는 이렇게 대답해주었다.

"목표는 자신만의 지적 자산을 이루는 것입니다. 전문가들의 책을 읽고 그 지적 자산을 빌려오는 대신 자신만의 경험과 전문성을 내놓는 것이 더 중요합니다."

일상에서 마주치는 사람들과의 '거리 인터뷰'는 고유한 작업을 가능케 한다. 택시 운전사, 식당 종업원, 변호사, 예술가, 기업인 등을 닥치는 대로 인터뷰하라. 모두들 자기 이야기를 기꺼이 털어놓아줄 것이다. 주제에 대한 당신의 이해가 깊어지고 현장의 요구를 반영한다는 강점도 마련된다.

"사람들이 무엇을 알고 싶어 하는지 안다면, 그것으로 비즈니스를 창출할 수 있습니다. 모두가 중시하는 무언가를 개선할 방법이 제시된다면 사람들은 기꺼이 돈을 낼 테니까요. 성공으로 가는 지름길을 알려주면서 돈도 벌고 변화도 만드는 것이지요. 아마 일이라는 생각도 안 들 겁니다. 이게 우리 모두의 바람 아닐까요?"

• 좋아하는 것을 돈으로 바꾸는 방법 •

살면서 가장 적게 해야 할 일은 바라는 바를 파악하는 것.
가장 많이 해야 할 일은 그 바람 안에서 사는 것이다.
_ 바버라 킹솔버, 작가

이렇게 했던 사례가 궁금한가? 우디와 엘리노어 부부는 은퇴한 교사들로, 학생들 입장에서 부모가 알아주었으면 하는 내용에 대해 책을 쓰고 싶었다. 나와 상담하면서 '긴 하루, 짧은 한 해'라는 멋진 제목도 함께 정했다. 어느 날 엘리노어가 전화를 걸어와 크루즈에 승선해 강연을 해달라는 요청을 받았는데 원고 마감 기한이 얼마 남지 않아 거절해야 할 것 같다는 말을 했다.

나는 "그러지 마세요! 크루즈 배 안에는 부모와 조부모인 사람들 수백명이 있을 걸요. 그들의 다양한 경험을 인터뷰할 수 있는 최고의 기회예요. 질문지를 가져가 식사 때나 갑판 산책 때 사람들과 대화를 나눠보세요."라고 권했다.

크루즈에서 돌아온 두 사람은 "대성공이었어요! 모두들 저희랑 이야기를 하고 싶어 했거든요. 잘했다고 생각하는 일들, 달리 행동해야 했다고 후회하는 일들을 털어놓아주었고요."라고 전했다.

자, 사람들이 잘하게 되었으면 하고 바라는 일 중에 당신이 잘하는 일이 있는가? 당신이 찍은 핸드폰 사진을 본 이들이 "이렇게 멋지게 찍는 방법이 뭐죠?"라고 물어온다면? 리네트가 바로 그런 경우였다. 디지털사진에 대한 찬사가 이어지자 온라인과 오프라인 워크숍을 열어 사람들과 방법을 공유하기 시작한 것이다.

철인 3종 경기를 즐기는 캐롤과 레슬리의 사례도 있다. 나는 개를 데리고 산책하다가 전단지를 나눠주는 두 여성을 만났다. 호기심이 생겨 이것저것 물어보았다. 일이 바빠 훈련할 시간이 부족했던 두 사람은 주말이면 장거리 달리기를 하곤 했지만 그것으로는 성이 차지 않았다. 주중 내내 집을 지켜야 하는 활달한 개도 괴로워했다.

그러다가 비즈니스 아이디어가 떠올랐다. 늘 뛰어다니고 싶어 하는 개는 다른 집에도 많을 것이었다. 그런 개와 함께 달리기를 해주는 서비스를 제공하면 어떨까? 두 사람에게는 달리기 훈련을 하면서 돈도 버는 일이었다.

나는 두 사람을 도와 '동네 한 바퀴 산책을 넘어선 애견 피트니스'라는 광고 문구를 만들었다. 최근 웹사이트를 찾아가보니 반갑게도 여러 곳에 지점까지 낸 상태였다. 본능, 관심, 지향, 행동력이 결합되어 멋진 비즈니스가 탄생한 것이다!

● 발견 능력으로 삶의 목표를 만들어라 ●

내 직업은 세계 최고다. 종일 공상하면서 돈을 번다. _ 스티븐 킹, 소설가

'뭐, 사례들은 멋지군요. 하지만 전 강연인도, 작가도, 운동 코치도, 기업인도 되고 싶지 않아요. 그러니 나한테는 쓸모없는 얘기네요.'라는 생각이 드는가.

무슨 뜻인지 알겠다. 사업을 시작하고 기업인이 되라는 이야기가 아니다. 이 책의 핵심은 '언젠가를 기다리지 말자'는 것이다. 일을 하든, 학교에 가든, 은퇴한 상태이든 지금 바로 우리 삶에 의미를 부여하는 무언가

가 있다는 사실이 중요하다. 그리고 만족스러운 삶을 위해 꼭 필요한 것이 '발견 능력'이다. 다음의 여섯 질문은 그 발견을 도와줄 것이다. 당신이 스물두 살이든 일흔두 살이든 상관없이 말이다.

1. 어렸을 때 정말 좋아했지만 이제는 하지 않게 된 취미가 있다면 무엇인가?

2. 늘 잘 한다는 소리를 들었던 당신만의 능력은 무엇인가? (잠깐. '별 것 아닌 능력'이라고 넘겨버리지 말라. 당신이 별 것 아니라고 느끼는 바로 그 점이 당신만의 강점이라는 뜻이다. 늘 칭찬을 받았다면 그 말을 믿어라. 당신에게는 어떤 능력이 있는가? 글루텐 제로 간식을 만드는 능력? 헌옷을 잘 골라내는 눈썰미? 컴퓨터를 수리하는 손재주?)

3. 업계의 누구를 좋게 평가하는가? 커리어를 보면서 '나도 저렇게 되고 싶다'라고 생각하는 대상이 있는가?

4. 남들의 성공, 건강, 부, 행동을 도울 수 있는가? 시간과 돈을 절약시켜줄 혹은 시간과 돈을 만들어줄 방법은 무엇인가?

5. 나는 좋아하는데 남들은 하기 싫어하는 일이 있다면?

6. 내가 참기 어려워하는 일은 무엇인가? 볼 때마다 '언젠가는 저 문제를 해결하고야 말겠어. 남들이 안 하면 내가 나서야지.'라고 생각하는 무언가는?

이 질문들에 대답하다보면 당신의 본능, 관심, 지향, 행동력이 교차하는 특별한 재능이나 능력이 드러날 것이다.

• 지금, 당신의 재능을 활용하고 있는가? •

삶의 의미는 자신의 재능을 발견하는 것이다.
삶의 목적은 재능을 널리 퍼뜨리는 것이다.
_ 파블로 피카소, 화가

내가 앞의 질문을 어떻게 만들게 되었을 것 같은가? 지역 농산물과 특산물 시장에 다니면서 떠올린 질문들이다. 새로운 곳에 갈 때마다 나는 그 지역 시장에 꼭 들르곤 한다. 언젠가가 아닌 오늘 최고인 것들로 가득 차 있는 곳이기 때문이다.

한번은 항구의 호텔에 들렀다가 바로 건너편 컨벤션 센터에서 수공예품 장터가 열린다는 것을 알게 되었다. 참으로 우연히 마주친 기쁨이 아닐 수 없었다.

200개가 넘는 판매대에서 처음으로 내 발길을 붙잡은 것은 리자의 초콜릿이었다. 이들 부부는 자신들이 초콜릿 사업을 하게 될 것이라고는 상상조차 하지 못했다. 평범한 가정주부였던 리자는 몇 년 전 성탄절을 맞아 가족 대대로 전해 내려오는 레시피로 마카다미아 초콜릿을 만들어 이웃에게 돌렸다. 그런데 초콜릿을 맛본 이웃들에게서 더 만들어달라는 요청이 쇄도하기 시작했다. 독창적인 향을 가미하면서 인기는 더욱 높아졌고 리자는 주말 장터에 나가 세상에 하나뿐인 맛좋은 초콜릿을 팔기 시작했다. 관광업에 종사하던 남편 짐은 장사가 잘된다는 아내 말을 믿지 못하다가 직접 따라나서 보고서야 인기를 실감했다고 했다.

"정말 대단하더군요. 온라인으로 연락이 오고 아내의 초콜릿을 사기 위해 몇 시간을 운전해 오는 사람들도 많았고요. 저도 바로 직장을 그만두고 아내와 함께 사업을 시작했습니다."

이들은 대형 창고를 마련했고《오프라 매거진》성탄 특별판에 제품이 소개되면서 미 전역의 기업 고객들에게 대량 판매를 하기 시작했다. 리자는 "사람들이 저희한테 정말 운이 좋다고 하더군요. 행운은 한밤중에 갑자기 찾아오더라고요. 어떻든 고마운 일이예요."라고 말하며 미소 지었다.

이어 나는 살사 소스를 파는 노년의 부부도 만났다. 콩, 옥수수, 고수, 기타 비밀 재료 등을 넣어 파티용 소스를 만든다고 했다. 사람들의 호응이 좋아 점점 더 대용량으로 판매하기 시작했고 교사 생활을 마감하고 은퇴한 후에는 주말마다 인근을 다니며 장사를 한다고 했다. 그 남편은 "여덟 시간을 운전해 가야 하지만 간 김에 거기 사는 딸도 만나고 장사하면서 온갖 사람들과 만나 이야기하는 게 즐거워요. 은퇴 후 생활비도 벌 수 있고요."라며 만족스러워했다.

다음 판매대는 의류 장식품이었다. 린은 "여덟 살 때부터 할머니한테 뜨개질을 배웠어요. 친구들한테 목걸이 겸 스카프를 만들어주면서 취미뿐 아니라 사업이 될 수 있겠다는 걸 깨달았죠. 전에는 해마다 지역 축제 42곳 정도를 다녔는데 이제 줄여나가는 단계에요."라고 설명했다. 지역 축제에 다니면서 뭐가 좋았느냐고 물었더니 린은 눈을 반짝이며 말했다.

"사람이 얼마나 창의적인지 놀라게 되죠. 저도 함께 참여할 수 있다는 게 축복이고요."

위 사례들의 공통점이 무엇일까? 아무도 대학에서 경영이나 사업을 공부하지 않았다. 자기가 좋아하고 잘하는 일이 돈벌이가 될 것이라고도 생각지 못했다. 하지만 결국은 좋아하는 일을 하면서 돈도 버는 기쁨을 누리게 되었다. 눈을 빛내는 일을 하면서 잔고도 늘리는 일석이조인 경험 말이다.

내가 초콜릿과 살사 소스, 스카프를 구입한 것은 물론이다!

• 후회가 꿈의 자리를 차지하게 두지 마라 •

행복은 성취의 기쁨과 창조적인 설렘에 있다. _ 프랭클린 루즈벨트, 전 미국 대통령

다음번에 수공예품 박람회나 농산물 시장 앞을 지나치게 된다면 바로 들어가라! 물건도 구경하고 이야기도 나누며 영감을 얻을 기회이니. 본능, 관심, 지향, 행동력을 어떻게 발휘해 오늘에 이르렀는지 알아보라. 취미가 일로 발전하는 과정을 알게 될 것이다.

재능을 널리 퍼트리는 것이 중요하다는 피카소의 말에 나도 동의한다. 하지만 그냥 줘버리라는 생각에는 반대이다. 생활비를 벌어야 하니 재능에 대한 대가는 받아야 한다. 남에게 가치를 제공하는 일은 지향 측면에서 이미 100퍼센트 완벽하다. 남이 하지 못하는 일을 대신 해주거나 가르쳐주면서 돈을 받는 것은 지극히 공정하다.

보상이 더 큰 일을 찾기 위해 너무 늦은 때란 없다. "후회가 꿈의 자리를 차지할 때까지 사람은 늙지 않는다."라는 배우 존 베리모어John Barry-more의 말도 있지 않은가. 후회가 꿈의 자리를 차지하도록 놓아두지 말라. 어떻게 자신의 네 가지 측면을 파악해 일과 삶을 창조적으로 결합할지 지금 당장 생각해보라.

- 자기 일을 사랑하는가? 가치를 높이는 데 기여하고 있다고 느끼는가? 어떤 방법으로 그것이 가능한가?

- 일이 만족스럽지 않다고 느낀다면 왜 그런가? 제대로 인정받거나 활용하지 못하고 있는 당신의 재능과 능력은 무엇인가?

- 당신의 본능, 관심, 지향, 행동력은 어떤가? 이를 활용해 잘하는 일로 돈을 벌 방법은 무엇일까? 어떤 과정을 거쳐 이를 발견할 계획인가? 박람회장이나 시장을 방문해 사례를 찾아보면 어떨까?

제8장

습관적 배려에서 벗어나
나를 우선순위에 두어라

: 바라고, 필요하고, 마땅한 것을 요구하기

이 장은 개인적 삶과 업무의 균형을 원하는 수준으로 맞추기 위해 자신을 변호하고
권리를 주장하는 방법을 다룬다. 그저 막연하게 바라고 기다리는 대신 적극적으로 나서
원치 않는 메뉴를 주문하는 일을 중단해보자.

마땅한 수준보다 적은 수준에 정착하는 순간
마땅한 수준보다 적게 얻고 만다.

_ 모린 다우드, 칼럼니스트

남들을 행복하게 하려는
노력을 **중단**하라

남을 따뜻하게 해주려고 자신을 불 속에 던져서는 안 된다.

_ 작자미상

컨퍼런스로 뉴욕에 머물게 되어 아들 앤드루와 저녁을 함께 먹었다. 건강한 식사를 중시하는 나를 고려해 앤드루는 그 지역에서 최고로 꼽히는 채식 식당을 예약해두었다. 식당에 도착하고 나니 아들이 일 때문에 조금 늦겠다면서 먼저 주문하고 식사를 하고 있으라며 문자를 보내왔다. 나는 메뉴를 살펴보았다. 딱히 당기는 것이 없었다. 옥수수와 콩 요리도, 두부도, 브로콜리도 먹고 싶지 않았다.

그 식당은 과연 채식주의자들에게 신세계가 될 만했다. 하지만 그 얼마 전부터 나는 콩류라면 딱 질색인 상태였다. 메뉴에서 내가 먹을 수 있겠다고 생각한 것은 조개 소스 파스타뿐이었다. 나는 그걸 주문하고 앤드루를 위해서는 그날의 특선 메뉴를 골랐다.

잠시 후 앤드루가 도착했다. 내 앞에 놓인 뜨거운 파스타를 보자마자

"파스타는 안 드시지 않아요?"라는 질문이 나왔다.

"그래, 안 먹지."

앤드루는 또다시 내 얼굴과 파스타를 번갈아 쳐다보았다.

"그런데 왜 파스타를 주문하신 거예요?"

"앤드루, 별일 아니니 그냥 넘어가자."

하지만 아들은 놀란 표정을 지우지 못했다.

"별일 아니라니요. 파스타를 안 드시는데 파스타를 주문했잖아요. 이해를 못하겠는데요."

나는 서로의 근황 이야기를 하고 싶었다.

"앤드루, 그냥 먹으면서 다른 얘기를 하자꾸나. 기차 시간이 얼마 남지 않았어."

하지만 아들은 고집을 부렸다.

"어째서 원치 않는 메뉴를 주문하신 거예요?"

아들이 그냥 넘어가지 않을 것이 분명했으므로 나는 어쩔 수 없이 설명을 시도했다.

"메뉴를 보니 먹고 싶은 게 없었어. 시간도 별로 없는데 말이야. 그래서 먹을 수 있겠다 싶은 것을 주문한 거야."

"엄마, 지금 얼마나 모순적인 말을 하는지 아세요?"

아, 그렇게는 생각하지 못했다. 그 순간 나는 수십 년 동안 '먹고 싶어 하지 않았던 파스타를 주문'했음을 깨달았다. 사람들의 마음을 읽고 원하는 바에 따라 그들을 행복하게 만들어주는 게 내 역할이라고 여겼던 것이다. 내 행동은 선한 의도에서 나왔다고 스스로 생각했다. 식당을 예약한 앤드루의 마음을 다치게 하고 싶지 않아 그냥 파스타를 먹기로 결

252

정했고 그에 대해 더 이상 논의도 하고 싶지 않았던 것이다.

하지만 내가 미처 몰랐던 것은 결국 내가 문제를 만들었다는 사실이었다. 진심을 말하는 대신 혼란을 일으키고 말았다. 앤드루는 문제의 핵심을 찌르는 질문을 던졌다.

"엄마, 뭘 드시고 싶어요?"

나는 솔직하게 대답했다.

"스테이크."

"그럼 그렇게 해요."

아들은 웨이터를 불러 음식을 가져가게 했고 우리는 한 블록을 걸어 마트로 갔다. 내가 먹을 스테이크와 아들이 먹을 샐러드를 사서 공원에 앉았다. 보름달을 쳐다보며 각자 원하는 것을 먹었다.

앤드루가 또다시 물었다.

"엄마, 전 아직도 모르겠어요. 왜 그러신 거예요?"

"앤드루, 난 절대로 까다로운 사람이 되고 싶지 않아. 갈등을 피하려는 생각에 늘 남들이 바라는 대로 맞춰주면서 자랐지. 그렇지만 조금 전 일로 내가 아무리 좋은 의도로 행동한다 해도 정반대 결과가 나올 수 있다는 걸 알게 되었구나. 처음부터 내가 원하는 걸 분명하게 말했어야 했어."

"바로 그거예요. 원하는 걸 말씀하시면 괜히 추측하느라 애쓸 필요가 없죠."

"맞는 말이야. 사실 너랑 톰이 어렸을 때 우리는 서로의 마음을 솔직하게 표현하지 않았니? 그래야 일이 복잡하지 않으니까. '넌 무슨 영화를 보고 싶니?'라고 물었을 때 '아무거나 좋아요. 엄마는 뭘 보고 싶어요?'라는 식의 대화는 딱 질색이니까. 직설적으로 말해야 괜한 추측을 하지 않을 수 있고 뭔가 다른 생각이 있나 궁금해할 필요도 없는 거지."

앤드루는 당연한 걸 뭘 굳이 말하느냐는 표정으로 나를 보았다. 처음부터 원하는 것을 말하는 편이 훨씬 나았다는 건 분명했다. 다만 모두를 행복하게 해줘야 한다는 '초콜릿 사고'에 수십 년 동안 젖어 있던 탓에 솔직해지기까지 시간이 좀 걸렸던 것이다.

당신도 이런 상황에 익숙한가? 남들의 기대를 파악해 상대의 기분을 좋게 만들려 애쓰는가? 아니면 괜한 배려 없이 당신이 솔직해지기를 모두가 바란다고 느끼는가?

● 당신을 그림의 중심에 집어넣어라 ●

내 행복은 내게 달려 있다. 그러니 당신은 빠져 있어라. _에스더 힉스, 작가

아들과의 그 일로 내 행동 노선이 분명해졌다고 생각할지 모르지만 아니었다. 평생에 걸친 습관을 버리려면 시간이 걸리는 법이다. 그로부터 거의 1년이 지났을 때 나는 아들 톰과 며느리 패티, 손주들인 마테오와 나탈리아를 마우이에서 만나 성탄 휴가를 보냈다. 톰이 어릴 때 살던 바닷가에서 보내는 시간은 참으로 즐거웠다. 카누를 타고 해안에 도착한 원주민 차림 산타를 환영하는, 30년 전과 똑같은 행사도 구경했다.

마지막 날 우리는 스노클링하기에 가장 좋은 해안으로 갔다. 아들 부부가 부탁했다.

"저희가 다녀오는 동안 아이들을 좀 봐주시겠어요?"

"그럼. 걱정 말아라." 아들 부부가 신혼여행객 같은 모습으로 신나게

달려갔다. 마테오는 낮잠을 잤고 나탈리아는 모래 장난을 했다. 시간이 지나고 물에서 나온 며느리가 내게 "뭐 하셨어요?"라고 물었다.

"아, 마테오는 노래를 부르고 나탈리아는 이 양동이에다가 모래 장난을……."

"아니, 어머니가 뭐 하셨느냐고요."

말문이 막혔다. 부모들은 늘 관심이 자기 아이들한테 있는 거라고, 그래서 잠시 떨어져 있다가 돌아오면 당연히 아이들에 대해 물을 거라고만 생각했기 때문이다. 아이들의 안전과 행복이 무조건 우선이고 그 그림 속에서 어른들은 중요하지 않다고 말이다.

이제는 그림 속에 자신을 다시 집어넣을 때다. 말로도, 실제로도 그래야 한다. 제3장에서 내가 친구 메리의 도움을 받아 집을 정리했던 일을 기억하는가? 아침을 먹다가 계란을 가지러 냉장고로 갔던 메리가 잠시 멈칫했다. 냉장고 문 앞을 바라보더니 내게 한마디를 했다. "뭐 느끼는 거 없어?"

나도 냉장고 앞으로 다가가 문에 붙은 사진들을 보았다. 두 아들이 마우이에서 서핑하는 모습, 리틀 리그에서 야구 경기하는 모습, 학교 수학여행 사진, 졸업 사진이 가득했다. 없는 것은 무엇이었을까? 바로 내 사진이었다. 가족사진 몇 장이 있긴 했지만 내가 강연하거나 서점 사인회를 하거나 친구들과 어울려 노는 장면은 없었다. 냉장고 문에는 역사가 담겨 있었지만 거기에 나는 없었다.

참으로 역설적이지 않은가? 다 자라 각자 가정을 꾸린 아들들이 내 집에서 여전히 주인공 자리를 차지하고 있었다. 내 삶의 이야기에서 나는 자신을 배제하고 있었다.

당신은 어떤가? 당신 삶의 그림에서 자신을 빼버리지는 않았나? 늘 다른 사람을 우선하고 다른 사람을 중심으로 삼고 있지는 않은가? 심지어 그 사람이 당신 곁을 떠나 자기 삶을 개척하는 상황이라 해도? 이제는 당신을 그림의 중심으로 집어넣을 때가 아닐까?

• 무조건적인 배려는 나를 잃게 만든다 •

당신이 누워 있지 않다면 사람들이 그 위로 걸어 다닐 수 없다. _ 앤 랜더스, 칼럼니스트

습관적으로 남을 배려하는 행동은 의도치 않은 결과를 낳는다. 내가 원하는 것이 무엇인지 너무 오랫동안 묻지 않다보니 나중에는 스스로 무엇을 원하는지도 모르게 되는 것이다. 자기 바람과 요구를 몇 해 동안이나 묻어두다 보니 아예 레이더에서 사라지고 만다. 자신을 내팽개치고 그저 남들이 주장하는 대로 따르면서 '방해'가 되지 않는 데만 신경을 쓴다.

주변에 아무도 없을 때조차 양보를 한다. 해안 고속도로에서 내가 양보하는 바람에 겪은 아찔한 상황을 기억하는가? 양보하느라 하마터면 목숨을 잃을 뻔하지 않았는가.

이 문제와 관련해 워크숍을 진행하면서 가장 보람찬 순간은 참석자들이 4분 4영역 퀴즈를 통해 자기 삶에 자기 자리를 되돌려놓았다고 말해줄 때이다.

타라라는 한 여성의 사례를 보자.

"4영역 퀴즈를 했을 때 아무한테도 제 답을 말하지 않았어요. 2영역(하고 싶은데 하지 않고 있는 일)은 약혼을 깨는 일이었고, 3영역(하기 싫은데

하고 있는 일)은 약혼한 것이었기 때문이에요. 겉으로 보기에 우리는 완벽한 한 쌍이에요. 둘 다 오케스트라에 소속되어 있고 레슨을 해서 부가 수입을 얻지요. 몇 번 데이트한 끝에 청혼을 받았어요. 부모님은 제가 짝을 만났다는 생각에 그저 기뻐하셨지요. 그는 좋은 사람이지만 어쩐지 마음이 끌리지 않았어요. 남은 삶을 그와 함께 보낸다는 게 상상도 안 됐고요.

지난번에 파스타 주문 이야기를 듣고 4영역 퀴즈를 해보고 나니 마음속에서 '난 이 사람과 결혼하고 싶지 않아!'라는 목소리가 점점 커지더군요. 하지만 상처를 줄까봐 계속 통보를 미뤘어요. 정말 바보 같은 짓이었죠. 어떻게 끝내야 할지를 모른다는 이유로 상황을 질질 끌고 갔으니까요. 하지만 결국 저는 솔직히 진심을 털어놓을 용기를 얻었어요. 마음속으로 몇 번씩 할 말을 연습한 다음에 그 사람한테 가서 말했죠. 얼마나 마음이 편해졌는지 몰라요. 자유를 느꼈다고나 할까요."

타라뿐만이 아니다. 남들한테 상처를 줄까 봐 문제를 회피하기만 하는 일이 얼마나 많은가. 하지만 남들을 행복하게 하려는 노력은 결국 아무도 행복하게 만들지 못한다. 우리가 배운 것과는 정반대이다. 물론 자기가 원하는 것만 생각하라는 뜻은 아니다. 대학생 심리상담 전문가가 경계를 지었던 사례를 기억하는가? "내가 아닌 남들의 바람을 우선하게 되는 상황이 언제인가? 이야기에서 나를 빼두면서 어떤 상황이 되기를 바라는가?"라는 질문을 던져보라.

아니라고 생각하면서도 '네'라고 답하게되는 순간에 생각하라. '나는 지금 원하지도 않는 파스타를 주문하고 있는 것이 아닌가?'

당신의 미래를 좌우하는 요소는 여럿이지만 그중에서도 가장 중요한 요소는 바로 당신 자신이다. 언젠가가 아니라 지금 당장 더 행복해지고 싶다면 속마음 감추는 일을 중단하라. 어떻게 느끼는지, 무엇을 원하는지 분명히 말하라. 처음부터 말이다. 그러면 남들이 당신 마음을 읽느라 애쓸 필요도, 당신이 남들 마음을 알아내려 할 필요도 없다. 가수 메리 제이 블라이즈Mar J. Blige 의 노래대로 더 이상 드라마는 필요 없다.

원하는 바를 요구하고 얻어내는 보다 구체적인 방법이 필요한가? 바로 다음 부분에서 알아보자.

- 당신은 너무 좋은 사람이라 스스로를 챙기기 어려운가? 남을 기쁘게 하기 위해 원하지 않는 파스타를 주문하고 있는가? 그런 행동은 당신과 주변 사람들에게 어떤 영향을 미치는가?

- 늘 남들을 그림의 가운데에 배치하는가? 왜 그렇게 하고 싶은가? 그 결과는 무엇인가?

- 원하는 바를 분명하게 밝히지 않았던 구체적 상황을 말해보라. 지금 그리고 미래에는 원하는 바를 당당히 말하기 위해 어떤 전략을 쓸 생각인가?

요구하지 않으면 답은 늘 'No'이다

자신의 한계를 주장하고 싶은가? 좋다, 어차피 당신 것이니까.

_ 리처드 바크, 소설가

워싱턴 D.C.의 코네티컷 거리를 운전해 가면서 과거의 방송통신대학 건물을 지나치게 되었을 때 나는 받아 마땅한 것을 얻기까지 그저 기다리기만 하면 안 된다는 점을 깨달은 그 순간을 떠올렸다.

아무리 즐겁다 해도 테니스 연습 상대가 되어주고 코트 예약을 처리하고 시합을 주관하는 일로 일생을 보내고 싶지는 않다고 생각해 테니스 업계를 떠났을 때였다. 나는 친구와 캐나다를 여행하면서 다음 단계를 구상했다. 우리는 끝없이 펼쳐진 건초 밭을 내달리기도 했고 캘거리 로데오 축제에서 일도 했으며 거대한 산맥을 등산하기도 했다. 여행을 끝내면서 다음 행보를 결정해야 했을 때 나는 방송통신대학에서 일하고 싶다는 생각을 했다.

그곳에는 탭댄스부터 집짓기까지 300여 개의 다양한 강좌들이 마련

되어 있었다. 마침 행정 담당자를 채용하는 상황이었고 나는 별 문제 없이 일을 시작할 수 있었다. 일이라 부르기 어려울 정도로 재미있는 활동들이었다. 버스를 전세 내 달리기 대회에 나가기도 하고, 디스코 파티를 열고, 선생님들이 자기 집에서 여는 교육 프로그램을 지원하기도 했다.

난 전에 받았던 액수의 반도 안 되는 급여에 합의했다. 학교의 사명에 공감했고 일이 재미있었으며 노력하다 보면 더 많이 받게 될 것이라 믿었기 때문이다. 3개월이, 이어 6개월이 흘러갔다. 나는 새로운 강좌를 개발하고 날로 늘어나는 수강 신청을 받느라 초과 근무를 하기 일쑤였다. 칭찬의 한 마디, 어깨를 두드리는 격려, 승진이나 급여 인상 등 무언가 보상이 있으리라 기다렸다. 하지만 아무것도 없었다.

그렇게 한 해가 흐르고 나자 착취당하고 있다는 생각이 들었다. 급여는 합당한 수준에 한참 못 미쳤다. 나는 불공정하다는 생각에 떠날 작정을 하고 마침내 용기를 냈다. 나는 설립자 겸 대표의 사무실에 무작정 들어가 책상을 주먹으로 내리치면서 "전 지금보다 나은 대우를 받아야 한다고 생각합니다."라고 말했다.

대표는 침착하게 나를 바라보았다.

"그 말이 맞아. 언제 나한테 와서 그렇게 요구할 용기를 낼 것인지 궁금해하고 있었어."

그의 말이 옳았다. 승진시켜주는 건 대표의 책임이 아니었다. 충분히 가치를 보이고 인정받은 후 승진을 요구하는 것은 내 책임이었다. 그 대표는 멋진 상사였을 뿐 아니라 많은 면에서 고마운 존재로 남았다. 받아 마땅한 것은 스스로 요구해야 한다는 사실을 비롯해 여러 가지를 가르쳐주었다. 요구하지 않으면 답은 언제나 'No'인 법이다.

이 책에서 딱 하나를 얻는다면 바로 이것이면 좋겠다. 우리 행복은 우리 손에 달려 있다. 현재 상황이 마음에 들지 않는다면 스스로 나서야 한다. 당신이 무언가로 인해 불행하다면 당신은 다음 네 가지 행동 중 하나를 선택할 수 있다.

• 회피하거나 논쟁하거나 받아들이거나 바꾸거나 •

자기 운명을 통제하라. 아니면 남이 그렇게 할 테니. _ 잭 웰치, 전 제너럴일렉트릭 CEO

당신이 지금 불행하다면 할 수 있는 일은 딱 네 가지다.

- **회피하기**: 괴로운 무언가가 아무 문제도 아닌 척 억누르고 부인한다.
- **논쟁하기**: 화를 내며 불평한다.
- **받아들이기**: '다 그런 법'이라고 생각하며 내가 할 수 있는 일은 없다고 여긴다.
- **바꾸기**: 중단하고 개선하거나 예방하기 위한 행동을 취한다.

상황을 회피하거나 받아들이거나 혹은 화내는 대신 바꾸기로 결정한 사례로 우주 산업에서 일했던 여성 엔지니어를 들 수 있다. 막 엄마가 된 이 여성은 아기 옆에 있어주지 못하는 데 죄책감을 느꼈다. 직장의 비좁은 화장실에서 젖을 짜는 것도 힘들었고 계속 업무와 아기가 경쟁하는 상황에 지쳐갔다. 도전과 자극이 넘치는 자기 일에 자부심을 느끼면서도 그만둬야겠다는 생각까지 들었다. 수입이 반으로 줄어 가계에 큰 타격을 받겠지만 어쩔 수 없었다.

몇 주 동안 고민을 거듭하다가 이 여성은 자기 머릿속으로만 생각을 이어갔을 뿐 관리자에게 상황 개선의 기회를 주지 않았다는 점을 깨달았다. 그리하여 근무 시간 감축과 수유실 설치를 서면으로 제안했다.

관리자인 상사는 두 번 생각도 않고 즉석에서 제안을 받아들였다. 이 여성의 탁월한 업무 능력을 이미 알고 있었으므로 근무 시간이 줄어도 문제없다고 생각했고 여직원들을 위한 수유실 설치가 실보다 득이 많은 투자라는 점도 알고 있었던 것이다. 회사와 직원 양쪽 다 윈-윈인 결과였다. 회사는 유능한 직원을 잃지 않게 되었고 직원은 불필요한 고민을 덜었으니 말이다.

당신은 어떤가? 원하는 대로 혹은 마땅하다고 여기는 만큼 상황이 주어지지 않아 그만둘 작정인가? 당신과 고용주 모두에게 윈-윈인 해결책을 제안할 수는 없을까? 의사결정자에게 가서 원하는 바를 당당하게 요청해보면 어떨까?

• 'Yes'를 끌어내는 설득의 다섯 가지 원칙 •

자신을 믿어라. 안 되면 믿는 척이라도 하라.
그러다 보면 정말 믿게 될 테니까.
_비너스 윌리엄스, 테니스 선수

'이제는 원하는 바를 요구해야 한다는 걸 알아. 하지만 어떻게 해야 얻어낼 수 있을지 모르겠어.'라고 고민하는 중인가? 요청 때 활용할 수 있는 다섯 단계가 여기 있다. 거부를 수용으로 바꿔주는 설득의 5원칙이다. 급여 인상이나 사기 진작, 생산성 향상 등 어떤 상황에서도 유용하다.

1. 자신이 제안하는 것의 가치를 믿어라: 당연한 얘기인가? 하지만 나의 아버지는 "상식적인 일들이 늘 실천되지는 않는다."라고 말하곤 했다. 요청을 하면서도 '이건 시간낭비야. 받아들여주지 않을 거야.'라고 생각해본 적이 있지 않은가? 당신 자신부터 받아들여지기 어렵다고 생각한다면 상대방은 더 그렇지 않을까?

의사결정자들은 사람을 보고 판단한다. 당신이 상황을 명확히 파악했다고 신뢰할 수 있을 때 제안을 받아들일 것이다. 상사의 사무실에 들어가기에 앞서 스스로에게 "이건 충분히 가치 있는 일이고 모든 사람에게 유익한 제안이야."라고 반복해 말함으로써 확신을 가져라.

2. 거절당할 이유를 예상하고 먼저 말하라: 당신의 제안이 거절당할 수 있는 이유를 생각하고 먼저 언급하라. 그렇게 하지 않으면 귀담아 듣기보다 왜 안 되는지 말해줄 기회만 호시탐탐 엿볼 테니 말이다. "전에도 시도했지만 실패했어."라고 거부할 것이 예상된다면 어떻게 할까? "전에 시도했다가 실패했던 일이 떠오를지도 모르겠습니다. 맞습니다. 이번에는 과거에 실패한 이유를 분석해 같은 결과가 반복되지 않도록 체계를 갖췄습니다."라고 말하면 된다.

3. 요점을 숫자로 짚어라: 고교 시절 토론 지도 교사는 "타당한 주장을 하더라도 근거가 혼란스러우면 알지도 못하면서 말한다는 느낌을 주고 만다."라고 말하곤 했다. 가장 쉽고 정확하게 요점을 전달하려면 숫자를 동원하라. "회사의 예산이 절약되는 이유는 다음 세 가지입니다. 첫째… 둘

째… 셋째…." 따라가기 쉽도록 구조를 잡아주면 사람들이 쉽게 이해할 수 있을 뿐만 아니라 당신에 대해 존중하는 태도를 갖게 된다.

4. 상대의 필요에 초점을 맞춰 상대의 말로 표현하라: '나', '내 생각', '내 필요'와 같은 말을 삼가라. 사람들, 특히 비즈니스 의사결정자들은 당신이 아닌 자신이 이유가 되어야 행동한다. 칼럼니스트 폴 할런 콜린스Paul Harlan Collins는 이와 관련해 부모들에게 이런 조언을 하기도 했다. "십대 자녀가 차고 앞을 청소하도록 하고 싶다면 차를 써도 좋다고 말하라. 자녀에게 숫자 개념을 가르치고 싶다면 용돈 액수를 매번 다르게 하라."

질문을 던져봐야 한다. 설득하려는 상대는 무엇을 중요하게 여기는까? 돈? 안전? 명성? 관계? 건강? 직원들의 충성도? 생산성? 당신의 제안이 그 중요한 것에 어떤 도움과 이익이 될까? 시장 점유율을 유지하고 경쟁에서 이기는 것을 중요하게 여기는 상사라면 이 혁신적 방안으로 어떻게 시장에서 유리한 위치를 점유해 신규 고객을 유치할 수 있을지에 중점을 두고 설득해야 한다.

5. 양방향 대화를 하라: 설교 듣기를 좋아하는 사람은 없다. 우리 주장의 강점만 보라고 압박하다보면 상대는 끌려간다는 느낌이 그저 싫어 'No'라고 답할 수 있다. 누구든 스스로 결정을 내리고 싶지 않은가. 그러니 "이렇게 되면 좋지 않겠어요?"라는 질문에 상대를 적극적으로 끌어들여 스스로 그림을 그리도록 만들어야 한다. 그렇게 하면 우리가 말하는 것을 상대가 보게 된다. 절반의 동의를 끌어낸 것이나 다름없다.

여성 엔지니어의 제안에 상사가 바로 'Yes'라고 답한 것은 설득의 5원칙이 잘 활용된 덕분이었다. 당신은 어떤가? 원하는 것, 받아 마땅한 것을 나서서 말하고 그 요청에 대한 긍정적 대답이 모두에게 이익이 된다는 점을 명료하게 보일 수 있겠는가?

배우 루실 볼Lucille Ball 은 "하지 않은 일을 후회하느니 한 일을 후회하는 편을 택하겠다."고 말했다. 원하는 바를 협상해야 할 때 이를 기억하라. 의사를 밝히고 협상한 일을 후회할 가능성은 거의 없다. 합당하지 않은 것을 수동적으로 받아들였던 일만 후회로 남을 것이다.

Q/A

- 승진, 프로젝트 리더 역할, 급여 인상 등 원하는 바를 언제 마지막으로 요구했는가? 어떻게 준비했고 어떤 결과를 얻었는가?
- 당신 대신 누군가 나서서 올바른 행동을 해주기를, 당신이 받아 마땅한 것을 알아서 해주기를 기다렸던 때는 언제인가? 효과가 있었는가?
- 현재 불만족스러운 상황은 무엇인가? 당신의 대처 방식은 회피인가, 논쟁인가, 수용인가, 변화의 시도인가? 다섯 가지 설득 원칙을 활용해 어떻게 상황을 개선시킬 수 있을까?

제9장

언제든
다시 시작할 수 있다

: 과감한 선택으로 혁신하기

지금까지의 단계별 행동을 취했는데도 여전히 마음에 들지 않는 상황이 존재하는가?
이 장은 영혼을 갉아 먹는 상황을 수용하거나 회피하는 대신바꾸기 위한 추가적인 방법들을 제시한다.
어떤 문제에 당면해 있든 새로운 시작을 위해 너무 늦은 때란 없음을 깨닫게 될 것이다.

'실패'란 떨어지는 것이 아니라 주저앉는 것이므로
언제든 원할 때 새로 시작할 수 있다.

_메리 픽포드, 배우

죽은 식물에 **물**을 **주지 마라**

나는 미래를 생각하면서 슬퍼하지 않으려 애쓸 뿐이다.
_ 일론 머스크, 테슬라 창업자

매트가 현관을 들어서더니 계단에 철퍼덕 주저앉았다. 완전히 절망한 표정이었다. 나는 "무슨 일이야? 스물다섯 청년이 그런 모습이라니 믿을 수 없는걸."라고 물었다.

우리 집 지하에 사는 매트는 어느 협회에서 일하면서 파트타임으로 내 일도 도와주고 있었다. 학자금 대출을 갚느라 생활은 극도로 검소했다.

"오늘 업무 성과 평가를 받았어요. 상사에게 가서 몇 가지 시스템이 효율적이지 않으니 없애는 게 좋겠다고 제안했지요. 그렇게 하면 어떤 효과가 날지, 비용은 얼마나 절약될지 표까지 준비했어요."

"그랬더니?"

"상사가 그러더군요. 그건 제 업무가 아니라고요. 맡은 일이나 잘하라고 하더군요."

매트는 크게 상심한 모습이었다. 나는 다시 "그래서 어떻게 하고 싶어? 네 꿈은 뭐야?"라고 물었다.

"대출금을 다 갚기 전에는 꿈에 대해 생각도 할 수 없어요. 앞으로도 몇 년은 이럴 거고요."

"꿈꾸는 데는 비용이 들지 않아. 꿈꾸지 않는다면 온갖 비용이 발생할 테고. 뭐든 가능하다면 뭘 하고 싶어?"

"여행 블로거들 글을 많이 보는데요, 저도 그런 일을 하고 싶어요."

"그럼 마음에 드는 블로거들에게 연락을 해보면 어떨까? 바쁘겠지만 여행 블로거가 되고 싶은 사람에게 조언 한 마디 부탁한다고 말이야."

매트는 그렇게 몇몇 여행가에게 연락을 취했다. 한 사람은 카메라를 장만하라고 하면서 모델까지 추천해주었다. 다른 한 사람은 일단 자기 동네의 흥미로운 장소와 행사를 기록해 알리는 일부터 시작하라고 조언했다. 매트는 여가 시간에 바로 그 일을 시작했다.

지금 매트가 어디 있을 것 같은가? 멀리 한국에 가 있다. 처음에는 영어 교사로 일했고 지금은 연구기관 팀장이다. 스쿠버다이빙도 하고 집라인도 타고 상상조차 못했던 여러 나라를 돌아다닌다. 이건 모두 그가 '죽은 식물에 물 주는 일'을 그만둔 덕분이다. 영혼을 갉아먹는 일에 갇히는 대신, 절망 속에 움츠리고 물러서는 대신, 그는 꿈을 실현했다.

물론 첫 몇 해 동안 매트는 여전히 대출금을 갚아야 했다. 하지만 해외에서 모험을 즐기고 보상이 더 큰 일을 할 수 있었다는 게 중요하다.

270

• 새로 시작하기에 늦은 때는 없다 •

어떤 모습이 되고 싶은지 고민하고 기다리는 시간을 끝내고
원하는 바로 그런 모습이 되기 시작하는 때가 찾아오는 법이다.
_ 브루스 스프링스틴, 가수

당신은 어떤가? 매트가 그랬듯 미래가 암울하게 여겨지는가? 희망을 잃어버렸나? 둘 중 하나를 선택하라. 움츠리고 물러서든지, 아니면 헤쳐나가든지. 너무 늦은 때는 없다. 주눅들게 하는 상황에서도 꿈은 꿀 수 있다. 아니, 꿈이 구원과 은총이 되기도 한다. 불만스러운 현실에서 어떻게 벗어날 수 있을지 구상하는 방법이기 때문이다.

식당 음식이 건강에 좋지 않다는 것을 알고 더 건강한 방법을 고민하다가 농장에서 식탁으로 바로 연결된 식당을 창업하게 된 미키 아그라월이 그랬듯이 말이다. 모든 일은 아그라월의 머릿속에서 시작되었다. 더 좋은 미래도 당신 머릿속 아이디어에서 시작된다.

일단은 힘든 시기에도 꿈꾸는 것이 '멍청하지 않다'고 믿어야 한다. 첫걸음은 그 상황을 빠져나오는 것이다. 꿈이 없다면, 어떻게 꿈을 실현할 수 있겠는가?《시간 여행자의 아내》를 쓴 작가 오드리 니페네거Audrey Niffenegger는 "우리 모두 타임머신을 갖고 있다. 과거로 되돌아가게 하는 타임머신은 추억이다. 반면 앞으로 나아가게 하는 타임머신은 꿈이라 불린다."라고 말했다.

제2장 '달력에 날짜 표시하기'에서 소개했던 구체화 질문들을 기억하는가? 당신의 답변들을 매일 볼 수 있는 곳에 붙여두었는가? 아직 안 했다면 지금도 늦지 않았다. 꿈이라는 타임머신으로 삶을 개선시키고 싶다면 오늘 당장 답을 채워 매일 볼 수 있는 곳에 붙여두어라.

사람들이 자기 힘을 포기하는 가장 흔한 방법은
자기한테 힘이 없다고 생각하는 것이다.
_ 앨리스 워커, 작가

'언젠가 살롱'의 참석자가 물었다.

"죽은 식물에 물을 주고 있다는 걸 어떻게 알 수 있죠?"

"몇 개월 혹은 몇 년 동안 머리를 벽에 찧고 있는데 상황이 나아지지 않는다면 죽은 식물에 물을 주고 있는 겁니다. 상황을 개선시키기 위해 할 수 있는 모든 행동을 다 했음에도, 자신이 어떻게 변화를 이끌어낼 수 있을지 충분히 성찰하고 접근법을 바꾸며 최선의 해결책을 적극 제안했음에도 상황이 바뀌지 않는다면 죽은 식물에 물 주는 일을 그만두어야 합니다."

새로운 시작은 저절로 오지 않는다. 당신이 움직여야만 한다.

밀레니엄 세대인 리자는 죽은 식물에 물 주기를 그만두고 해결책을 찾아냈던 자신의 경험을 들려주었다.

"저희 조직 안에서 리더십이 제대로 발휘되도록 2년 동안이나 노력을 하고 있어요. 하지만 상사는 계속 통제하려고만 해요. 절 위협적인 존재로 여겨 승진도 가로막는 것 같아요. 전 제 일이 좋아요. 승진이 어렵다는 생각 때문에 그만두고 싶지는 않아요. 개선을 원할 뿐이죠.

어머니가 우리 지역의 상공회의소에 참여하면 어떻겠느냐고 권하시더군요. 처음에는 회원들이 다 나이가 많아 저랑 맞지 않는다고 생각했어요. 하지만 어머니는 그럴수록 젊은 사람들이 참여해야 한다고 절 설득했죠. 처음부터 회원들은 호의적이었어요. 활동을 시작한 지 3개월 만에 저는 프로그램 의장이 되었고 지금은 회장으로 당선되었답니다. 다양한 행사를 기획하고 연사들을 초청하고 있어요. 지난달에는 푸드 트럭 경영자들을 모셨어요. 그중에는 퇴역 군인도 있었는데 자신이 동네에서 사업을 하게 되리라고는 상상도 못했다고 하더라고요. 제 리더십을 짓밟는 대신 높이 평가하는 사람들과 만나게 되니 정말 즐거워요."

● 언제 멈춰야 할지 안다는 것 ●

처음에 성공하지 못하면 다시 시도하고 또 시도하라.
그리고 그만둬라. 바보가 될 필요는 없으니.
_ 윌리엄 필즈, 배우

당신은 어떤가? 존중받지 못하고 무엇을 하든 상황이 나아지지 않는 막다른 지점에 와 있는가? 꽉 막히고 변화를 거부하는 사람과 답답한 관계를 이어가는 중인가?

그렇다면 식물을 뽑아버려야 할 때인지 모른다. 아주 어린 나이부터 우리는 절대로, 절대로 포기하지 않아야 한다고 배웠다. 승자는 포기하는 법이 없다고 말이다. 꾸준히 악착같이 버티는 것은 실제로 중요한 자질이다. 어느 정도까지는 그렇다. 하지만 과도하면 곤란하다.

신디와 에드 저스티스 부부의 사례를 보자. 하와이에 살 때 나는 두 사람이 운영하는 서점 토크 스토리에 가본 적이 있다. 하와이에서 가장 관광객이 적은 섬, 주민 수가 300명도 안 되는 작은 마을에 위치한 이 서점은 미국에서 지난 5년 동안 가장 빨리 성장한 업체이다. 트립어드바이저는 이 서점을 카우아이 섬에서 가장 가볼 만한 장소로 꼽았다.

어떻게 이런 일이 가능할까? 한마디로 표현하면 명료함이다. 이 서점은 무엇을 대표하는지 또한 무엇을 대표하지 않는지가 명료하다. 부부는 신혼여행으로 하와이 카우아이 섬을 찾았다가 그대로 눌러앉게 되었다. 마음 가는 대로 가진 돈을 투자했다. 출판 업계에서 일한 경험도 없었고 서점을 사들일 계획이 있었던 것도 아니다. 그래도 그들은 문을 연 첫날부터 돈을 벌 수 있었다. '규칙이 아닌, 가치를 추구하기'라는 좌우명 덕분이었다.

예를 들어보자. 서점에는 계산대를 두어야 한다는 것이 모두가 받아들이는 규칙이다. 하지만 계산대가 있으면 서점 주인이 그 한 곳에 못박혀 있어야 한다는 문제가 생긴다. 저 멀리 서가 안에서 원하는 책을 찾지 못하는 고객이 있다면 어떨까? 아무도 근처에 다가가 도움이나 조언을 주지 않는다면 고객은 곧 떠나고 두 번 다시 돌아오지 않을 것이다.

이런 이유로 에드와 신디 부부는 개업 후 6개월 만에 계산대를 없애버렸다. 대신 허리춤에 현금 벨트를 차고 자유롭게 서점 안을 누비면서 고객을 상대했다. 내가 갔을 때 부부는 서점에 들어오는 모든 사람을 따뜻하게 맞이했다. 서가 근처를 지키며 고객에게 어떤 책을 찾는지 묻기도 하고 고객이 선호한다는 장르의 다른 저자 코너를 안내해주기도 했다.

도서 판매 시장의 현재 추세는 다변화를 통한 성장이다. 그리하여 부부도 카페, 미술 전시장, 북 클럽, 편안한 의자 등을 갖추기도 했다.

그 결과가 어땠을 것 같은가? 추가 서비스는 문제만 잔뜩 만들 뿐 매출은 늘려주지 못했다. 신디는 "우리는 아침 6시에 나와서 저녁 10시까지 자리를 지켰어요. 하지만 커피 판매는 책 판매와 연결되지 않더군요. 그래서 우린 다각화를 접고 과거 방식으로 돌아갔죠."라고 말했다.

서점 성공의 핵심은 죽은 식물에 물 주기를 그만둔 것이었다. 돈도 되지 않고 즐거움도 주지 않는 일에 대해 부부는 단호하게 "아니, 하지 않겠습니다."라고 대답했다. 이를 통해 시간적 여유를 얻었고 결국 돈과 즐거움이 따라왔다.

나는 부부에게 말했다.

"미켈란젤로가 걸작을 탄생시키는 방법을 묻는 이들에게 '다비드가 아닌 부분을 다 깎아냈을 뿐입니다.'라고 답했다고 하죠. 두 분도 마찬가지 일을 하셨네요. 삶의 우선순위와 맞지 않는 부분들을 다 깎아냈으니까요. 그리고 그 결과로 성공을 거두셨고요."

당신은 어떤가? 불행하다면 혹시 자신이 아닌 남들의 기준을 다 따라가기 때문이 아닌가? 죽은 식물에 계속 물을 주고 있나? 자신에게 맞는 방향으로 삶을 조정하기 위해 중단해야 하는 일은 무엇일까?

● 중단할 수 없을 때 보상할 방법은? ●

선인장을 선물 받을 수는 있지만 그 위에 앉을 수는 없다. _ 조이스 마이어, 목사

하와이 오아후 섬에 살았을 때 하와이 대학에서 '자신감'을 주제로 강의를 한 적이 있다. 그때 만났던 라나라는 여성은 내게 깊은 인상을 남겼다. 라나는 꿈에 그리던 남캘리포니아 영화 학교에 입학해 행복하게 공부하고 있었다. 하지만 부모님이 모두 병을 앓게 되면서 외동딸인 라나가 하와이의 집으로 돌아와 부모님을 돌봐야 했다. 생활비를 벌기 위해 간신히 얻은 일은 우체국 직원이었다. 라나는 절망했다. 우체국에서 맡

은 일도 잘해내지 못했다. 창조적인 사람이 하루 종일 지루한 우편물 분류에 매달려야 했으니 말이다. 터널 끝이 보이지 않았다. 라나는 "제가 어떤 사람인지조차 이제는 모르겠어요."라고 한탄했다.

나는 "전에는 어떤 일 하기를 좋아했죠?"라고 물었다.

"전 영화감독이 될 운명이라고 생각했어요. 대학에서 다큐멘터리 제작을 배웠지요. 교수님들은 제게 재능이 있다고 칭찬하셨어요. 그 길을 포기했다고 생각하면 죽고 싶어요."

"지역 방송사에 연락해 자원봉사자가 필요하지 않은지 물어보지 그래요? 우체국 근무가 끝나면 자유 시간이 있잖아요. 방송사에는 분명 손이 부족할 거예요."

마지막 수업 시간에 라나는 미소 가득한 얼굴로 강의실에 들어왔다. 그러면서 방송사가 연결해줘 하와이 국제 영화 축제에서 일하게 되었다고 했다. 정확히 어떤 일을 하게 될지는 몰랐지만 자신을 행복하게 해줄 일이라는 점은 분명하다고 했다. 어둡기만 했던 터널 끝에 드디어 빛이 나타난 것이었다.

물론 이는 대안적인 길이다. 그러나 탈출구 없이 꽉 막힌 길에 갇혀버렸다면 거부할 수 없는 상황임을 스스로 인정하는 것도 한 방법이다. 어째서 그럴 수밖에 없는지 납득할 수 있다면, 그리고 자신을 행복하게 만들어줄 무언가로 보상을 해줄 수 있다면 이상적이지 못한 상황도 받아들일 수 있다.

지금 어두운 터널에 들어가 있는가? 한 주에 딱 한 시간만 내어 새로운 시작에 도움이 될 즐거운 무언가를 해보는 것이 어떨까? 터널 끝에는 빛이 있다고 한다. 암울한 시기를 보내고 있다면 터널 끝의 빛이 아닌 바로 지금 눈앞의 빛이 필요하다. 내 눈앞에 빛을 비쳐주는 무언가를 실행해야 한다.

● 터널 안에서 한줄기 빛을 찾는 법 ●

얼굴을 햇빛 쪽으로 향하게 하라.
그러면 그림자를 볼 수 없을 테니.
_헬렌 켈러, 사회사업가

지금 터널에 들어가 있는 친구가 있다. 그의 남편은 몇 년째 나아질 기미 없는 허리 통증에 시달리고 있다. 더 이상 일을 하지 못하게 되었고 끊임없이 진통제를 복용해야 하며 차를 운전하기도, 걸어 다니기도 어려워졌다. 친구에게는 물려받은 땅이 있는데 오래 방치되어 황폐한 상태인데다가 세금이며 변호사비가 밀린 상태이다. 갚아야 할 남편 치료비는 쌓여 가는데 땅은 경제적으로 도움이 되기는커녕 법적 문제를 매듭짓기 위해 더 많은 돈이 들어가야 할 상황이다.

이 모든 난관 앞에서 친구는 어떻게 버티는 것일까? 씩씩하게 살아가는 방법은 무엇일까? 나는 친구 사무실에 들렀다가 아름다운 음악소리를 듣게 되었다. 듣기 좋다고 했더니 친구는 "화요일은 아카펠라의 날이야. 요일마다 듣는 음악이 정해져 있거든. 월요일은 컨트리, 금요일은 올드 팝송이지."라고 설명했다.

그 말을 듣고 나는 작은 일상이 큰 차이를 만든다는 사실을 깨달았다. 친구는 힘든 상황에서 음악으로 위로받고 있었다. 생활의 일부가 된 음악이 친구에게 힘이 되어준 것이다.

암울할 때 당신을 지탱해주는 것은 무엇인가?

실제로 햇빛이 중요한 경우도 있다. 워싱턴 D.C.에서 긴 겨울을 보내게 되었을 때 난 우울한 기분이었다. 그러다가 국립보건원에서 계절성 우울증의 존재를 밝혀냈다는 기사를 읽게 되었다. 나태함, 평소 즐기던 활동에 대한 흥미 저하, 사회적 관계 회피, 탄수화물 음식에 대한 집착 같은 증상이 언급되었다. 나는 나 혼자 유난하게 반응한 것이 아니라는 사실에 안심했다.

12월에서 3월 사이 회색빛의 축축한 겨울날이면 나는 곰이 되어 겨울 잠을 자고 싶다는 느낌을 받곤 했다. 기사 보도에 따르면 회색빛으로 흐린 날에는 햇빛이 부족해 세로토닌과 멜라토닌이 저하되고 이것이 기분과 수면에 영향을 미쳐 정말로 우울해질 수 있다고 한다.

당신도 계절성 우울증에 시달린다면 광선 치료를 통해 증상을 개선시킬 수 있다. 의사와 상담해보라. 햇빛, 특히 아침에 쐬는 햇빛은 우리 신진대사와 면역력을 증진시키고 뼈와 눈을 튼튼하게 만들어준다. 더 건강하고 행복한 삶으로 우리를 이끄는 것이다.

단순한 얘기로 들리는가? 삶의 큰 부분을 바꾸기는 어렵지만 작은 부분들을 바꿔나가기는 쉽다. 앞서 아주 작은 한 가지를 바꿈으로써 긍정적인 파장이 일어나는 경험을 해봤다는 사실을 꼭 기억하기 바란다.

• 상황을 바꿀 수 없다면 마음을 바꿔라 •

마음먹은 대로 될 수 있는 세상이라면 친절하라. _ 코니 슐츠, 작가

문학의 날 기념 행사에서 작가들을 상대로 강연했던 적이 있다. 주최 측은 흥미로운 개막식 프로그램을 준비했다. 행사를 몇 주 앞두고 후원 자들에게 연락해 '사서들이 삶을 어떻게 바꿔주었는지'와 관련해 경험을 보내달라고 한 것이다.

사회자는 편지를 한 뭉치 들고 연단에 등장해 차례로 읽기 시작했다. 곧 청중들 틈에서 훌쩍거리는 소리가 들려왔다. 사서들이 어떻게 뒷받침 하는 혹은 앞서 이끄는 역할을 해주었는지를 털어놓는 이야기들이 그만 큼 감동적이었다.

"사서 선생님이 이력서 쓰는 일을 도와준 덕분에 취직할 수 있었습니다.", "갈 때마다 이름을 불러주고 친절하게 대해주셔서 고맙습니다. 그렇게 환영받는 곳은 세상에서 오직 하나뿐이었습니다.", "저는 일가친척 중에 처음으로 대학을 나온 사람입니다. 명문 대학을 졸업하고 지금은 사서로 일하고 있습니다. 위를 올려다보면 무엇이든 할 수 있다는 걸 알려주신 사서 선생님 덕분이죠." 등등.

내가 강연할 순서가 되었다. 준비한 내용과 다르게 나도 즉석에서 내 인생의 사서 선생님에 대해 털어놓게 되었다. "저는 사람보다 말이 더 많은 작은 마을에서 자랐습니다. 제 말을 타고 도서관에 가서는 근처 나무에 매놓고 들어가 읽지 않은 책이 뭐가 있나 찾아보곤 했습니다. 사서였던 프라이스 부인이 월터 팔리Walter Farley가 쓴 야생마 모험담인《검은 말》Black Stallion 시리즈를 추천해주었지요. 그 책을 통해 저는 우리 외딴

산골 너머에 큰 세상이 기다리고 있다는 걸 알게 되었습니다. 제 삶에 정말로 중요한 가르침을 주신 거죠. 제가 글을 쓰는 사람이 된 것도 프라이스 부인이 열 살짜리에게 넘치는 관심과 시간을 쏟아준 덕분일 겁니다."

나 다음으로 연단에 선 사서가 말했다. "사서로 일한 지 23년이 되었습니다. 처음에 사서가 됐을 때랑은 일이 너무 달라져서 그만둘까 하는 생각도 사실 많이 하고 있었습니다. 사서보다는 수위가 된 기분이라고 할까요. 화장실이 어디냐는 질문에 답하고 컴퓨터를 서로 차지하려는 사람들을 중재하는 일이 대부분이어서요. 하지만 편지 낭독을 듣고 강연도 듣다 보니 애초에 제가 사서가 되려고 마음먹었던 이유가 다시 떠오르는군요."

당신은 어떤가? 자신이 통제할 수 없는 일들(사랑하는 가족이 아프다든지 사람들이 컴퓨터에만 매달려 있다든지)이 벌어지는 상황에서 통제 가능한 일은 무엇인가? 햇볕을 쬐는 시간? 마음을 달래는 음악 골라 듣기? 자신이 만들 수 있는 변화에 초점을 맞추는 것?

만약 지금 암울함의 한가운데에 있다면 제대로 된 곳에 빛을 비춰주는 무언가를 하라. 이는 절대 사소하지 않다.

미셸 오바마는 "할 일 목록의 위쪽에 자신을 올려두어야 한다."고 하였다. 다음 부분에서는 늘 하던 것과 반대되는 일을 할 때 그것이 어떻게 할 일 목록의 위쪽에 자신을 올려두게 되는지 살펴보자.

- 삶의 많은 부분이 당신의 통제 범위 밖에서 마음에 들지 않게 흘러가는가? 이 시기는 끝나는 때가 정해져 있는가? 당신이 통제 가능한 작은 변화들을 시도 할 수 있는가?

- 현재의 암울함에서 긍정적 미래를 위해 무엇을 하고 있는가? 당신이 통제할 수 있는 무언가에 초점을 맞출 방법은 무엇인가?

- 죽은 식물에 물 주기를 하고 있지는 않은가? 지금 어두운 터널을 지나고 있다 면 어떻게 새롭게 시작할 수 있을까?

늘 하던 것과 **반대되는 일** 하기

루시: 사람이 정말로 바뀔 수 있다고 생각해?
라이너스: 난 작년에 많이 바뀌었어.
루시: 내 말은 좋은 쪽으로 바뀌는 것 말이야.
_만화 〈피너츠〉 중에서

성공한 리더들을 대상으로 강연을 하기 위해 코스타리카에 갔을 때의 일이다. 모두들 성공의 대가를 치르고 있다고 했다. 늘 집을 떠나 차 안이나 공항, 집에서 멀리 떨어진 호텔에 머물러야 하는 삶이라는 것이다. 나는 "물가에서 보내는 한 해를 시작하게 된 이유 중 하나는 제 삶이 비행기가 되어버렸다는 생각이었습니다."라고 말했다.

"뭐가 되었다고요?"

앞줄에 앉은 사람이 되물었다.

"20대 때 저는 해군 조종사와 연애를 했습니다. 그 사람이 그러더군요. '날던 전투기를 세우는 방법이 뭔지 알아? 그런 방법은 없어. 추진력이 너무 크기 때문에 엔진을 꺼버린다 해도 계속 날아갈 정도지. 엔진을 최대로 역추진시켜야 6킬로미터 정도를 더 가다가 멈추게 돼.'

마치 제 인생을 예견한 말 같았습니다. 저는 수십 년 동안 같은 일을 했습니다. 제 일은 비행기가 되었고 점점 더 막강해졌지요. 계속 한 방향으로 날아갈 수밖에 없었습니다. 가다 보니 대양이 나왔습니다. 처음 보는 항구들도 있었지요. 자, 그럼 제가 계속 날고 싶었을까요, 아니면 상황을 바꾸고 싶었을까요?"

당신은 어떤가? 일과 삶이 어느새 비행기가 되어버리지는 않았나? 늘 하던 것을 계속하면서 가던 방향을 유지하고 싶은가? 아니면 버리고 뛰어내릴 때인가?

한 유명 작가가 손을 들고 말했다.

"버리고 뛰어내릴 상황이 못 돼요. 저한테 기대 사는 사람들이 너무 많거든요. 그걸 생각하면 계속 비행기가 날아가도록 해야 하죠."

"상황을 이해합니다. 《왕좌의 게임》을 쓴 조지 R. R. 마틴George R.R. Martin 이 인터뷰에서 한 말을 한번 들어보실까요. 제가 읽어드리겠습니다."

《겨울의 바람》Winds of Winter 을 쓰면서 단어 십만 개가 머릿속에서 몰아쳤습니다. 이쪽 대륙에는 군대가, 저쪽에는 좀비들이 있었죠. 용들은 사방에서 불을 뿜었고 지금은 이름도 기억나지 않는 조역들의 온갖 사소한 이야기들이 진행되었죠. 한마디로 악몽이었습니다.

저는 비인간적인 가혹한 노동에 이후 몇 달을 더 바쳤습니다. 그래도 사람들은 만족하지 않더군요. 그동안 창밖으로는 환상적인 날씨가 펼쳐졌습니다. 저는 도저히 다 쓰지 못할 정도로 돈이 많은 노인이었고요. 자, 집필을 왜 끝내버렸느냐고요? 솔직한 질문이군요. 다른 작가가 원하는 대로 이어 쓰면 그만입니다. 전 상관 안할 겁니다.

오, 그 대단한 마틴조차도 뛰어내릴 작정을 했던 것이다. 출판사, 드라마 제작사 그리고 수백만 팬들이 절대 안 된다고 하는 상황에서 말이다. 여기서 던져야 할 질문은 "그래서 대체 누구 인생인데?"일 것이다.

수십 년을 시리즈 제작에 바쳐 전 세계 시청자들을 즐겁게 하고 수백만 달러를 벌었다면 그 다음에는 원하는 대로 할 수 있어야 하지 않을까? 의무는 남들에게 던져버리고 바깥의 멋진 날씨를 즐길 권리가 있지 않을까? 마틴은 누구를 책임져야 하는가? 팬과 출판사와 제작자를 아니면 그 자신을?

• 삶의 방향을 바꿀 때인가? •

스스로 방향을 바꾸지 않는다면 가던 대로 끝나고 만다. _ 노자, 사상가

당신은? 남들이 기대고 있다는 이유로 하던 일을 계속할 작정인가? 그 대가는 무엇인가? 자기 자신이 원하는 대로 할 권리가 있지 않은가? 그건 이기적인 일인가? 대체 누구의 인생인가? 일과 삶이 좋은 방향으로 간다 해도 수십 년 동안 한쪽으로만 가고 있다면? 아직 보지 못한 대양을 탐사해야 할 때가 된 것은 아닐까?

물론 선택은 가능하다.

꼭 다 내팽개치고 버리고 뛰어내려야 하는 것은 아니다. 비행기가 계속 날아가게 하면서 살짝 짬을 내 탐험을 할 수 있다. 비행기를 새로운 방향으로 돌려 다른 곳을 탐사하고 낯선 항구에 멈춰볼 수도 있다.

조지 마틴의 말을 접한 청중들은 솔직히 자기 이야기를 털어놓기 시작

했다. 많은 이들이 느끼던 바를 건드렸던 것이다. 마틴처럼 청중들도 인생 2막에 접어들고 있었고 이미 명성과 부를 얻은 상태였다. 남부러울 것 없는 삶이었다. 그렇지만 바깥의 햇살을 마음껏 즐길 자유는 없었다. 일정이 빡빡했고 갈 곳이 정해져 있었다.

한 사람이 말했다.

"잠시라도 꽉 짜인 삶을 벗어났다가 돌아오고 싶다는 생각을 해요. 이 도시에서 저 도시로 서둘러 다니는 일이 지겹거든요. 집에 있는 날은 한 달에 2~3일이 될까 말까죠. 함께 사진 찍자고 다가오는 사람이 아무도 없는 상태로 편안하게 외식을 하고 싶고 아침에 일어나 정원에 물을 주고 싶어요."

상류층 사람들의 투정으로 보이는가? 잠시라도 이런 사람들과 삶을 바꾸어 살면 좋겠다는 생각이 드는가? 그럴 수 있다. 이 사람들이 자신의 행운을 모르는 바도 아니다. 감사할 줄 모르고 투덜거리기나 하는 존재로 보일까봐 오히려 솔직한 심정을 털어놓기 어려워하는 상황이다. 핵심은 이것이다. 봉사하는 삶을 지속하는 유일한 방법은 자신에게도 봉사하는 것이다.

당신은 어떤가? 잠시 비행기에서 내려 짧게나마 자신을 위한 여행을 즐기겠는가, 아니면 뻔뻔하다고 비난받을 것이 두려워 아무 말 못하고 주저앉겠는가?

'자기 희생—자기 충족' 연속선을 다시 생각하며 지금 현재 균형이 잡힌 상태인지 아닌지 살펴보라. 균형이 깨져 있다면 지금까지 생각지 못했던 방법을 창조해볼 때다.

● 비행기에서 잠시 내리는 방법 ●

드넓은 어딘가를 탐험하고 싶어요. _ 영화 〈미녀와 야수〉 중 벨의 대사

각자 사업을 하고 있다는 30대 부부가 말했다.

"물가에서 한 해를 보내신 이야기를 듣고 저희도 비행기에서 잠시 내려보기로 했죠. 지난해 3개월 동안 추위를 피해 떠나 있었답니다."

"어떻게 하신 거죠?"

"저희 집은 뉴욕 브루클린이에요. 강 바로 옆이죠. 모든 것이 갖춰진 곳이에요. 같은 층에 사는 친구들이 많아 한 식구처럼 지낼 수 있죠. 1년 중 9개월은 완벽해요. 하지만 3개월은 그렇지 못하죠. 눈보라가 치고 영하로 기온이 떨어지거든요. 겨울 동안 집을 세주고 햇살 좋은 곳으로 가보라고 누가 권하더군요. 처음에는 은퇴한 사람들이나 할 수 있는 행동이라고 여겼지만 알고 보니 사업가들도 많이 그렇게 하더라고요. 어디서든 업무 관리가 가능하니까요."

"어떻게 업무를 보신 거죠?"

"매주 스카이프로 회의를 했어요. 직원들도 덕분에 재택근무를 하게 됐죠. 저희 집은 에어비앤비로 세를 줬고 거기서 번 돈으로 집세와 왕복 항공료까지 충당이 되더군요. 브루클린의 집과 공동체는 그대로 유지하면서 새로운 생활방식을 경험하고 친구까지 사귈 수 있었답니다. 어느 면으로 보든 만족스러웠어요."

• 어디로 떠날 수 있을까? •

여자는 모두 자기만의 방이 필요하다. _ 버지니아 울프. 작가

'아무나 그럴 수 있는 게 아냐. 난 가족이 있으니 집을 3개월 동안 에어비앤비에 내놓고 떠날 방법은 없다고.'라는 생각이 드는가. 이런 경우에도 떠날 곳이 있다. 가깝고 게다가 큰 돈이 들지 않는 곳이다.

바로 제3의 장소를 찾는 방법이다. 인체공학에서는 집을 제1의 장소, 직장을 제2의 장소라 부른다. 집에서 일을 한다면 제1의 장소와 제2의 장소가 모두 집이 된다. 그런데 제1, 제2의 장소에서는 창의적인 일에 집중하지 못한다고 한다. 빨래, 청구서, 고객의 요구, 가사 일 등이 계속 끼어들기 때문이다.

제3의 장소는 커피숍, 서점, 동네 도서관 등 개인적인 일을 할 수 있는 공공장소를 말한다. 주변을 생각해보라. 작업할 수 있는 탁자가 있는 빵집이나 카페가 떠오르는가?

일주일에 한두 시간을 거기서 보내보라. 다만 손님이 몰리는 시간에 테이블을 차지하고 있기는 어려우니 그런 때는 피하라. 그리고 제3의 장소에서는 이메일이나 소셜 미디어를 사용하지 않겠다고 결심하라. 오로지 창조적인 작업에만 집중하는 것이다.

제3의 장소는 '자기만의 방'을 제공해줄 뿐 아니라 다음 몇 가지 이유에서 생산적인 몰입을 가능하게 한다.

1. 파블로프의 종소리 실험을 들어보았을 것이다. 제3의 장소에서만 창조적 작업을 하다보면 그곳에 갈 때마다 바로 몰입될 수 있다. 장

소 자체가 창조적 몰입과 연결되기 때문이다.

2. 저녁 준비, 식구들의 물건 찾아주기, 질문에 대답하기 같은 방해요소를 배제할 수 있다.

3. 홀로 일할 때 스스로 에너지를 모아야 한다면 공공장소에서는 다른 사람들의 에너지에 기댈 수 있다. 방해를 받지 않으면서도 창조적 과정을 사회화할 수 있는 방법이다.

4. 창조적 활동을 최우선 순위로 둘 수 있는 장소가 확보된다.

• 당신에게 제3의 장소는 어디인가? •

내겐 마음의 고향 유타가 있다. _ 로버트 레드포드, 배우

한 작가는 제3의 장소가 구원이 되었다고 말해주었다.

"샌프란시스코 작가 컨퍼런스에서 선생님 워크숍에 참여했어요. 그때 재클린 미처드Jacquelyn Mitchard가 아이들을 학교에 보낸 후 부엌 식탁에 앉아 집필 작업을 했다고 말해주셨지요.

저도 똑같이 해보려 했어요. 아이들이 학교에 가 있는 동안 식탁에 앉아 무언가 써보려 했죠. 하지만 설거지해야 할 그릇이 신경 쓰였고 간식과 저녁으로 뭘 준비해야 할까 생각하며 계속 냉장고 문을 열게 되더라고요. 그러다가 제3의 장소를 찾아야겠다는 생각이 들었어요. 아이들이 집에 오는 길에 있는 빵집에 가기 시작했죠. 컴퓨터로 작업하는 사람들이 여기저기 앉아 있는 곳이에요. 그리하여 지난 2년 동안 쓴 것보다 더 많은 양을 두 달만에 끝낼 수 있었습니다. 직원들은 제가 커피를 어떻게

마시는지 잘 알게 되었고 이제는 제가 빵집에 들어서는 모습만 봐도 제 커피를 준비하기 시작한답니다."

이 경험담은 우리를 불안하게 만드는 일을 어떻게 간단히 해결할 수 있는지 보여준다. 작가는 가족을 사랑했고 글 쓰는 일을 잠시 멈춰야 했다. 두 가지를 동시에 해내기 어렵다고 느꼈기 때문이다. 하지만 아이들이 대학에 들어가기까지 기다리는 대신 작가는 제3의 장소를 찾았고 결국 가족을 보살피면서 동시에 창작의 꿈도 키울 수 있게 되었다.

• 늘 하던 일과 반대되는 일 해보기 •

우리는 대조를 통해서만이 큰 즐거움을 끌어낼 수 있다. _ 지그문트 프로이트, 심리학자

어떻게 비행기에서 내려야 할지 아직도 모르겠다면 해리의 이야기에서 힌트를 얻을 수 있다. 캘리포니아 모로 베이에 갔을 때 나는 인디언 가족이 운영하는 숙소에 묵었다. 주인 해리는 아내와 함께 여관의 입구 방한 칸에 살고 있었다.

"숙박 업소를 운영하려면 일주일 내내 24시간 일하셔야 하겠군요. 하루 쉰다면 무얼 하고 싶으세요?"

내가 물었다.

해리는 잠시 머뭇거리다가 말했다.

"글쎄, 제가 뭘 하고 싶은지 잘 모르겠네요."

"늘 하는 일과 반대되는 일을 해보면 내가 뭘 하고 싶은지 알게 됩니다."

"무슨 말씀이죠?"

"몇 년 전에 여행 작가로 유명한 아서 프롬머Arthur Frommer를 만난 적이 있어요. 하루 5달러로 유럽 여행하는 책을 시리즈로 쓴 사람이죠. 타지마할이니 만리장성을 다 다녀본 입장에서 제일 좋았던 곳은 어디냐고 물었더니 자기 집 뒷마당이라고 하지 않겠어요? 저는 어리둥절했죠. 온갖 곳을 다 다닌 사람이 뒷마당을 제일 좋다고 하다니요. 프롬머는 이렇게 설명해주었어요. '여행의 목적은 대조를 시키는 겁니다. 늘 사람들에 둘러싸여 있다면 인적 없는 섬에 가는 것이 이상적인 휴가지요. 전 늘 여행을 다니니 쉴 때는 집에서 아무것도 하지 않으며 보내는 게 행복하답니다.'"

해리는 "아무것도 하지 않는다니 멋지군요." 라고 말했다.

"그것 말고 또 뭐가 있을까요?"

"종일 등산을 하고 싶습니다."

"아, 자연 속에 조용히 혼자 계시고 싶은 것이군요. 손님들 요청에 늘 답하면서 신경을 쓰는 대신, 수도꼭지나 TV 리모컨 수리를 하는 대신 바깥으로 나가 햇빛을 쐬고 싶으시겠죠."

해리의 대답은 "대조가 극명할수록 잠재력이 더 크다. 반대되는 것들의 커다란 긴장에서 커다란 에너지가 생겨날 수 있다."라는 칼 융Carl Jung의 말을 떠올리게 한다.

자, 당신의 일상과 반대되는 것은 무엇인가? 제3의 장소가 되어줄 만한 곳이 근처에 있는가? 나중이 아닌, 바로 지금 도서관에서 창조적인 작업을 하며 자기만의 방을 확보할 수 있는가? 만약 이 모든 것이 대안이 되지 않는다면 다음 부분을 읽어나가라. 어쩌면 새로운 비행기에 올라탈 때인지도 모른다.

- 자신의 삶, 직업, 오래된 인간관계 등을 비행기라고 설명할 수 있는가? 성공적인 비행인가? 당신에게 의지하는 이들이 계속 비행기에 타고 있는가?

- 지금 비행기에서 내려 홀로 자신을 찾을 준비가 되었는가? 어디로 가고 싶은가? 가서 무엇을 하고 싶은가?

- 제3의 장소가 되어줄 만한 곳이 있는가? 언제 그리로 가서 어떤 작업을 하고 싶은가?

제10장

여기보단
어딘가에

: 더 푸른 초원으로 옮겨가기

이제 마지막 단계에 이르렀다. 모든 것을 다 해봤는데도 여전히 원하는 삶의 모습이 아니라면
옮겨갈 때인지도 모른다. 때로는 우리 쪽 잔디가 충분히 푸를 수도 있고
때로는 다른 쪽의 잔디가 더욱 푸를 수 있다. 프루스트의 말과는 달리 새로운 시선을 갖는
최고의 방법은 때론 새로운 땅을 찾아가는 것이다.

진정한 발견은 새로운 땅을 찾는 것이 아니라
새로운 눈으로 보는 것이다.

_마르셀 프루스트, 소설가

새로운 **장소**에서 **시작**하기

남들의 기대가 아니라 나 자신에게 진실한 삶을 살 용기가 있었다면 얼마나 좋았을까.
_〈가디언〉에 소개된 간호사 보니 웨어의 유언

다정한 얼굴의 한 여인이 창밖에서 나를 바라보았다. 멕시코의 산 미구엘 데 아옌데에 있는 작은 카페였다. 작가 컨퍼런스 강연을 위해 그곳에 머물던 나는 간단한 아침식사를 하기 위해 카페에 들른 참이었다. 여인은 카페로 다가와 문을 열고 내게 손을 흔들었다.

"안녕하세요? 전 근처에 사는데 매일 이 집에서 식사를 한답니다. 아침 먹을 장소를 아주 잘 고르셨군요."

그렇게 나는 게일 셔먼을 만나 살아온 이야기를 듣게 되었다. "전 은퇴하면서 거의 동시에 이혼을 했어요. 그 당시엔 세계 일주 비행기 표를 4,000달러에 살 수 있었는데 제 교사 연금으로 가까스로 충당할 수 있는 수준이었지요. 리타 골든 겔만Rita Golden Gelman이 쓴 《나는 유목민, 바람처럼 떠나고 햇살처럼 머문다》를 읽고 감명을 받은 터라 배낭을 메고 바로 떠났어요. 겔만의 책에 소개된 여러 단체의 도움도 받으면서 세계 각지를 돌아다녔어요. 그리고 여행기를 블로그에 올렸지요. 2004년이라 와이파이가 드물었고 통신 용량도 부족해 글 하나 올리는데도 몇 시간씩 걸리곤 했죠."

"어떻게 여기 정착하게 되신 거죠?"

"텍사스 오스틴의 집으로 돌아가니 많은 것이 달라져 있더군요. 제가 보기에는 나쁜 방향으로요. 처음에는 산 미구엘에 2주 정도만 머물다 돌아가곤 했는데, 그게 점점 늘어나 두 달이 되었고 결국은 여기 정착해 살기 시작했어요. 여기에는 비영리단체가 100개 넘게 있답니다. 저는 장애 아동을 돕기도 하고 맹인 학교에서 봉사하기도 해요."

집을 떠나 있을 때 다들 묻는 질문을 나도 게일에게 던졌다.

"외롭지는 않으신가요?"

"전혀요. 할 일이 아주 많거든요. 여긴 사람들이 일부러 찾아올 만큼 예술적인 도시예요. 저도 전에는 해보지 않은 그림, 조각, 글쓰기를 하게 되더군요."

"여행이나 이주에 대해 어떤 조언을 해주고 싶으세요?"

게일이 웃었다.

"그냥 해버리라는 말뿐이 아닐까요?" 그녀는 잠시 생각하더니 덧붙였다. "세상은 다정해요. 다른 나라 사람들을 '남'으로 보는 일을 그만두라고 하고 싶어요. 낯선 이는 사실 아직 만나지 못한 친구일 뿐이니까요."

맞는 말이었다. 게일이 일어난 후 옆 테이블의 신사 한 명이 다가왔다.

"저는 리처드라고 합니다. 말씀 나누시던 걸 들었지요. 잠깐 앉아도 될까요?"

물론이었다. 나는 리처드의 이야기를 듣기 시작했다.

"저도 미국에서 옮겨왔습니다. 사람들은 어떻게 가족을 남겨두고 올 수 있느냐고, 그립지 않으냐고 묻지요. 그럼 저는 '이봐요, 난 여든둘이요. 자식들은 각자의 삶을 살고 있고 난 부차적인 존재예요. 미국에 살고 있다면 몇 달에 한 번 정도 만나겠지요. 헌데 지금 여기 살면서도 몇 달에 한 번은 만난답니다. SNS로도 연락하고 있고. 그러니 가족을 남겨두고 떠났다는 생각은 안 한다오.'라고 대답한답니다."

리처드는 중요한 점을 지적했다. 새로운 곳으로 옮겨간다고 해서 가족을 떠나는 것은 아니다. 물가에서 1년을 보내면서 내가 깨달았듯 두 세상은 얼마든지 연결될 수 있다. 문자, 전화, 이메일, 영상통화로 가족과 연락하면서도 동시에 새로운 장소를 얼마든지 탐험할 수 있는 것이다. 내게 이건 정말 중요한 가능성이었다.

• 당신에게 더 나은 장소가 있는가? •

모든 출구는 다른 곳으로 들어가는 입구다. _톰 스토파드, 극작가

게일과 리처드처럼 새로운 나라로 가서 정착해 사는 사람들은 다른 곳의 잔디가 더 푸를 수 있음을 보여주는 생생한 사례이다. 두 사람은 본래 있던 곳에서 더 이상 행복하지 않다고 느꼈고 과감히 그곳을 나와 새로운 장소를 찾았다.

당신은 현재 있는 곳에서 행복한가? 한 곳에 정착해 산다는 데서 안정감과 친숙함을 느끼는 유형인가? 그렇다면 아무 문제가 없다. 하지만 그

렇지 않다면 어떻게 해야 할까?

지금 당장 이곳에서의 삶의 질을 높이기 위해 할 수 있는 일들을 앞서 살펴보았다. 하지만 장소 자체가 당신에게 부정적인 영향을 미친다면, 몸이 근질거려 불행하다면, 상황 개선을 위해 모든 것을 다 해봐도 소용이 없다면, 아마도 새로운 장소에서 새로운 행복을 찾을 때인지도 모른다. 환경은 중요하다. 한 곳에 계속 머무른다면 변화가 어려울 수 있다. 현재 상황의 모든 것, 모든 사람이 '지금까지 늘 그래왔던' 식이기 때문이다.

제니퍼라는 한 여성은 "애인과 6개월 전에 헤어졌어요. 하지만 지금도 계속 그 사람 생각이 들어요. 거실에 있으면 소파에서 함께 TV를 보던 일이, 부엌에 있으면 함께 식사를 준비해 먹던 일이 생각나네요. 동네 산책을 할 때는 그 사람이 없어서 공허한 느낌이 들죠."라고 하소연했다.

"어째서 다른 집으로 이사하지 않죠?"

제니퍼는 이사할 수 없는 이유를 줄줄이 늘어놓았다. 2년 계약 기한이 아직 남았느니, 차가 없어 멀리 갈 수 없느니, 짐을 싸서 옮기는 것이 너무 번거롭다느니.

"매일이 불행하다면 새로 시작할 수 있는 장소를 찾아볼 필요가 있지 않은가요?"

제니퍼는 고개를 끄덕였다. 다음번에 만났을 때는 "강변에 같은 값으로 들어갈 수 있는 집이 있더군요. 마침 제가 살던 집에 들어오겠다는 사람이 있어서 계약 기간이 끝나지 않은 상태로 이사를 나오는 데도 문제가 없었어요. 새로 들어간 곳에는 아래층에 체육관이 있어 매일 아침마다 운동할 수 있어요. 침실의 큰 창문이 동쪽을 보고 있어 아침마다 햇살을 받으며 일어나고요."라고 소식을 알려주었다.

"전 애인은 어떻게 되었나요?"

제니퍼가 놀란 표정을 지었다.

"이제는 그 사람 생각을 안 해요. 새 집으로 옮겨갔으니까요."

그 말이 옳다. 말 그대로 제니퍼는 옮겨간 것이다.

● 새로운 곳에 가야만 하는 경우도 있다 ●

더 좋아지기 위해 꼭 아파야 할 필요는 없다. _ 헤일 어윈, 골프선수

삶의 지속을 고민할 정도로 크게 '잘못된' 문제는 어쩌면 당신에게 없을 수도 있다. 물가에서 한 해를 보내려고 결정했을 때 내 삶에도 특별하게 '잘못된' 일은 없었다. 다만 있던 곳에 계속 머무르면 과거와 똑같은 모습으로 살 수밖에 없다고 깨달았을 뿐이다.

아들 앤드루는 "전 무엇이든 할 수 있는 삶을 만들었어요. 불리함을 따지지 않고요."라고 말한 적이 있다. 나도 그저 의자에서 일어나 책상을 벗어나 좀더 활동적이 되고 싶었다. 오랫동안 똑같이 유지된 삶의 관행을 깨고 새로움을 느끼고 싶었다. 그러려면 전과 달리 행동해야 하는 낯선 상황에 나를 밀어넣는 것보다 더 좋은 방법은 없었다.

심리학자인 내 친구 다이앤은 다른 의견을 내놓았다.

"샘, 너는 외향적이니까 새로움을 즐기는 거야. 다들 그렇지는 않다고. 사람들은 뿌리형과 날개형으로 나뉘어. 뿌리형은 정착해야 안정감과 편안함을 느끼고 날개형은 변화와 다양성을 좋아하지."

"두 유형이 그렇게 다른 걸까?"

"뿌리형인 사람들은 평생 같은 마을에 사는 경우가 많아. 지역 활동에 열심히 참여하고 가족, 이웃, 동료, 어린 시절부터 함께 자란 친구들과 대부분의 시간을 함께 보내지. 안전지대를 떠나지 않으려 해. 반면 날개형은 안전지대 밖으로 나가는 것을 즐겨. 돌아다니면서 새로운 장소를 경험하고 새로운 사람을 만나려 하지. 그렇게 섞이는 상황에서 가장 큰 만족과 생기를 얻게 돼."

그 말을 듣자 나는 또 다른 내 친구 루스를 떠올렸다. 영국에서 나고 자란 루스는 공부를 마치자마자 모교에 교수로 임용되었다. 아주 똑똑한 인재로 인정받으며 승승장구했고, 몇 년 후 그 대학 역사상 최연소 종신 교수로 임명됐다. 대학 학장은 루스에게 "대단히 축하를 드려야겠군요. 앞으로 남은 평생 동안 직장 걱정은 안 해도 됩니다."라고 말했다고 한다.

하지만 루스는 이런 생각이 들었다.

"종신 교수라고? 죽을 때까지 같은 일을 해야 한다니. 이제 겨우 30대인 내게는 딱 질색인 소식이야."

결국 루스는 대학을 떠났다. 그리고 졸업 20주년 기념 동창 모임에서 졸업생들이 사는 곳을 핀으로 꽂아 표시해둔 세계 지도를 우연히 보고 깨닫게 된 놀라운 사실을 내게 들려주었다.

"80-20 법칙이라고 들어봤지? 그 지도를 보니 80퍼센트의 핀은 대학에서 50킬로미터 이내에 몰려 있더군. 자기가 자라고 학교를 다닌 지역에 여전히 머물고 사는 사람이 그렇게 많았던 거야. 나머지 20퍼센트는 그야말로 온 세계에 퍼져 있었지."

뿌리형과 날개형 사람들의 분포를 보여주는 완벽한 사례가 아닐 수 없다.

● 당신은 뿌리형인가, 날개형인가? ●

좋은 부모는 자녀에게 뿌리와 날개를 준다. _ 조너스 소크, 의학자

당신은 살던 곳에 있어야 행복을 느끼는 뿌리형인가? 그렇다면 계속 거기 머물러라. 하지만 불행하다면, 오랫동안 불행했다면 자신의 우선순위와 맞는 장소로 옮겨가는 것이 날개를 펼칠 기회가 될 수 있다.

이렇게 행동한 인상적인 사례가 시인 윌리엄 머윈이다. 나는 마우이 작가 컨퍼런스 대표자 자격으로 첫날 리셉션 때 머윈을 인터뷰했다. 보름달이 뜬 카팔루아 해변 야자수 아래에서 나는 "작가 경력에서 가장 중요하게 배운 교훈이 있다면 무엇일까요?"라는 질문을 던졌다.

그는 자기 일에 집중하기로 한 것이 최고의 선택이었다고 대답했다(받아쓴 것은 아니므로 표현은 조금 다를 수 있지만 핵심은 같다).

퓰리처상과 전미도서상 National Book Award 을 받은 머윈은 매주 강연과 사인회, 자선행사 초청을 열 건 이상 받는 상황이었다. 그렇게 유명인사로 살다가는 글을 전혀 쓰지 못할 것이 불 보듯 뻔했다. 머윈 부부는 뉴욕에 계속 사는 한 이러한 요청에서 벗어날 수 없겠다고 판단해 마우이로 이사했다. 더 단순하고 방해요소가 없어 머윈이 진정한 우선순위에 집중할 수 있는 곳이었다.

머윈은 자신에게 무엇이 중요한지 알고 있었다. 그리하여 장기적으로 더 가치 있는 일에 집중할 수 있는 장소로 옮겨간다는 결단을 내렸다.

당신은 어떤가? 현재 상태가 해악을 미치지만 미지의 장소가 두려워 그냥 머무르는가? 이 책이 불확실성을 받아들이고 용기를 발휘하는 데, 자신이 해낼 수 있다고 믿는 데 도움이 되기를 바란다. 공개적으로 결심

을 표명하여 사람들이 당신의 프로젝트를 도와주도록 만들기 바란다.

현 상황을 개선하기 위해 모든 노력을 다했는데도 나아지는 기미가 없다면 앞에 쓴 간호사 보니 웨어Bonnie Ware의 조언을 기억할 만하다. 당신의 건강과 행복을 좀먹는 장소에서 빠져나갈 수 있도록 용기를 내라. 진정한 자아를 뒷받침하는, 뒤돌아보며 후회할 필요 없게 하는 새로운 집을 찾아 나서라.

환경이 확 바뀌면 변화를 감당하기가 쉽지 않을 수도 있다. 성급한 결정은 금물이다. 여러 각도에서 이 문제를 생각하게 만드는 책으로 리처드 라이더Richard Leider와 앨런 웨버Allan Webber가 쓴 책《이제 당신은 무엇을 할 것인가》를 추천한다. 주요 생애 사건들을 다각도로 살펴보게 만드는 여러 연습이 담겨 있다.

다음 부분에서는 옮겨가기가 꼭 새로운 장소일 필요는 없다는, 우리가 가장 좋은 모습이었던 때로 회귀해보는 것도 하나의 방법임을 알려주려 한다.

Q/A ───────────────────────────────────

- 당신은 뿌리형인가, 날개형인가?

- 현재 사는 곳에서 행복한가? 이웃, 도시, 지역이 마음에 드는가? 그렇다면 구체적으로 무엇이 좋은가? 아니라면 무엇이 문제인가?

- 옮겨갈 수 있다면 어디로 가고 싶은가? 옮긴다고 생각할 때 어떤 장애물이 있는가? 구체적으로 적어보라. 옮기고 싶다면 그 계획을 구체적인 현실로 만들기 위한 단계별 필요사항을 검토하라.

내가 시작한 곳으로 **돌아가기**

목적지는 장소가 아닌, 사물을 바라보는 새로운 방식일 수 있다.
_ 헨리 밀러, 작가

바람이 심한 계곡의 익숙한 풍경 속을 달리다 보니 내가 자란 남캘리포니아의 작은 마을로 30년 만에 돌아왔다는 사실이 낯설었다. 캘리포니아에서 서북쪽으로 올라간 산지에 내 고향 뉴 쿠야마New Cu-yama가 있다. 말과 석유 굴착기가 사람보다 더 많은 곳이다.

마르셀 프루스트는 과거를 떠올리게 하는 촉매제가 냄새라고 했지만 내게는 풍경이다. 그곳에는 전교생이 고작 200명인 초등학교가 있다. 사서 선생님이 내게 펜과 잉크로 그린 무스탕 그림을 선물해주신 곳이다.

또한 그곳에는 방 세 개짜리 작은 고향집이 있다. 잡초가 자라는 뒷마당은 우리가 바비 인형 놀이를 했던 곳이다. 체리가 열세 번째 생일날 부모님에게 반항하며 (당시로는 파격적이었던) 비키니 수영복을 입었던 수영장이 보인다. 미식축구팀을 응원하기 위해 온 마을 사람이 빠짐없이 모였던 경기장도 있다. 무게 136킬로그램짜리 돼지가 1미터 높이 담장을 뛰어넘어 우리가 키우던 말에게 돌진해왔던 목장도 거기 있다. 혼비백산한 말은 멀리 도망가 몇 시간이나 돌아오지 않았다. 청소년 농민 클럽에서 양과 소들을 키우던 공간도 있다. 밤 외출을 하고 싶었던 우리가 "꼭 밤에 먹이를 줘야 하나요? 내일 아침에 주면 안 되나요?"라고 사정할 때마다 운영진은 "할일을 제대로 해야 해."라고 대답하곤 했다.

"그대 다시는 고향에 가지 못하리."라고 했던 토머스 울프Thomas Wolfe의 말은 틀렸다. 우리는 다시 고향에 갈 수 있을 뿐 아니라 누가, 어떻게, 왜 우리를 지금 모습으로 만들었는지 깨닫기 위해서 고향에 가볼 필요가 있다. "어디를 가든 나는 내가 어디서 왔는지 알고 있다."라는 제니퍼 로페즈의 말도 있지 않은가. '어디서 왔는지' 아는 것은 고향에서 아무리 멀리 떨어져 산다 해도 진정한 내 모습의 중심을 잡을 수 있도록 한다.

• 고향에 가본 지 얼마나 되었는가? •

고향은 우리 이야기가 시작된 곳이다. _ 애니 다니엘슨, 디자이너

당신은 어디서 자랐는가? 그곳에 돌아가본 적 있는가? 다시 갔을 때 어떤 생각이 들었는가? 당신에게 커다란 영향을 미쳤던 누군가가 계속 머리에 떠올랐는가? 가족이 함께 살던, 학교 친구들과 겪었던 좋거나 나빴던 기억은 무엇인가? 어린 시절을 보낸 곳을 다시 찾았을 때 어떤 이야기가 생각났는가?

당신이 뿌리형 인간이라면 어린 시절을 보낸 곳에서 계속 살고 있을

수도 있다. 아니면 자주 고향을 찾아 가족과 친구들을 만나는지도 모른다. 그런 유형이라면 이 장의 내용이 다소 맞지 않으리라 생각된다. 이 장은 고향을 멀리 떠나 돌아가지 않는 사람들을 염두에 두고 썼기 때문이다.

고향을 찾기로 한 컨트리 가수 케니 체스니Kenny Chesney의 결정은 인생을 새로운 방향으로 이끄는 뜻밖의 결과를 가져왔다. 그는 팬과 콘서트 운영진, 음반사에게 여름 동안 활동을 중단한다는 깜짝 발표를 했다. 늘 하던 대로 콘서트 투어로 큰 수입을 올리는 대신 고향으로 가 뿌리를 확인하며 충전하는 시간을 갖겠다는 것이었다.

하지만 고향에서 보내는 시간은 충전에 그치지 않았다. 그는 고교 시절의 미식축구 코치를 다시 만났고 그때 나눈 대화를 출발점으로 해 〈가을의 소년들〉The Boys of Fall이라는 다큐멘터리 영화를 만들었다. 동명의 주제곡을 직접 썼고 미국 미식축구 스타 선수들을 인터뷰하기도 했다. 그는 "이 영화 제작은 참으로 특별한 경험이었다. 내 인생을 다른 방식으로 바라볼 수 있게 해주었다."고 소감을 남겼다.

당신은 어떤가? 고향을 찾는 일이 당신 인생을 다른 방식으로 바라보도록 도울 수 있었나?

가수 스팅Sting의 사례도 있다. 스팅은 무려 8년 동안이나 창작을 하지 못하는 슬럼프를 겪었다. "한 단어도 떠오르지 않았다. 나는 창작의 블랙홀에 빠져 있었다."라고 당시를 회상했다.

상황을 타개하기 위해 스팅이 취한 방법은 무엇이었을까? 영국 뉴캐슬 인근의 고향 마을로 돌아가는 것이었다. '번쩍거리는 거대한 철선이 바다로 나아가던' 풍경을 바라보며 어린 시절을 보냈던 그곳으로 말이다.

그곳에서 그는 조선공, 용접공, 리벳공 등 여러 노동자들과 이야기를 나누었고 그 결과 브로드웨이 뮤지컬 〈라스트쉽〉The Last Ship이 탄생했다. 뿌리를 다시 찾아가 완벽한 원을 이루어냄으로써 스팅은 다시금 창작력을 발휘하게 되었던 것이다.

● 후퇴로 보이는 일이 때론 최고의 전진이다 ●

인간은 원하는 것을 찾아 세계 곳곳을 방랑하다가
결국 집에 돌아와 그것을 발견한다.
_ 조지 무어, 철학자

당신은 언제 어디서 가장 당신다운가? 어쩌면 '고향'이란 어린 시절을 보낸 곳이 아니라 자신이 본모습 그대로 살았던 그 시기를 의미할 수도 있다.

하버드의 미식축구팀과 농구팀 주장을 지낸 카리스마 넘치는 닐 필립스의 경우가 그러했다. 그는 워싱턴 D.C. 외곽의 모교 운동부 감독으로 채용되었고 스포츠뿐 아니라 대중 강연가, 멘토 등으로 활약하다가 교장까지 승진했다. 사춘기를 보내는 십대들, 게다가 많은 경우 유명인을 부모로 둔 학생들은 학교에 대한 요구가 많았다. 필립스 가족은 학교 안에 살았고 수업, 스포츠, 학교 행사 등으로 늘 바빴다.

나는 필립스가 계획만 한 채 도저히 시간과 에너지를 내지 못하고 있던 책 집필 작업 때문에 그를 만났다.

"가족과 플로리다로 일주일 휴가를 갔을 때 일입니다. 어느 날 공원으로 소풍을 갔는데 마침 농구장이 바로 옆에 있었어요. 한 사람이 차를 몰고 와서 트렁크에서 농구공을 꺼내 슈팅 연습을 시작했습니다. 전 그대로 자리에 앉아 있었지요. 5년 전만 해도 제가 그런 상황에서 함께 농구를 하지 않을 수 있다고 하면 그 말을 믿지 않았을 테지만 말입니다.”

나는 “당신 꿈이 뭔가요?”라고 물었다.

“지금 하는 일이 싫은 것은 아닙니다. 하지만 오랫동안 하고 싶었던 일은 흑인 소년들에게 긍정적인 역할 모델을 제시하는 단체를 만드는 일이었습니다.”

“어째서 그 일을 하지 않죠?”

“제게 의존하고 있는 사람들을 실망시키고 싶지 않아서요. 부양해야 할 가족도 있습니다. 비영리단체를 시작하는 건 큰 모험이죠.”

그는 현재의 좋은 지위를 버리고 아무 보장도 없는 새로운 일을 시작하는 것이 커리어의 후퇴가 아닐까 걱정된다는 말도 했다.

“현재 직장에서 중요한 일을 한다는 건 잘 알겠어요. 하지만 비영리단체 이야기를 할 때 생기가 넘치더군요. 그게 당신이 해야 할 일 같아요. 내면의 바람을 존중하고 소명에 따라 행동한다면 지금보다 더 많은 사람들에게 도움이 되지 않을까요?”

필립스는 그해 여름, 하버드 대학 선수들과 유명 스포츠캐스터를 초빙해 기금 마련 농구 캠프를 열기로 했다. 달력에 날짜를 적고 나자 다음 단계가 착착 진행되었다. 장소를 찾고 코치와 선수를 뽑고 지역 어린이들을 상대로 홍보를 했다.

지금 그가 무슨 일을 하고 있을 것 같은가? VisibleMen.org 웹사이트에 가보면 플로리다 사라소타의 아카데미 학생들이 환하게 웃고 있는 사진을 보게 된다. 그가 마침내 평생의 꿈을 이룬 것이다.

당신은 어떤가? 무엇을 원하는지 알면서도 후퇴로 여겨져 못하는 상황인가? 최고의 전진이 늘 더 많은 돈, 더 큰 책임, 더 무거운 압박, 더 화려한 명성이지는 않다. 자신에게 정말 중요한 일로 후퇴하는 것, 과거 당신이 반짝거렸던 일로 돌아가는 것, 가장 크게 기여하고 가치를 만들 수 있다고 생각되는 일로 회귀하는 것이 때로는 최고의 전진이다.

• 잠재력을 최고로 발휘하며 살기 위해 필요한 것 •

지금 바로 이 순간,
내가 모든 잠재력을 다 발휘한다면 어떨까?
_ 릴리 톰린, 배우

지역사회에 공헌한 사람들이 모이는 자리에서 패티 스톤사이퍼Patty Stonesifer의 강연을 들은 적이 있다. 마이크로소프트 최고 경영자로 직원 12만 명을 총괄하던 패티는 이후 자산 380억 달러 규모인 빌 게이츠 재단의 운영을 맡았다.

인생의 다음 단계로 옮겨가게 되었을 때 패티가 어떤 결정을 내렸을까? 활동 무대를 더 키워 세계적 규모의 기관 대표가 되고자 했을까? 아니었다. 대신 워싱턴의 작은 비영리기관으로 갔다. '건강한 음식, 저렴한 의복, 질 높은 교육으로 더 나은 미래를 만든다'는 목적을 지닌 단체였다.

패티의 말을 들어보자.

"제가 그렇게 힘 있는 자리를 떠나 지역의 비영리단체 대표를 맡는다고 했을 때 사람들은 충격을 받더군요. 그런 결정을 내린 이유를 말씀드리지요. 워싱턴에 무주택자를 돕는 단체가 몇 개인지 아십니까? 무려 48

개나 됩니다. 왼손이 하는 일을 오른손이 알까요? 물론 모릅니다. 그래서 같은 곳에 각각 다른 단체에서 나온 무료급식소 세 곳이 열리는 일이 벌어집니다. 다른 곳의 사람들은 굶는데 말입니다. 지역 차원에서 빈곤을 어떻게 해결해야 할지도 모르면서 전 지구적 차원에서 어떻게 문제를 해결할 수 있다는 말입니까?"

그리하여 풀뿌리 단계에서 현장의 문제를 해결하는 데 자신의 잠재력을 다 바치겠다는 결정을 내리게 되었다고 한다.

당신은 어떤가? 집으로 돌아가는 것이 퇴보는 아니다. 그 집에서 당신이 주체적으로 삶을 꾸려갈 수 있다면 말이다. 또한 삶의 목표에 더 맞는 방향이라면 작고 소박한 무언가를 선택하는 일을 실패라고 말할 수 없다.

살아오면서 잊히고 가려졌던 가치로 되돌아가고자 하는가? 진보는 앞으로 나아가는 것이라 배운 우리에게 이러한 선택은 쉽지 않다. 하지만 가수 케니 체스니나 스팅이 그랬듯 집으로 돌아가 더 훌륭한 창작이 가능해지기도 한다. 패티 스톤사이퍼처럼 넓은 무대의 삶 대신 지역 단위의 삶이 더 나을 때도 있다.

당신 역시 성장이 좋은 것이라 여기는가? 사업을 키우는 것, 수입을 올리는 것, 경력을 높이는 것, 명성을 쌓는 것 등등. 때로는 그렇다. 하지만 때로는 더 큰 것이 더 좋은 것을 의미하지 않는다. 다음 장에서 보듯 때로는 대조를 준비해야 한다.

진정한 자기 모습이라는 집으로 돌아가라

훌륭한 여행자는 계획을 짜두지 않고,
도착해야 한다는 생각도 없다.
_ 노자, 사상가

내 여행 이야기를 들은 사람들 중에는 "아, 전 유목민 유형이 아니예요."라고 말하는 사람이 많다. 사우스캐롤라이나의 어느 식당에서 아침을 먹다가 만난 한 여성은 "방랑하다 보면 늙지 않나요? 저 같으면 집이 있었으면 하는 마음이 간절할 거예요."라고 말했다.

"전 집이 있답니다. 집은 물리적인 형태여야 하는 것도, 한 장소여야 하는 것도 아니죠. 제가 있는 어디든 집이에요."

"이해가 안 가는군요. 이곳저곳 떠돌아다니는 건 제가 보기엔 목적 없는 삶 같은데요."

"집은 마음의 상태라고 생각합니다. 하버드 대학의 교수 자리를 내던지고 인도로 떠난 영적 지도자 람 다스Ram Dass 의 이야기가 떠오르는군요. 강연으로 전국을 다니던 그는 이름 없는 호텔의 객실에 들어갔습니다. 아무도 없이 텅 빈 방에서 공허감이 엄습했지요. 그러자 그는 다시 바깥으로 나갔다가 방으로 걸어 들어가면서 '집에 돌아왔다!'라고 외쳤다고 합니다.

저도 똑같이 느낍니다. 집을 떠나온 것이 아니에요. 어느 모로 보나 집에 있는 거죠. SNS 덕분에 어딜 가든 사람들과 연결되고요. 주변의 것에 집중하는 한 공허함이나 향수병은 들어올 틈이 없습니다. 전 완벽하게 연결되어 있습니다."

당신은 어떤가? 물리적인 집은 어디 있는가? 그곳이 집이라는 느낌을 주는가? 아니면 그저 나가고 싶은 상자일뿐인가? 집으로 돌아갈 시간이 기다려지는가? 그렇다면 좋은 일이다.

만약 그렇지 않다면 집에 왔을 때 집에 왔다는 느낌을 더 크게 받을 수 있는 방법을 생각해보라. 새로운 아침 일정을 만들 수도, 잡동사니를 내다버릴 수도, 집에 있는 사람이나 물건에 더 집중할 수도 있다.

어쩌면 고향집으로 가서 뿌리와 가치를, 진정한 우선순위를 다시 발견해야 할 때인지도 모른다. 새로운 집을 찾아야 할 수도 있다.

집은 물리적 장소뿐만이 아니라는 점을 기억하라. 자신 안에서 더 큰 편안함을 느끼고 싶다면 진정한 자기 모습이라는 집으로 돌아가라. 그러면 어디를 가든 집이라 느낄 수 있다.

'집'이란 개념에는 다양한 의미가 있다. 여기서 말하는 집은 우리가 속하고 연결되었다 느끼는 장소이다. '집처럼 편안하게' 있는 것은 삶을 즐기기 위한 필수 조건이다. 그만큼 중요하다.

의학자 올리버 웬델 홈즈Oliver Wendell Holmes 경은 "집은 우리가 사랑을 느끼는 곳, 몸은 떠날 수 있어도 마음은 머무는 곳이다."라고 했다. 그렇다. 집은 마음이 머무는 곳이다. 우리 모두는 어디서든 그런 집을 만들 수 있는 능력을 가졌다.

이어지는 이 책의 마지막 부분에서는 물가에서 보내는 한 해를 끝낼 시간이라는 것을 어떻게 알게 되었는지, 끝낸 다음의 상황도 만족스러울 수 있음을 어떻게 발견했는지 이야기하려 한다. 다음에 올 일들에 늘 안테나를 높이 세워 계속 만족스러운 인생을 살아갈 방법을 소개할 것이다.

- 고향에 마지막으로 가본 때가 언제인가? 그때 어떤 기억이 떠올랐는가? 영향을 준 사람들과 다시 만났는가? 진정한 자기 모습을 돌이켜보고 새로운 창조적 영감을 받았는가?

- 과거 당신의 꿈이었지만 지금은 후퇴나 퇴보로 여겨지는 일이 있는가? 크게 생각하지 않고 작게 생각하는 것이 두려운가? 최고의 자기 모습으로 돌아가 볼 수 있겠는가?

- 집은 지리적 위치가 아닌 마음 상태이며 어디든 집이 될 수 있다는 말에 공감하는가? 당신이 가장 편안함을 느끼는 장소는 어디인가?

다음에 오는 것을 **환영**하기

다음번 모험을 떠날 준비가 충분히 되었다고 생각해.

_ 영화 〈반지의 제왕〉 중 빌보 배긴스의 대사

물가에서 보내는 1년 동안 세 번째로 가장 많이 받은 질문이 무엇이었을 것 같은가? 바로 "언제 정착할 건가요?"였다. 나는 "정착이요? 타협하고 주저앉는 것 말씀인가요? 왜 제가 그래야 할까요?"라는 농담 섞인 답을 하곤 했다.

어느새 한 해가 흘러갔다. 하지만 가보지 못한 곳, 만나지 못한 사람, 해보지 못한 경험이 여전히 많았다. 예를 들어 파월 호수의 보트 집에도, 가을 단풍이 물든 허드슨 강 계곡에도 가야 하는 상황이었다.

하지만 예기치 못한 일이 일어났다. 두 아들 내외가 모두 임신 소식을 전한 것이다! 톰 부부는 딸아이가 태어날 때 맞춰서 보울더로 와주면 좋겠다고 했다. 앤드루 부부는 브루클린으로 와서 손자 탄생을 축하해달라고 했다.

새로운 모험은 그렇게 모습을 드러냈다. 그런 식의 상황 변화를 예상한 적도, 계획한 적도 없었다. 하지만 모든 면에서 완벽했다. 톨스토이도 "무슨 일이든 언제라도 그만둘 준비를 하라. 떠날 수 있도록 계획하라."라고 하지 않았나.

나는 원할 때 원하는 곳으로 여행하면서 18개월을 보낸 참이었다. 새로운 장소와 새로운 사람들을 만나는 기쁨과 경험을 즐기면서 말이다.

이제는 가족과 어울려 새로이 완벽한 경험을 할 때였다. 일주일만 지내기 위해 비행기를 타는 대신 오랫동안 머물러야 할 시기였다. 가족의 삶이라는 양탄자에 나를 맞춰 넣어야 하는 시기 말이다. 손주의 생애 첫 달 동안 밤새도록 안아주려면 거기 가 있어야 했다. 손녀 나탈리아가 처음으로 짓는 미소와 마룻바닥에서 손자와 레고 놀이를 하는 아들을 바라보기 위해, 두 내외가 밤 외출을 하는 동안 아이들을 돌봐주기 위해, 손자 녀석이 학교 성탄 파티에서 친구들과 루돌프 사슴코를 목청껏 부르는 모습을 지켜보기 위해서 말이다.

모든 면에서 최고인 일이었다.

• 삶은 언제나 더 좋은 제안을 내놓는다 •

도전할 필요성이 내 두뇌 한가운데에 길을 냈다. _ 마야 안젤루, 작가

마야 안젤루의 말과 달리 나는 대부분의 도전이 우리 두뇌 한가운데에 길 하나가 아니라 여러 갈림길을 낸다고 생각한다. 그리고 우리는 어느 길을 택해야 할지 잘 모른다.

내가 물가에서의 한 해를 끝내는 일은 두 아들 내외가 '다음번'에 완벽히 들어맞는 선물을 해준 덕분에 어렵지 않았다. 하지만 끝맺음이 쉽지 않을 때도 많다.

예를 들어 보자. 내 친구 하나는 몇 년 동안 노력한 끝에 마침내 영혼의 짝을 찾아냈다. 어느 모로 보든 친구가 바라던 모습이었다. 두 사람은 사랑에 빠졌지만 아픈 가족을 돌보느라 힘든 몇 해를 보내야 했다. 그리고 이윽고 모든 어려움이 지나갔다. 남자는 비행기 조종사로 보낸 30년 경력을 뒤로 하고 곧 은퇴할 예정이었다. 친구를 여왕 대접하며 세계 곳곳을 여행하기 위해서 말이다. 참으로 멋진 상황이 아닐 수 없었다. 딱 한 가지 문제가 있다면 내 친구가 자기 안에 깊숙이 자리 잡은 청교도 노동 윤리를 버리지 못했다는 점이었다.

친구는 "이혼한 후에 난 어느 남자한테도 내 삶을 의존하지 않겠다고 결심했어. 지금 와서도 그 결심을 완전히 떨쳐버릴 수가 없네."라고 말했다. 친구는 결심대로 혼자 사업을 시작해 세 아이를 모두 대학까지 보낼 정도로 성공했다. 몇 십 년 동안 그렇게 바쁘게 살아온 결과 지금도 고객에게 절대 'No'라는 말을 못하는 사람이 되고 만 것이다.

나는 "주변을 좀 둘러봐. 아이들은 다 잘 커서 알아서 살고 있잖아. 넌 일에서 멋지게 성공했고 건강하며 널 아끼는 사람과 사랑하고 있어. 꿈이 이루어졌다고. 그런데도 그 많은 것을 기꺼이 누리는 대신 어려웠던 시절의 필사적 마음가짐으로 돌아가겠다는 거야?"라고 물었다.

"나도 그건 알아, 하지만…."

"생각해봐. 지금 기회를 놓친 후 너나 그 사람한테 무슨 일이 일어나 함께 시간을 보내지 못하게 된다면 어떻겠어?"

"평생 후회하겠지."

"맞아. 그게 바로 '언젠가'의 문제야. 우리는 나중에도 얼마든지 가능한 기회라고 생각해 행복한 일을 미루곤 하지. 지금 더 중요한 일들을 해야 한다고 생각하면서 말이야. 하지만 지금 너한테 더 중요한 일은 없어. 그 사람과 함께 시간을 보내는 것보다 더 중요한 일이 대체 뭐야? 고객과의 약속? 과거의 낡은 사고방식을 제외한다면 지금 그 사람의 사랑을 받아들이고 누리는 것을 방해하는 요소는 하나도 없어."

친구는 내 말을 이해했다. 그리고 얼마 후 "은퇴도 누려야 하는 일이야."라는 문자를 보내왔다.

친구가 '누리다'라는 단어를 말하는 것은 처음 보는 일이었다. 그리고 이를 통해 나는 친구가 연인의 애정 어린 제안을 거절할 수밖에 없었던 이유를 짐작하게 되었다. 친구와 나는 죽는 날까지 은퇴하지 말자고 농담을 나눈 적이 있었다. 강연 전문가, 작가, 컨설턴트를 겸하며 같은 분야에서 함께 일하면서 우리는 죽는 날까지 계속할 수 있는 일을 하게 되어 얼마나 좋으냐는 말을 많이 했다.

어쩌면 그게 문제였을지도 몰랐다. 친구를 찾는 고객들이 여전히 많았다. 삶의 이 단계에서 괜찮은 비즈니스를 중단하는 것은 계획에 없던 일이었다. 더욱이 친구는 은퇴란 늙은 사람들이나 하는 것이라 여겼고 자신은 그만큼 늙지 않았다고 생각했다.

하지만 삶은 더 좋은 제안을 내놓았다. 성공하는 삶의 비결 한 가지는 좋은 제안이 왔을 때 이를 인식하고 받아들여 누리는 데 있다. 이전의 계획에만 매달리는 대신에 말이다.

지난간 부분만 곱씹어 읽는 중이라면
인생의 다음 부분을 읽기 시작할 수 없다.
_ 도서관 포스터에 쓰인 문구

행복한 삶은 '지금 여기 존재하는 것'과 '다음 기회로 다가오는 것' 사이에서 적절히 조화를 이루는 데 있다. 이는 이 책의 핵심 메시지이자 키워드이기도 하다.

예를 들어 보자. 나의 인생 코치가 된 분과 통화를 하면서 마우이에서 보내는 시간이 정말 좋다고 말했을 때였다. 상대가 물었다.

"거기 있을 때 람 다스와 만나볼 생각은 없어?"

"그 분이 여기 계신 줄 몰랐는걸. 만나면 물론 좋지. 마침 어제 책 본문을 쓰면서 람 다스를 인용했거든."

"그럼 내가 소개해줄게."

다음 날 오전 10시에 문자 연락이 왔다.

"람 다스가 10시 반에 해변으로 나온대. 만나보고 싶으면 지금 어서 나가보면 좋겠어."

그리하여 나는 12명 정도 되는 사람들과 어울려 람 다스와 함께 마우이 바다를 헤엄칠 기회를 누리게 되었다.

람 다스는 1997년 뇌졸중을 일으켰다. 〈샌프란시스코 게이트〉와의 인터뷰에서 그는 "전 육체를 돌보지 않습니다. 마음과 영혼은 걱정하지만 몸에 대해서는 걱정해본 적 없지요. 다만 뇌졸중이 당시 작업하고 있던 책 《아직 여기에: 나이듦, 변화, 죽음을 받아들이기》Still here : Embracing Aging, Changing, and Dying에 종지부를 찍게 되리라고는 예상하지 못했습니다."라고 말했다.

이어 그는 "처음에는 좌절했습니다. 세 가지 고통이 있었거든요. 우선 육체의 고통이 있었고 독립적인 인간에서 의존적인 인간이 되어버린 것에서 오는 자아의 고통이 있었습니다. 마지막은 영혼의 고통이었습니다. 인도에서 스승을 만난 이후 누려온 은혜로운 삶이 끝나버린 것 같았지요."라고 설명했다.

그날 마우이 해변에서는 친구들이 그를 안아 올려 물속에 넣어주었다. 뇌졸중 후유증으로 몸이 불편했지만 여전히 은혜로운 삶을 살고 있는 사람의 모습이었다. 그는 구명조끼 입은 등으로 바다를 느끼며 불편한 두 팔로 행복하게 물을 저었다. 고개를 뒤로 젖히고 하늘을 보며 "오, 좋다! 오, 좋다!"라고 읊조렸다.

우리도 미소 지으며 뒤따라 읊조렸다.

"오, 좋다! 오, 좋다!"

정말로 참 좋은 순간이었다. 전 세계 수많은 이들에게 긍정적인 변화를 이끌어낸 영적 지도자와의 만남은 얼마나 영광스러운 일인가. 람 다스의 유명한 통찰을 두 가지만 소개하자면 "우리는 서로의 집으로 걸어갈 뿐이다."와 "우리 모두는 매 순간 의도하든 않든 세상에 영향을 미치고 있다."가 있다.

우리가 서로의 집으로 걸어가며 매일같이 세상에 조금이라도 긍정적인 영향을 미치기 위해 최선을 다하기를!

• 당신의 다음번이 현재와 새로움의 조화이기를 •

앞으로 걸음을 내딛지 않으면 늘 제자리일 것이다. _ 노라 로버츠, 작가

나는 그다음 주에 또다시 해변으로 가서 람 다스를 만났다. 그리고 그에게 물가에서 한 해를 보낸 경험과 이때 얻은 가장 중요한 교훈 즉, 행복이 현재 혹은 다음이 아닌, 현재와 다음 모두에 존재하는 것임을 들려주었다.

람 다스는 고개를 저었다.

"아니, 현재에 있습니다."

그는 모래를 가리키며 힘 있게 "지금 현재입니다."라고 말했다.

나는 잠자코 그의 말을 들었다. 람 다스뿐 아니라 많은 영적 지도자들이 지금 이 순간을 사는 것의 중요성을 가르친다는 것을 알고 있었기 때문이다. 오쇼 라즈니쉬osho rajneesh 는 "미래로 뛰어가지 않고 지금 여기 머물 때 기적이 일어납니다. 그 순간에 있는 것이 기적입니다."라고 말한 바 있다.

그렇다. 머리 쓰기를 중단하고 바로 지금 여기에 존재하는 것은 실로 기적이다. 동시에 나는 이것이 "네, 그리고."이기도 하다고 생각한다. 지금 여기 있는 것 그리고 동시에 가끔은 다음에 있는 것 역시 기적이다. 이것 아니면 저것의 선택이 아니다. 둘 사이의 절묘한 균형의 문제이다.

의미 있는 과거(감사할 무언가), 의미 있는 현재(경험하고 느끼며 현재 순간에 새겨지는 무언가) 그리고 의미 있는 미래(기대하는 무언가)가 있다면 세상의 모든 최고를 누린다 볼 수 있다. 이는 '이것 아니면 저것'의 선택이 아니다. 셋 모두이다.

에크하르트 톨레Eckhart Tolle는 불안, 스트레스, 걱정 등의 부정적인 감정이 미래에 지나치게 집중하도록 한다고 말했다. 하지만 미래가 밝다면 어떨까? 기대, 흥분, 열정 같은 긍정적인 것들로 가득하다면?

톨레는 후회, 죄책감, 탐욕 같은 부정적 감정들이 과거에 지나치게 집중하게 한다고도 하였다. 하지만 과거가 선물이었다면? 좋은 기억과 그리운 사람이나 경험으로 가득하다면?

주어진 시간의 대부분을 현재에 쓰는 일은 물론 매우 중요하다. 하지만 가끔은 '지금과 그때' 혹은 '지금과 미래'를 동시에 탐험하는 일도 가치가 있다. 예를 들어 내가 방문했던 장소들, 만났던 사람들, 잊지 못할 경험들을 돌이켜보는 것은 과거를 되살리는 방법이 된다. 엘리자베스 여왕도 '좋은 기억은 행복을 위한 두 번째 기회'라고 하지 않았나. 이를 자제할 이유가 있는가? 또한 미래에 어떤 일이 일어날지 내다보는 것은 다음 고개 넘어 나를 기다리고 있을 좋은 일에 대한 기대를 높여준다.

• 과거에는 볼 수 없었으나 이제는 볼 수 있다 •

앞을 볼 수 없는 것보다 더 나쁜 것은
볼 수 있으면서도 비전이 없는 것이다.
헬렌 켈러, 사회사업가

나는 이미 다음 단계를 시작했다. 몇 주 뒤에는 애틀랜타에서 '언젠가 살롱'을 주최한다. 그다음 날에는 앨라배마로 간다. 거기에 무엇이 있느냐고? 그곳에는 앤 설리반Anne Sullivan 선생님이 생후 19개월에 눈이 먼 헬렌 켈러를 데리고 향했던 호숫가의 낡은 별장이 있다. 선생님은 헬렌의 손바닥에 '물'이라는 단어를 계속 쓰면서 사물의 이름과 단어를 연결 짓게끔 했다.

처음에 헬렌은 선생님이 손가락 놀이를 한다고만 여겼다. 그러다가 마침내 선생님이 자기 손바닥에 단어를 쓰고 있다는 것을 알아차린다. 그 순간의 환희가 자서전에 나와 있다.

"나는 그 자리에 서서 선생님의 손가락 움직임에 정신을 집중했다. 갑자기 전율이 느껴졌다. 언어의 신비가 내 앞에 모습을 드러낸 것이다. '물'이라는 단어는 내 손바닥 위로 쏟아져 내리는 시원한 무언가를 뜻했다. 그 생생한 단어가 내 영혼을 깨우고 빛을, 희망과 기쁨을 안겨주었다. 나를 가로막는 장벽은 여전했지만 잠시나마 그 장벽이 씻겨 내려가는 느낌이었다."

그 순간이 결정적 계기가 되어 점들이 연결되었다. 헬렌 켈러는 그날 하루 동안 단어 서른 개를 배웠고 마침내 읽고 쓰고 말할 수 있게 되었다. 그리고 이를 바탕으로 장애인들의 열정적 대변인이 되었다. 소명을 시작한 것이다.

그 결정적인 순간에 헬렌 켈러가 느낀 바를 완전히 이해하기는 어렵지만 그녀가 다시 태어난 그 장소를 찾아가면 분명한 감동을 느낄 수 있을 것이라 생각한다.

물은 헬렌 켈러가 자기 세계를 확장시키고 세계를 인식하게 해준 돌파구였다. 물가에서 보낸 나의 1년 역시 내 세계를 확장시키고 세계를 인식하게 한 돌파구였다. 그리고 내가 타고난 소명을 이어갈 수 있도록 이끌어주었다.

이 책이 당신에게도 돌파구가 되기를 간절히 바란다. 점들을 연결시켜 당신의 세계를 확장시키고 당신만의 세계를 인식하도록 만들어주었으면 좋겠다. 행복이라는 수수께끼 조각들이 제대로 맞춰지고 새로운 시선과 비전으로 당신이 세상을 바라볼 수 있기를, 그리하여 바로 지금, 바로 여기서 더 행복하고 더 충만한 삶을 살게 되기를 바란다.

빽빽하게 일정을 채우고 허덕이며 살았던 세월 동안 나는 주변 세상에 종종 눈이 멀어 있었다. 정신적, 감정적인 맹인이었다. 해야 할 일에 매달리느라 매일의 기적을 알아차리지 못했다. 기적을 보지 못했으니 당연히 그걸 경험하거나 감사할 수도 없었다.

세상을 새로운 눈으로 보기까지 내게는 건강의 문제, 하늘에서 내려온 꿈과 시작 날짜, 내 삶을 뿌리부터 뒤집는 작업이 필요했다.

당신에게는 무엇이 필요한가?

Q/A

- 새로운 모험으로 다시 출발할 준비가 되었는가? 어떤 모험인가?
- 현재를 사는 것이 기적이라는 철학자들의 의견에 동의하는가? 혹은 행복이 현재와 다음번의 조화에 있다고 보는가?
- 진정한 우선순위에 맞는 다음번을 향해 안테나를 세우고 있을 방법은 무엇인가? 행동할 기회가 찾아왔을 때 스스로에게 무슨 말을 해주고 싶은가?

계속 나아가기

우리가 진정 누구인지 보여주는 것은 능력보다는 선택이다.
_조앤 롤링, 소설가

시작할 때처럼 마무리에서도 여행 이야기를 꺼내려 한다. 콜로라도에서 캘리포니아로 운전하는 길이었다. 라스베이거스에 도착해 밤을 보낼 계획이었다. 하지만 계획대로 일이 풀리지 않았다.

출발할 때는 햇빛이 찬란했던 만큼 산길 도로에서 갑자기 눈보라를 만나리라고는 전혀 예상하지 못했다. 나는 와이퍼를 작동시키고 창유리 세정제 배출 손잡이를 잡아당겼다. 세정제가 없었다. 몇 초 만에 창문이 얼음에 뒤덮여버렸다. 아무것도 보이지 않았다. 할 수 없이 차창을 내리고 얼굴을 바깥으로 뺀 채 방향을 잡아보려 했다. 트럭이 옆을 스쳐가면서 경적을 울렸다. 갓길에 차를 대어야 할 상황이었다. 하지만 갓길에 차를 세우고 눈 더미에 파묻히게 될 생각을 하니 엄두가 나지 않았다.

고맙게도 어느 선한 사마리아인이 옆에 차를 세우고 차창을 열며 소리쳤다.

"무슨 일이에요?"

"창이 더러워져 앞이 보이지 않아요!"

"조금만 더 가면 출구가 있어요. 내가 비상등을 켜고 앞서 갈 테니 따라 와요!"

그가 소리쳤다.

깜박이는 비상등조차 보일락 말락 한 상황에서 나는 앞차를 따라 겨우 고속도로를 빠져나갔다. 나는 온 몸을 벌벌 떨며 차 밖으로 나갔다. 그는 창문을 닦아주고 나를 가장 가까운 주유소로 안내해 창유리 세정제를 가득 채우게 했다. 고마운 마음에 사례금을 내밀었으나 그는 사양했다. "방금 제 목숨을 구해주신 겁니다. 이건 정말 사소한 보답입니다."라고 아무리 말을 해도 소용없었다.

나는 잠시 자리에 앉아 마음을 진정시켰다. 그 선한 사마리아인이 아니었다면 어떻게 되었을지 모를 일이었다. 그날 밤에 라스베이거스에 도착하려면 다시 고속도로를 타야 했다. 몇 시간 후 나는 유타 주의 산길을 통과하고 있었다. 이미 어두웠고 길은 얼어 미끄러웠으며 나는 지쳐 있었다. 아직도 몇 백 킬로미터를 더 가야 했다.

그 순간, 물가에서 보내는 한 해를 시작한 첫날 했던 생각이 다시 떠올랐다. 대체 왜 나는 이 어둠 속에서 얼어붙은 길을 운전해야 하는 거지?

이번에는 마음을 바꾸기 위해 두 번 생각할 필요도 없었다. 가만 있자, 뭐가 제일 중요할까? 내 건강, 내 목숨이었다. 예약하면서 미리 지불했던 라스베이거스 호텔 숙박비가 아깝다는 생각은 들지 않았다.

그렇게 마음과 본능이 이끄는 대로 따라가다 보니 착착 길이 열렸다.

10분쯤 더 가서 호텔을 발견했다. 잘 자고 다음날 일어나 바로 옆 건물의 작은 식당에서 아침을 먹었다. 커피를 더 따라주러 온 종업원이 내가 일기 쓰는 모습을 보더니 "시온으로 가시는군요?"라고 물었다.

"시온이요?"

"한 시간만 가면 시온 국립공원이에요."

미처 몰랐던 일이지만 마침 여유가 생겼으므로 응답할 수 있었다. 나는 가본 곳 중 최고로 멋진 공원을 찾아갔다. 입을 다물 수 없을 정도로 대단한 경관이었다. 겨울치고 따뜻한 날이었고 비수기였으므로 공원의 아름다움을 온전히 느낄 수 있었다.

물가에서 1년을 보내면서 배운 대로 나는 거기서 만난 지역 주민들에게 "여기서 뭘 하면 좋을지 혹시 알려주실 수 있나요?"라고 물었다. 한 사람이 보통은 늘 만원인 유명 호텔에 빈 방이 있다고 말해주어 나는 하루를 더 묵기로 즉각 결정했다.

공원 관리인은 "오늘 하루를 쓸 수 있다면 에메랄드 호수까지 등산해 보시죠. 천연 폭포로 이어지는 길입니다."라고 추천해줬다. 나는 구불구불한 길을 따라 올라갔다. 눈앞에 펼쳐지는 풍경은 그야말로 하나같이 난생 처음 보는 것이었다. 나는 자연의 신비를 온몸으로 느꼈다.

절벽에서 떨어지는 물을 바라보면서 나는 시온 국립공원이 아버지의 버킷 리스트 1번이었다는 것을 떠올렸다. 아버지가 끝내 가보지 못한 곳이었다. 예상 밖의 선물을 누리게 된 나는 속으로 중얼거렸다.

"아버지, 이건 아버지를 위한 일이었어요, 아버지를 위한 일."

• 언젠가를 오늘로 바꾸는 일들 •

자신을 위해 생각한다는 것, 이는 여전히 가장 용감한 행동이다. _ 코코 샤넬, 디자이너

다음 날 산악 지역을 벗어나서야 깨달았다. 어제의 경험이 물가에서 보내는 한 해의 마지막을 장식해주었다는 점을 말이다. 시작할 때 이야기가 있었듯 끝날 때도 이야기가 마련된 것이다. 그 여행에서 나는 나를 인생의 우선순위에 놓는 행동들을 무의식적으로 실행하면서 '언젠가'를 '오늘'로 바꾸고 있었다.

- **평가:** 나는 상황을 평가해 얼어붙은 밤길을 운전하는 일은 내 건강과 행복을 저해한다는 점을 깨달았고 그 결정을 바꾸기로 했다.
- **창조:** 나는 위험 상황에 대한 의미 있는 대안을 만들었다. 안전하게 묵을 숙소를 찾는 일이 진정한 우선순위이자 시간 우선순위가 되었다.
- **삭제:** 라스베이거스로 운전해 간다는 계획을 삭제했다. 나는 죽은 식물에 물 주며 후회하는 일을 그만두었고 예약하면서 지불했던 금액 환불을 포기했다.
- **시작:** 나는 새로운 행동 계획을 세웠고 일이 제대로 풀릴 것이라 믿었다. 어디서 묵어야 할지 몰랐지만 라스베이거스가 아니라는 점은 확실했다.
- **축복:** 나는 눈보라 속에서 미끄러운 고속도로를 운전하는 대신 따뜻하고 안전한 숙소에 머물게 된 것을 진심으로 축하했다. 그리고 덕분에 시온 국립공원의 장관을 보게 되었다.

- **조화**: 나는 선한 사마리아인의 도움을 고맙게 받았고 시온에서도 사람들의 조언을 구했다. 에메랄드 연못으로 올라가는 나 홀로 등산길에서는 장엄한 풍경과 의미 깊은 경험을 연결해 공동체를 구성했다.
- **결합**: 시온은 일과 휴식이라는 두 세계의 경험을 최고로 연결해주는 장소였다. 나는 내 열정(자연과 야외 활동)과 일(글쓰기)을 연결했다.
- **요구**: 시온에서 구한 호텔 방은 주차장을 바라보고 있었다. 나는 프런트 데스크에 전화를 걸어 전망 좋은 방으로 바꿔줄 수 없느냐고, 아침에 일어나 '산을 바라보며 글을 쓰고 싶다고' 말했다. 친절한 직원은 추가비용 없이 산 전망 방으로 바꿔주었다. 창밖으로 보름달이 밝게 빛났다. 요청하지 않았다면 볼 수 없었던 풍경이었다.
- **혁신**: 열린 마음으로 나아가다 보니 계획했던 것보다 훨씬 멋진 경험을 하게 되었다.
- **이동**: 나는 비행기에서 뛰어내려 더 좋은 동네, 더 좋은 호텔, 더 좋은 경험으로 옮겨갔다. 예정된 상황을 고수하는 것보다 훨씬 나은 결과였다.

• 행복은 하루에 끝나는 과정이 아니다 •

하나를 하는 방식이 결국 모든 것을 하는 방식이다. _ 마사 베크, 사회학자

이 책이 당신에게 중요한 일을 더 많이 하도록 마음먹는 계기가 되기

를, 그리하여 당신이 원하고 필요로 하고 마땅히 누려야 하는 멋진 삶으로 연결되기를 바란다. 책상이든, 침대 옆이든 이 책을 가까이 두어라. 그리고 우울하거나 뭘 해야 할지 모를 때 펼쳐보라. 당신 상황에 딱 맞는 인용구나 이야기가 나올지 모르니까.

중요한 일을 나중이 아니라 지금 당장 해야 한다는 점을 알려주는 또 다른 이야기가 궁금한가? 보스턴에 강연하러 갔을 때 한 여성이 다가오더니 물가에서 보내는 1년 동안 못 가본 곳이 없느냐고 물었다. 나는 "있어요. 늘 월든 호수에 가고 싶었는데 결국 못 가고 말았답니다."라고 대답했다. 그랬더니 그 여성은 "한 시간만 가면 거기라는 걸 모르세요?"라고 말했다.

세상에, 놀라 자빠질 일이었다. 전혀 모르고 있었던 것이다. 당장 인터넷에 들어가 숙소를 예약하고 차를 렌트했다. 절대 놓칠 수 없는 기회였다. 소로가 산책하고 글을 쓰던 곳에 가 볼 수 있다니!

그곳에 도착하니 비가 내리고 바람이 쌩쌩 불었다. 내 안의 목소리가 속삭였다.

"오늘은 안 되겠어. 내일 아침 일찍 일어나서 가봐."

이번에도 직감이 옳았다. 다음날 아침은 화창했다. 나는 공원이 문을 연 직후에 도착했다. 주차장에 있는 차는 딱 세 대뿐이었다.

배낭을 메고 차문을 잠그는데 수영복을 입고 목에 수건을 두른 남자가 지나갔다. 10월의 날씨에 수영복 입은 사람을 보게 되리라고는 상상도 못했다. 나는 "아니, 수영할 정도로 물이 따뜻한가요?"라고 물었다.

"소로의 오두막이 있는 호수 끝까지 가면 그렇답니다. 물이 얕고 더 따뜻하지요."

나는 그쪽으로 방향을 잡았다. 솔잎으로 뒤덮인 길을 따라 가다보니 수정처럼 물이 맑고 고요한 만이 나왔다. 물 위로 가을의 색이 영롱하게 반사되었다. 수영복을 가져오지 않았지만 워낙 완벽한 상황이라 그냥 물로 들어갔다. '여기 다시 올 기회가 언제 있을지 모르잖아?'

호수의 물 위에 둥둥 뜬 채 푸른 하늘과 흰 구름, 소로의 영혼을 느끼던 그 순간을 아마 나는 평생 잊지 못할 것이다.

옷은 금방 말랐다. 추억은 사라지지 않고 남았다.

• 삶의 해안을 떠나 물속으로 들어가라 •

최악의 세 단어는 이것이다. "내가 이렇게만 했더라면…."_ 제프 베조스, 아마존 CEO

우리는 물가에 서 있기 위해 사는 것이 아니다. 일어나 걸음을 내디뎌 물로 들어가기 위해 여기에 있다. 이 책의 이야기들에서 영감을 얻어 당신이 기다림을 끝내고 중요하다고 생각하는 일에 더 치중된 삶을 시작하게 되기를 바란다.

당신이 바로 지금, 바로 여기에서 더 충만한 삶을 위한 작은 변화들을 용감하고 분명하게 만들어가기를 바란다. 나를 우선순위에 놓고, 내게 가장 중요한 것을 첫 번째로 두는 행동을 통해 미래의 후회에서 벗어날 수 있기를 바란다.

세계 테니스 챔피언 세레나 윌리엄스는 그랜드 슬램을 달성해가던 중간 단계에서 임신 사실을 알았다. 계획에 없던 일이었다. 하지만 윌리엄스는 그 기쁜 소식을 받아들이고 함께 가기로 결정했다. 기자들에게는

"제 이야기는 아직 끝나지 않았습니다."라고 말했다고 한다.

당신의 이야기도 아직 끝나지 않았다. 얼마든지 이야기를 고치고 새로 만들어갈 수 있다. 핵심은 실행하는 데 있다. 모든 것이 다 지나간 후 당신이 인생을 돌아볼 때 분명한 것은 단 하나뿐이다. 당신의 이야기에 당신이 들어 있다면, 그리하여 더 행복하고 건강하고 충만하게 살도록 무언가를 했다면 후회가 없을 것이다. 더 빨리 그렇게 하지 못했다는 사실만이 후회스러울 것이다.

이제 출발선을 지났다. 어서 계속 나아가라.

감사의 글

당신의 이야기는 무엇인가?

말할 기회가 딱 한 번 주어진다면 사람들이 귀 기울여줄 것이라 확신하라.
_ 엘리자베스 길버트, 작가

스틴슨 비치 서점 안을 살펴보고 있었더니 주인이 찾는 책이 있느냐고 물어왔다. 나는 "꿈을 실현하는 것과 관련된 책이 있나요?"라고 물으며 내 여행에 대해 설명했다.

주인은 활짝 웃으며 나를 한쪽 서가로 데려가더니 책 한 권을 뽑아 건네주었다. 엘리자베스 길버트가 쓴 《'먹고 기도하고 사랑하라'가 나를 만들었다》Eat, Pray, Love Made Me Do It였다. 책 표지에는 '수백만 독자들이 절대 가능하다고 생각하지 못했던 길로 나서서 최고의 자기를 찾도록 만든 책.《먹고 기도하고 사랑하라》를 읽은 독자들이 어떻게 과거의 삶에서 빠져나와 오랜 꿈을 이루었는지 감동적인 이야기를 들려준다.'라고 쓰여 있었다.

내 꿈은 이 책을 읽은 독자들의 이야기를 모아 《'오늘부터 딱 1년, 이기적으로 살기로 했다'가 나를 만들었다》를 내는 것이다. 당신이 어떻게 시작하고 중단하는지, 어떻게 달라지는지에 대한 이야기들, 어떻게 진정한 우선순위를 추구해 삶을 보다 원하는 모습대로 만들어가는지에 대한 이야기들 말이다. 원대한 꿈이다. 하지만 이 책은 결국 꿈을 다루지 않는가?

이 책이 당신에게 어떤 영향을 미쳤는지 알려주면 좋겠다. 몇 분이면 충분하다. 어떻게 알겠는가? 당신 이야기를 접한 누군가가 당신을 따라 하고 싶을지도 모른다. Sam@IntrigueAgency.com으로 당신의 이야기를 보내 달라. 당신의 허락 하에 다른 이들에게 그 이야기를 들려주도록 하겠다. 그리하여 언젠가가 아닌 오늘을 바라보며 눈을 반짝일 수 있도록 하겠다.

책을 써본 사람이라면 어째서 저자들이 고마운 사람들 이름을 길게 나열하는지 알 것이다. 책 한 권을 세상에 내놓기까지 거치게 되는 힘겨운 과정이 마침내 끝나고 나면 늘 든든하게 힘이 되어준 친구, 가족, 동료들을 꼭 기억하고 싶어진다.

내 동생이자 업무 매니저를 맡고 있는 셰리 그림은 내가 말로는 다 표현하지 못할 정도로 믿음직하게 뒤를 받쳐주었다. 덕분에 더 재미있고 의미 깊은 여행이 가능했다.

출판 에이전트로 제안과 조언을 아끼지 않는 로리 리스에게 감사한다. 다니엘라 랩, 제니퍼 엔덜린, 조 리날디와 세인트 마틴 프레스 출판사의 변함없는 성원에 감사한다.

두 아들 톰과 앤드루, 며느리들인 패티와 미키 그리고 건강하고 행복한 손자 손녀들은 늘 내 삶에 빛을 더하는 고마운 존재들이다.

늘 나를 웃게 하고 함께 추억과 모험을 나누며 우정의 소중함을 일깨워주는 오랜 친구들인 주니 그레이, 매리 로바드, 드니스 브로소, 다이앤 제라드, 진 설리반, 조안 팰론, 마리아 버튼 넬슨, 슈 리베나우, 리 셀프, 로리 바흐먼, 페기 캐피에게 감사를 전한다.

나와 만나 기꺼이 자신의 이야기를 들려준 모든 분들! 진심으로 고맙습니다. 당신들 덕분에 독자들은 언젠가가 아닌 바로 지금 꿈꾸는 삶을 살 수 있게 될 겁니다.

샘 혼